戦後映倫関係資料集

第6巻　映画倫理規程審査記録(5)

解説　中村 秀之

クレス出版

戦後映倫関係資料集 第2回

■各巻収録一覧■

第4巻 映画倫理規程審査記録(3)

映画倫理規程審査記録

●日本映画連合会

第39号《昭和27年10月5日》
第40号《昭和27年11月5日》
第41号《昭和27年12月5日》
第42号《昭和28年1月5日》
第43号《昭和28年2月5日》
第44号《昭和28年3月5日》
第45号《昭和28年4月5日》
第46号《昭和28年5月5日》
第47号《昭和28年6月5日》
第48号《昭和28年7月5日》
第49号《昭和28年8月10日》
第50号《昭和28年9月10日》

第5巻 映画倫理規程審査記録(4)

映画倫理規程審査記録

●日本映画連合会

第51号《昭和28年10月5日》
第52号《昭和28年11月10日》
第53号《昭和28年12月10日》
第54号《昭和29年1月10日》
第55号《昭和29年2月□日》

＊第55号奥付の日付のみ空欄

第56号《昭和29年3月10日》
第57号《昭和29年4月10日》
第58号《昭和29年5月10日》
第59号《昭和29年6月10日》
第60号《昭和29年7月10日》
第61号《昭和29年8月10日》
第62号《昭和29年9月10日》

第6巻　映画倫理規程審査記録(5)

映画倫理規程審査記録

●日本映画連合会

第63号《昭和29年10月10日》
第64号《昭和29年11月10日》
第65号《昭和29年12月10日》
第66号《昭和30年1月10日》
第67号《昭和30年2月10日》
第68号《昭和30年3月10日》
第69号《昭和30年4月10日》
第70号《昭和30年5月10日》
第71号《昭和30年6月10日》
第72号《昭和30年7月10日》
第73号《昭和30年8月10日》
第74号《昭和30年9月10日》
第75号《昭和30年10月10日》

※収録した資料は国立国会図書館の許諾を得て、復刻したものである。資料への書き込み、破損・文字の掠れ・誤字等は原本通りである。

映画倫理規程審査記録

第63号

63

映画倫理規程

審査記録

29.9.1～29.9.30

映画倫理規程管理委員会

目次

管理部記事

○　八月設立を見ました「映画と青少年問題対策研究会」は　その第一回会合を九月六日（月）新橋クラブに開催　製作部門より月森仙之助（松竹）高橋秀行（東映）業務部門より　大野末（松竹）宣伝部門より　富田秀富（新東宝）興行部門より　手塚栄一（興連）加藤巖雄（興連）学識経験者より　関野嘉雄　落合矯一　映画倫理規程管理委員会より池田義信　石本統吉　映画倫理規程専門審査員より　小林勝　荒田正男の諸委員及び渡辺映画倫理規程管理委員長が出席

(一) 青少年としその年齢対象を何才位にすべきか？

(二) これまで官庁による年齢制限は何才位を限度としていたか？

(三) 青少年に対して映画による好ましくない影響とは何か？

(四) 青少年に対して映画の好ましくない刺戟はどのような面に現れるか？

(五) 青少年に影響ありとする映画をどのように抑制し、もしくはこれらの弊害を最少限度に食い止めるためにはどのような方策が映画界として考えられるか？

(六) 青少年に対して映画をどのように分類すべきか？

(七) 青少年映画の選定機関

a―1

(八) 観覧者動員について
(九) 青少年向映画製作の積極的促進について
(十) 青少年映画の受入全国組織
等の研究議題について腹蔵のない意見の交換を行いました結果　事務局側に於て一応この意見を取まとめ　対策案を作成　次回第二回の会合席上更にこれを検討することと至りました。

第二回会合は　十月一日(金)新橋クラブに於て開催　当日の出席者は　製作部門より高橋啓行(東映)業務部門より加賀四郎(大映)宣伝部門より野田慎一(大映)富田秀富(新東宝)興行部門より手塚栄一(興連)学識経験者より関野嘉雄　落合矯一　映倫管理委員会より池田義信　石本統吉　映倫専門審査員より小林勝　荒田正男の諸委員及び映倫協力員会議の希望により　その代表として木村一衛氏(東宝)がオヴザアバアの立場で出席致しました　席上前回の会合結果を綜合整理致しましたものを「研究要目」として事務局側より提出　出席諸氏より　新たに各方面の情報が参考として報告されました後　この「研究要目」の全般に亘って詳細な検討が行われ　その結果　研究会に於ける審議の結論として次の三点に意見の一致を見ました。

○映画と青少年問題に関する善処策として対策研究会は左の如き　具体方針を至当と考える。

①青少年に見てもらっても差支えない映画の選定　周知　及び興行の積極化を計るその目的のために映画倫理規程管理委員会の関連機関としての専門の委員会を設けて適切な運営を行われたい。

②青少年向映画製作の積極的促進をはかられたい。

企画の当初より青少年向映画の数は極めて少ない現状にかんがみ　青少年向　特に低年齢向映画の製作を要望されている。それらの映画の製作に対して積極的な対策をはかられたい。

③映画の宣伝につき　一層の自粛を図られたい。

附　記

本対策は当然外国映画もふくめて処理されるべきものである

以上が「映画と青少年問題対策研究会」の結論として十月八日の映倫定例管理委員会に報告され　全面的承認を見ましたので　同委員会と致しましては　これを日本映画連合会日本興行組合連合会及他関係部門に報告し　これについての具体的な実施を慫慂することとなりました。

審査脚本一覧

社名	題名	受付日	審査終了日	備考
新東宝	悲恋まむろ川	八、二五	九、一	
大映	新しき天	八、三〇	九、一	
東映	お坊主天狗 前篇	九、一	九、六	
大映	投げ唄左門三番手柄 覆面髑髏隊	九、三	九、六	
松竹	何処へ 真実の愛情を求めて	八、一七	九、七	
東京プロ	金と女	八、二七	九、七	
新東宝	終戦秘録 日本敗れず	九、一	九、七	
東映	神風特攻隊	八、三〇	九、八	
日活	暗闇の丑松	九、七	九、一〇	
日活	狼	九、七	九、一〇	

新東宝	人間魚雷回天	九・九	九・一〇	
新東宝	明治一代女	九・九	九・一一	
新東宝	エノケンの天国と地獄	九・一〇	九・一一	
東映	継母	九・八	九・一五	
東映	お坊主天狗 後篇	九・八	九・一五	
松竹	怪人二十面相 第一部 人か魔か	九・一三	九・一五	
〃	〃 第二部 巨人対怪人	〃	〃	
〃	〃 第三部 怪盗粉砕	〃	〃	
松竹	女の一生 自主改訂版	九・一〇	九・一五	改訂第二稿
松竹	三羽烏奮戦す	九・一〇	九・一五	
松竹	「残侠都市」より 地獄への復讐	八・六		
〃	〃 改訂版	九・一三	九・一六	
大映	馬賊芸者	九・一五	九・一七	

社名	題名	受付日	審査終了日	備考
東映	変化大名 前篇	九・一五	九・一七	
東映	満月狸ばやし	九・一五	九・一八	
東京映画	あんみつ姫	九・一五	九・一八	
宝塚映画	怪傑鷹 第一幕 蛟竜風雲の巻	九・一五	九・一八	
〃	〃 第二幕 奔流怒濤の巻	〃	〃	
〃	〃 第三幕 剣風乱舞の巻	〃	〃	
大映	丹下左膳 こけ猿の壺	九・一七	九・一八	
日活	消えた中隊	九・一六	九・二一	
大映	お富さん	九・二二	九・二四	
宝塚映画	照る日くもる日 第一部	九・二二	九・二六	
〃	〃 第二部	九・二二	九・二六	
松竹	伝七捕物帖 黄金弁天	九・二四	九・二九	

東宝	幽霊男	九・二五	九・二九	
東宝	早春	九・二五	九・二九	「性に目覚める頃」の改題

◎新作品……………………三五本

シナリオ数……………………三七本（内改訂版二）

内訳＝松竹　九（内改訂版二）　東宝　二

大映　五　新東宝　五　東映　六

その他　一〇

a—7

脚本審査概要

悲恋まむろ川	新東宝

企画　伊藤基彦
脚本　村山俊郎
監督　萩原　章

金山奉行の不正探索に商人姿で来込んだ武士と流れ女の悲恋を描く
「男と一緒に寝る」との女の台詞（風俗１）思わず女の尻をつゝく男の描写（風俗１）
「男が欲しくなったってね」という嬌声をあびる女の台詞（風俗１）　飯場の中の女の裸踊り（風俗２）の描写など訂正　注意を希望し　承諾を得た。

お坊主天狗（前篇）	東映

企画　坪井　与　　原作　子母沢　寛
〃　玉木潤一郎
脚本　八住利雄　　監督　渡辺邦男

悪人の為に親を失って市井にひそんだ浪人と女形をめぐる勧善懲悪の物語
これは前篇であるので、その為もあって　悪徳横行しきりであるが、これが全体的にみて悪業の讃美、美化の印象を青少年に与えないよう特に演出上の配慮を願いたいものと考え宣伝などもその点注意を配られるように希望した（法律１）

a－8

特に夜たかに関して それが売春の肯定にならぬよう「女房を夜たかに出したい」と相談をかけたり その夜たかをせい〴〵買ってくれと仲間に宣伝したりすること 女自身がその台詞の中で「わたしを買って」と毎晩血まみれ騒ぎが起るとのべたりするのでこれらは夜たかと云うこと自体をかくすように注意して欲しい（註2）
また「僅かの銭を幸いに土手の木小屋にひっぱり込んで無理往生で物にしやがった」と云うような如実な表現 或いは寝所へ「お伽の者」をと云った台詞はそれ〴〵止めて欲しい（風俗—二ケ所）と希望し諒承を得た
尚これら部分的な訂正の中に 画となってみないとわからないところもあり 立廻りの残酷さなども注意して完成映画でなお検討の余地を残しておきたいことを承知して貰った

何処へ	松竹

真実の愛情を求めて

製作 山口松三郎
原作 石坂洋次郎
脚本 柳井隆雄
監督 大庭秀雄

地方の小都市に英語教師として赴任した青年が一旦失望した現実のうちに人生の意義を見出して行く姿を描く
これは所謂風流滑稽譚的なねらいを地方の一小都市の野趣にかりて描かんとするものと考えられるが ここに出て来る人物が教育者である丈けに このねらいを生かすには 少し

心配な点があるので十分注意されたい　例えば教員室での話題が必ずしも上品とは云えないものであったり　また関心のしかたなど　これは教育的な面を考慮してその影響を考え演出上の配慮を願いたい　しかし校長が芸者と相愛であると云ったことは個人の行動としては問題はないわけである　要は教育者としての人格に好ましくない印象を与えぬよう演出上注意を願いたいということである（教育１－２）

金助少年の「フリキン」と云う言葉は　例え野趣のあるものとしても好ましくないので止めてほしい　作文はこの言葉をさけて表現されたい（風俗１）

野口教師が金助少年に芸者新太郎と自転車相乗りの話を聞き出す件りは　少し逸脱の個所があるので　こゝは注意して欲しい　これはその回想としての次のカット　金助と新太郎の描写も同様である（風俗１）

ここに出て来る芸者ワルツは必ずしも好ましくないとは云えないが　それが教育者に関係している故その使用は慎重であって欲しい　製作者は東北地方の方言で唄わせると云うことであったので　そのような使い方ならば差支えなかろうと思われるのでこのまゝとした

要は青少年に与える影響を十分に考慮して全体が逸脱のないよう注意されるよう希望した

金と女　東京プロ

製作　藤本真澄
企画　星野和平
脚本原作　猪俣勝人
監督　佐分利信

2 — 10

電源開発をめぐる二大電力会社の利権争奪戦の立役者となった一実業家の悲劇を描く
国際感情を考慮して「アメリカからの調査団云々」のところは改訂が望ましいことを伝えた（国家及社会3）

終戦秘録 日本敗れず	新東宝

製作・監督 阿部豊
脚本 館岡謙之助

終戦前夜の混乱の中にその中枢にあって平和への道を開こうとした人々の姿を描く
原爆被災の描写中 特に無心の少年を目標とした効果を醸し出すおそれのある部分は演出編集上につき善処を希望したい（国家及社会3）

神風特攻隊	東映

企画 マキノ光雄　脚本 結束信二
〃 堀勇雄　監督 小石栄一
〃 斉藤安代

神風特攻隊の悲劇を描く
全体的に 徒らに戦意昂揚の感じのみ浮き出すような場面になることを避けるよう 十分な演出上の注意を希望した（国家及社会4）

a—11

尚この脚本では「壮烈神風特攻隊」と云う題名になっていたが 壮烈は 戦意昂揚と云った感じも強く 別の題名を希望し 結局「神風特攻隊」に決定された

暗闇の丑松	日活

製作 星野和平
原作 長谷川伸
脚本 橋本忍
監督 滝沢英輔

苛酷な運命にもてあそばれて兇状を重ねる料理職人の悲劇を描く

已之助及び丑松の狂暴な行為や死斗の描写（残酷醜汚4・7）或いは相手方を殺害する場面（法律1-イ）その死体等の描写はいずれも過度に残酷醜汚の感じにならないよう また風俗上の点も十分演出上の注意を希望した（残酷醜汚7）

a—12

狼	日活

製作 山田典吾
脚本 新藤兼人
監督 新藤兼人

生活苦から郵便車強盗を犯すに至った五人の保険外交員を描く社会悲劇

保険外交員の台詞のうち「……とうとうどん底へ落ちて保険屋になったわけです……」は職業蔑視という点で（国家及社会1）又部長が外交員に云う台詞のうち「……男の方はゆ

すりの真似をしてでも獲得なさい……」は保険事業を誤解させる恐れがあるので　何れも訂正を希望した（国家及社会２）

明治一代女	新東宝

製作	星野和平	脚本	成沢昌茂
企画	津田勝二	〃	伊藤大輔
原作	川口松太郎	監督	伊藤大輔

恋ゆえに不虞の殺人を犯す柳橋の名妓お梅の悲劇を描く

「詰問の台詞にやゝ野卑な感じのものがあり　なるべく改訂してもらいたいと希望した（風俗１）

継母	東映

企画	依田一郎
〃	原浜
脚本	舘岡謙之助
監督	伊賀山正徳

三人の子のある家庭に入った継母の愛情と努力を描く

台詞「わたし　これから何か避妊の方法……」は　その場面が再婚夫婦の初夜のことでもあり聊か直接的に響くように思われるので　同場面の寝室の演出上の注意と共に再考を希望した（風俗１２）

2—1

喬弘の墨利子に挑みかゝる描写は演出上の注意を希望（風俗－）

お坊主天狗 後篇	東映

企画 坪井與
〃 玉木潤一郎
原作 子母沢寛
脚本 八住利雄
監督 渡辺邦男

この劇には問題はないが　前篇同様全体的に悪への批判的態度で描写して戴くよう注意を望んだ（法律－）

怪人二十面相 第一部 人か魔か？	松竹

製作 桑田良太郎
原作 江戸川乱歩
脚本 小川正
監督 弓削進

原子炉の設計図をめぐる怪盗二十面相と名探偵明智小五郎の対決を描く

名探偵明智小五郎のピストル所持については何らかの工夫により　これが不法所持によるものでないようにして欲しいことを希望した（法律－）

怪人二十面相 第三部 怪人爆砕	松竹

s－2

広告稿の生態につき歸集性の逆も可能である如く描かれているが これは児童に対する影響を考慮に入れて正確を期されるよう希望（教育２）
大島時計店主のピストル所持については 前記同様工夫されるよう希望した（法律１）

「残侠都市」より
地獄への復讐　松竹

製作　杉山茂樹
原作　宮本幹也
脚本　鈴木兵吾
脚本　安田重夫
監督　酒井辰夫

暴力を背景とするデパート建設をめぐる正邪の葛藤を描く
第一稿本は後半部分で都議会の権限解釈に大きな誤解があり しかも劇的モメントとしてこれが重要な位置を占めるため 改訂希望をしたところ 自主的に改訂稿を改題の上提出されたが これについて以下の事項について配慮されるよう希望し承諾を得た
有楽橋の女水死人を路傍の人が 白か黒かに強姦された上殺されたと たしかめもせず流説を云うところは 国際感情を考慮して訂正（国家及社会）キャバレー・ラムールのフロアショウ（ストリップ）は演出上注意のこと（風俗２）デパート支店設置に反対する商人達がたゞボスに強迫されるばかりで 余りに警察制度を忘れた（個人の保護）印象を受けるシーンはも少し考えてもらいたい（法律２）都庁その他の所管課の違いは調査の上正確を期してもらいたい（法律１）都議会の権限に関して調査の上なお正確を期して欲しい

（法律１）みどりを浅井が求愛強迫する場面の描写は過度にならないよう演出上注意のこと（風俗１）浅井の台詞の中のデパートの認可がおりてとあるところ建築許可と正確を期して訂正されたい（法律１）以上を希望した

馬賊芸者	大映

企画　中野繁雄
原作　火野葦平
脚本　島耕二
監督　島耕二

大正初期九州博多に嬌名を馳せた一人の芸者の一途な恋と侠気を描く

以下の個所に改訂　注意を希望した

宴席で女の手を「あぐらをかいている自分の股間に」引きこもうとするしぐさ（風俗１）芸者お紋の台詞の「きんたまの金（かね）たい」（風俗１）はずみをくらって芸者浪太郎が「すそもあらわにひっくり返る」は演出上注意（風俗２）祭の夜番頭が「信吉の尻をなでる」は演出上考慮のこと（風俗１）以上である

変化大名　前篇	東映

企画　大森康正
原作　山手樹一郎
脚本　八住利雄
監督　佐々木康

悪臣達の陰謀に逐れて家を出た若殿と彼等のために復讐鬼と化した町人をめぐる正邪の葛藤を描く

丹波屋（悪役の商人）がお沢をくどく件りは演出上の注意が望ましい（風俗－１）

怪傑鷹 第一篇 蛟龍風雲の巻	宝塚映画

原作 寿々喜多呂九平
脚本 加味鯨光
監督 ロクヘイ ススキタ

江戸初期京都所司代の暴政に抗する覆面の怪人鷹の物語

拷問烙印の件りは過度に残酷にわたらぬよう演出上の注意を希望した（残酷醜汚－２）

消えた中隊	日活

製作 星野和平
原作 井手雅人
脚本 黒沢明
脚本 菊島隆三
監督 三村明

中日事変末期軍の機密の為日本軍自からの手によって抹殺された辺境の中隊の悲劇と性格の異る二将校を中心に描く

２－５

「そのくせ一緒に寝りゃ兵隊よりしつこいんだから」の傍線の部分（風俗１）また「今夜は女を抱いて肩のこりをほぐすんだね」と云う浪人の言葉は風俗上別な表現に改訂を希望した（風俗１）

照る日くもる日 第二部	宝塚映画

原作 大佛次郎
脚本
監督 杉浦健郎

幕末 互に親子と知らず仇敵となって斗う佐幕派暗殺団の頭目と勤皇派の若い武士とをめぐる時代活劇
お銀の肉体露出の描写は演出上の注意を希望（風俗２）
白雲堂の台詞で 山窩が当時大変侮辱されていた横林が語られるところがあるが これは然るべき改訂を希望し諒承を得た（国家及社会１）

幽霊男	東宝

製作 滝村和男
原作 横溝正史
脚本 沢村勉
監督 小田基義

ファッションモデルの連続殺人事件をめぐる金田一耕助の探偵活躍物語

スリラー映画であるので　死骸や鮮血の出て来ることは止むを得ないが　その扱い方は過度に刺戟的にならないよう注意を希望（残酷醜汚7）　女の裸体　或いはその部分の描写は従来の線に沿って過度にならないよう（風俗2）尚　変態的な犯人の行動については　その異常さが過度に出ないよう全体に注意して欲しいことを希望した（性3）　こうゆう映画であるので　なお完成映画で慎重を期したいことを附言した

製作者側よりさらに改訂稿が出たが　これはヌード・ダンサアに変更され　筋にも前稿とちがっている点少くないが　すでにこの稿で製作されつつある旨　よって製作者側の責任において　完成映画での十分な検討にゆずった　ともかく青少年にこのましくない映画にならぬよう配慮してほしい

8−7

◎　以下十五本希望事項なし

新らしき天	大映

企画　中野繁雄
原作　牧逸馬
脚本　笠原良三
監督　鈴木重吉

相愛の男女が両親の離婚問題から生じた親同志の確執による障害と斗って結ばれるメロドラマ

投げ唄左門三番手柄 覆面銅鑼隊	大映

企画　浅井昭三郎
脚本　尾形十三雄
監督　加戸敏

由比正雪の残党を主領とする怪盗団による幕府転覆の陰謀探索に乗込んだ投げ唄左門の手柄話

人間魚雷回天	新東宝

企画　廣川雅
原作　津村敏行
脚本　須崎勝弥
監督　松林宗恵

最后の特攻兵器たる「回天」に搭乗せしめられた学徒特攻の悲劇を描く

エノケンの天国と地獄	新東宝

企画 金田良平
原案 永見隆二
脚本 山下与志一
監督 佐藤武

サーカス勤めの小悪党が恋人の愛情にめざめて新生活に入るが愛児のために罪を犯して死を招く物語

怪人二十面相 第二部 巨人対怪人	松竹

（第一部）参照

満月狸ばやし	東映

企画 福島通人
原作 旗一兵
脚本 中田竜夫
監督 萩原遼

修業の旅に出た二匹の若い狸が人間界の悪人を懲して大名のお家騒動を解決する物語

タ—7

あんみつ姫　東京映画

製作　滝村和男
〃　山崎喜暉
原作　倉橋章介
脚本　若尾徳平
〃　新井一
監督　仲木繁夫

善人ばかりのお城の殿様が発明した新案がまき起した騒動を描く連載漫画の映画化

三羽烏奮戦す　松竹

製作　保住一之助
脚本　中山隆三
〃　光畑碩郎
監督　穂積利昌

幼な友達の三人組が就職に恋愛に描き出す明朗な青春図

怪傑鷹　第二篇　奔流怒濤の巻　第三篇　剣風乱舞の巻　宝塚映画

第一篇の項　参照

8—10

丹下左膳 こけ猿の壺　大映

柳生家の危機を救うべき財宝のありかを秘めた茶壷と丹下左膳をめぐる葛藤を描く

企画　浅井昭三郎
原作　林不忘
脚本　衣笠貞之助
監督　三隅研次

お富さん　大映

企画　浅井昭三郎
脚本　浅井昭三郎
監督　天野信

主題歌「お富さん」に寄せて描くお富与三郎の恋物語

照る日くもる日 第一部　宝塚映画

第二部の項参照

伝七捕物帖 黄金弁天　松竹

製作　小倉浩一郎
原作　野村胡堂
〃　城昌幸
〃　陣出達朗

原作　土師清二
脚本　柳川真一
監督　福田晴一

ス―11

佐渡から護送中盗まれた金塊をめぐる殺人事件を解決する黒門町伝七の手柄ばなし

早春
（「性に目覚める頃」の改題）

東宝

製作　田中友幸　　脚本　豊田四郎
原作　室生犀星　　監督　豊田四郎
脚本　池田一朗

詩に志す二人の青年の友情と恋を描く

8—12

審査集計

	規程條項	関係脚本題名及希望個所数		集計
1	国家及社会	金と女	1	7
		日本敗れず	1	
		神風特攻隊	1	
		狼	2	
		地獄への復讐	1	
		照る日くもる日 第二部	1	
2	法律	お坊主天狗前篇	1	8
		お坊主天狗後篇	1	
		怪人二十面相 第一部	1	
		怪人二十面相 第三部	1	

c—1

区分	題名	数	計
	地獄への復讐	4	
3 宗教	希望事項なし	0	0
4 教育	何処へ	2	3
	怪人二十面相 第三部	1	
5 風俗	悲恋まむろ川	4	25
	お坊主天狗 前篇	2	
	何処へ	2	
	暗闇の五枚	1	
	明治一代女	1	
	謎毌	3	
	地獄への復讐	3	
	馬賊芸者	4	

c—2

番号	分類	題名	件数	計
		変化大名前篇	1	
		消えた中隊	2	
		照る日くもる日 第二部	1	
		幽霊男	1	
6	性	お坊主天狗前篇	1	2
		幽霊男	1	
7	残酷醜汚	暗闇の丑松	4	6
		怪傑鷹	1	
		幽霊男	1	

C—3

○希望事項総数…………五一

審査映画一覧

○劇映画

審査番号	題名（会社名）	審査日時・試写室	巻数	呎数	製作	企画	原作	脚本	演出	主演
一四八七	見ないで頂戴お月様（ヱヌスナプロ）	九・一 A.M10− 東宝	七	五、三〇〇	斉藤昇	杉原武千代		中田竜雄	中川順夫	神楽坂はん子 有田稔
一四九〇	えくぼ人生（松竹）	九・三 A.M.10− 東劇地下	十二	九、二八九	小倉武志		中野実	野原清	原研吉	大木実 浅茅しのぶ
一四七八	右門捕物帖 まぼろし変化（宝塚映画）	九・四 A.M 10− 東宝	八	五、七七八			佐々木味津三	丸根賛太郎 加味鯨児	丸根賛太郎	嵐寛寿郎 南悠子
一四四二	蛇姫様 第一部 千太郎あで姿（東映）	九・四 A.M 10− 東映	五	四、九四六	柳川武夫		川口松太郎	西條照太郎	河野寿一	東千代之介 高千穂ひづる
一四七三	君待船（大映）	九・四 P.M3− 大映	九	七、八四〇		岡田恵		笠原良三	西村元男	林成年 南田洋子
一一〇〇	二十四の瞳（松竹）	九・六 A.M 10− 東劇地下	十六	一三、九〇四	桑田良太郎		壺井栄	木下恵介	木下恵介	高峰秀子 田村高広

c − 4

一四五九	続学生五人男 第一部 幽霊軍隊（東映）	九・六 P.M 1— 東映	六	五、五三九		マキノ光雄 吉野誠一		棚田吾郎 舟橋和郎	小林恒夫	波島進 船山汎
一四六〇	続学生五人男 第二部 迷探偵出動（東映）	九・六 P.M 1— 東映	六	五、三〇五		マキノ光雄 吉野誠一		棚田吾郎 舟橋和郎	小林恒夫	波島進 船山汎
一四二三	泥だらけの青春（日活）	九・八 P.M 1— 日活	十	八、三三一	浅田健三			新藤兼人	菅井一郎	三國連太郎 高杉早苗
一四五四	君に誓いし（松竹）	九・九 A.M 10— 松竹	十一	八、九二〇	長島豊太郎		小糸のぶ	沢村勉	田畠恒男	高橋貞二 月丘夢路
一四七四	母の初恋（東京映画）	九・九 P.M 8— 東京映画	十二	九、二一〇	滝村和男 三輪礼二		川端康成	八田尚之	久松静児	上原謙 岸恵子
一四九二	快傑まぼろし頭巾（東映）	九・一〇 A.M 10— 東映	八	七、七七一		柳川武夫	加藤泰	西條照太郎	佐々木康	大友柳太朗 三浦光子
一四一八	月よりの使者（大映）	九・一〇 P.M 7— 大映	十二	八、七〇〇	永田雅一		久米正雄	八住利雄	田中重雄	菅原謙二 山本富士子
一四六九	赤穂浪士（大映）	九・一二 A.M 9.30— 大映	十二	九、〇二五		高桑義生	萩原四朗	也田晋穂	荒井良平	黒川弥太郎 三條美紀
一四八一	たん子たん吉珍道中 第一部 豆狸忍術合戦（新東宝）	九・一二 P.M 9— 新東宝 撮	四	三、八八七		広川聰	宮崎博史	三村伸太郎	毛利正樹	松島トモ子 小畑やすし

C—5

一四六六	人生劇場・望郷篇 三州吉良港（東映）	九・二 P.M 11― 撮 東映	十一	九、六三五		マキノ光雄 笠田昌三	尾崎士郎	岡本功司	萩原遼	佐野周二 久慈あさみ
一三八八	愛と死の谷間（日活）	九・三 A.M 10― 日活	十三	一〇、五一七	初田敬 星野和平		椎名麟三	椎名麟三	五所平之助	芥川比呂志 津島恵子
一三七九	宮本武蔵（東宝）	九・一五 A.M 10― 東宝	十三	八、四二〇	滝村和男		吉川英治	若尾徳平 稲垣浩	稲垣浩	三船敏郎 八千草薫
一四四三	蛇姫様 第二部 緋牡丹地獄（東映）	九・一七 P.M 3― 東映	五	四、六二一		柳川武夫	川口松太郎	西條照太郎	河野寿一	東千代之介 高千穂ひづる
一四四四	蛇姫様 第五部 恋慕花道（東映）	九・一七 P.M 3― 東映	六	四、九五七		柳川武夫	川口松太郎	西條照太郎	河野寿一	東千代之介 高千穂ひづる
一四八二	たん子たん吉珍道中 第二部 江戸恋馬子唄（新東宝）	九・一七 P.M 1― 新東宝	四	三、七三七		広川 聰	宮崎博文	三村伸太郎	毛利正樹	松島トモ子 小畑やすし
一四九五	火の女（大映）	九・一六 P.M 3― 大映	九	七、三二〇		岡田 整	中山正男	高岩肇 島耕二	島耕二	北原義郎 山本富士子
一四八〇	月の光（新東宝）	九・一八 P.M 1― 新東宝	十	八、二九五		島村達芳	速水五郎	岸松雄	松林宗恵	雪村いづみ 小笠原弘
一五一二	お坊主天狗 前篇（東映）	九・一九 P.M 8― 東映	九	八、二二六		坪井与 玉木潤一郎	子母沢寛	八住利雄	渡辺邦男	片岡千恵蔵 花柳小菊

C―6

一四七五	鉄仮面 第一部 風雲地獄谷（松竹）	九・二〇 A.M 11― 松竹	六	五、一七一	大谷浩通			中山隆三 池田浩郎	池田浩郎	若杉英二 由美あづさ
一五〇〇	こんな奥様見たことない（大映）	九・二〇 P.M 4.30 大映	五	四、〇五〇		三浦信夫	茂林寺文福	高橋二三	仲木繁夫	船越英治 伏見和子
一四八三	たん子たん吉珍道中 第三部 腕くらべ狸囃子（新東宝）	九・二一 A.M 11― 新東宝	四	三、七九五		広川聰	宮崎博文	三村伸太郎	毛利正樹	松島トモ子 小畑やすし
一四九七	若き日は悲し（松竹）	九・二四 A.M 11― 東劇地下	十一	八、六九〇	久保光三			中村定郎 岩間鶴夫	岩間鶴夫	石浜朗 美空ひばり
一四六七	銭形平次捕物控 幽霊大名（大映）	九・二五 A.M 10― 大映	十	八、二四〇		辻久一	野村胡堂	八住利雄	弘津三男	長谷川一夫 井川邦子
一四六三	東尋坊の鬼（新東宝）	九・二七 P.M 5― 新東宝	八	七、三七三		津田勝二	梶野悳三	小川正	志村敏夫	田崎潤 左幸子
一四七一	チャッカリ夫人（松竹）	九・二八 A.M 10― 東劇地下	十	七、八八一	山口松三郎			長瀬喜伴	瑞穂春海	若原雅夫 淡島千景

○予告篇

一三七九―十	宮本武蔵（東宝）	九・一 A.M 10― 東宝								

三二八―十三	大映ニュース 第三四一号（大映）	九・二 P.M 1― 大映			月よりの使者（第二報）
一四七四―T	母の初恋（東京映画）	九・四 A.M 10― 東宝			
三八八―T	愛と死の谷間（日活）	九・四 A.M 9.30 日活			
三八八―十二	仝（日活）	九・四 A.M 9.30 日活			第二報
一四六九―T	大映ニュース 第三四〇号（大映）	九・六 A.M 10― 大映			赤穂義士
一八四一―T	たん子たん吉珍道中（新東宝）	九・七 A.M 11.50 新東宝			
一四五九―T	続学生五人男（東映）	九・七 P.M 1― 東映			
一四六六―T	人生劇場・望郷篇 三州吉良港（東映）	九・七 P.M 1― 東映			
一四九七―T	快傑まぼろし頭巾（東映）	九・一〇 A.M 10― 東映			

一三二一−T	お坊主天狗 前篇（東映）	九・一〇 A.M 10− 東映			
一四二三−T	泥だらけの青春（日活）	九・一一 A.M 11− 日活			
一四八〇−T	宵（トラン）の光（プーラン）（新東宝）	九・一四 P.M 2− 新東宝			
一三二一−T−二	お坊主天狗 前篇（東映）	九・一四 P.M 1− 東映			第二報
一五〇〇−T	大映ニュース 第三四二号（大映）	九・一六 P.M 12.40 大映			こんな奥様見たことない
一四七五−T	鉄仮面（松竹）	九・二〇 A.M 11− 松竹			
一四五一−T	忠臣蔵（松竹）	九・二〇 A.M 11− 松竹			
一四九七−T	若き日は悲し（松竹）	九・二〇 A.M 11− 松竹			
一四六七−T	大映ニュース 第三四三号（大映）	九・二〇 P.M 4.30 大映			幽霊大名

C−4

一四六三-T	東早坊の鬼（新東宝）	九・二一 A.M11- 新東宝			
一四九三-T	悪の愉しさ（東映）	九・二五 A.M11.30 東映			
一四五五-T	新撰馬天狗 第一部天狗出現（東宝）	九・二五 A.M11.40 東宝			
一四九四-T	大映ニュース 第三四四号（大映）	九・二五 A.M10- 大映			火の女
一五〇四-T	悲恋まむろ川（新東宝）	九・二七 P.M5- 新東宝			
一四七一-T	チャッカリ夫人（松竹）	九・二七 P.M1.30 東劇地下			
一四七九-T	新撰馬天狗 第二部東寺の決斗（東宝）	九・二六 P.M1.40 東宝			

○併映短篇

E-一〇五四	光栄の夕張（日映）	九・一 P.M5- 日映	一	八三〇	天皇巡幸記録

E-九七一	親鳩よいずこ（東光映画）	九.六 P.M4- テレビセンター	五	三二五五	伝書鳩をめぐる少年友愛劇
E-一〇五三	中日ニュースNo.33（中日クラブ）	九.七 P.M1- テレビセンター	一	八〇〇	ニュース
E-一〇一九	ミュウジック・ホールNo.4（テレビ映画）	九.七 P.M4- 新東宝	一	九五〇	歌謡短篇
E-一〇三三	光栄の函館製網（日映）	九.九 A.M10- 日映	一	九〇〇	天皇巡幸記録
E-一〇三五	両陛下をお迎えして 王子製紙（日映）	九.九 〃	一	九〇〇	〃
E-一〇三七	港都小樽に両陛下をお迎えして（日映）	九.九 〃	一	九〇〇	〃
E-一〇三九	両陛下をお迎えして 帯広市（日映）	九.九 〃	一	九〇〇	〃
E-一〇三八	両陛下をお迎えする 北海道製罐（日映）	九.九 〃	一	九〇〇	〃
E-一〇三六	両陛下北連煉乳工場御視察（日映）	九.九 〃	一	九〇〇	〃

C-11

E-一〇〇八	天皇皇后両陛下御来札（北日本映画）	九・一〇 P.M 5 － 新理研	一	[illegible]五〇	天皇巡幸記
E-一〇四一	みずしま風土記（電通）	九・一三 A.M 10－ P.P.C	一	九〇〇	岡山県永島界隈の文化産業紹介（新三菱重工業企画）
E-一〇五四	力道山大いに怒る（伊勢プロ）	九・一三 P.M 1 － 新理研	一	七〇〇	プロレスリング記録
E-一〇五六	天皇皇后両陛下 北海道御巡幸記（新理研）	九・一三 P.M 4.30 新理研	三	二、四〇〇	天皇巡幸記
E-一〇五五	神奈川ニュース No.87（神奈川ニュース映協）	九・一四 A.M 11－ ムービーセンター	一	七五〇	ニュース
E-一〇五九	中日ニュース No 34（中日クラブ）	九・一四 P.M 1－ テレビセンター	一	八〇〇	
E-一〇六七-一	昭和29年秋場所大相撲速報 No.1（伊勢プロ）	九・二四 A.M 11－ 新理研	一	六五〇	大相撲記録
E-一〇六八	プロレスリング 力道山の逆襲（伊勢プロ）	九・二四 A.M 11－ 新理研	一	七五〇	プロレスリング記録
E-一〇六七-二	昭和29年秋場所大相撲速報 No.2（伊勢プロ）	九・二八 A.M 11－ 新理研	一	六五〇	大相撲記録

C－12

E-一〇七〇	歌舞伎の諸（松竹）	九・三〇 P.M1- 松竹	三	二、二〇四	歌舞伎紹介

○スポーツ・ニュース

P-三二八	ムービー・タイムズ第三二八号（プレミア）	九・二 P.M12- 日経ホール			
P-三二九	ムービー・タイムズ第三二九号（プレミア）	九・九 P.M12- 日経ホール			
P-三三〇	ムービー・タイムズ第三三〇号（プレミア）	九・一六 A.M11- 日経ホール			
P-三三一	ムービー・タイムズ第三三一号（プレミア）	九・二三 P.M12- 日経ホール			
P-三三二	ムービー・タイムズ第三三二号（プレミア）	九・三〇 P.M12- 日経ホール			

○完成映画数　三一本

内訳＝松竹　六　東宝　一　大映　六
新東宝　五　東映　八　その他　五

○それらの予告篇　二六本

内訳＝松竹　四　東宝　三　大映　五
新東宝　四　東映　六　その他　四

○併映短篇……………………二〇本

○スポーツ・ニュース……………五本

○新版……………………なし

○映画カット希望……………………なし

C－14

映画審査概要

○蛇姫様　　　　東映
オ一部　千太郎あで姿

タイトルバック浮世絵皿図柄中　いささか卑俗に類するものがあったので協議の結果　今右については十分　留意　善処することを申合せた

○人生劇場・望郷篇　　　　東映
三州吉良港

シナリオで注意したところは大体守られている
テーマとしてはやくざ道を否定し　やくざはこの世から消え去るものと台詞でも云っているが　一部の観客には或はやくざ讃美と見られる恐れがあるかも知れない
この種の映画の出現を望まぬためには企画の時から製作者と接渉する以上に方法はないであろう

C—15

○蛇姫様　東映

第二部　緋牡丹地獄

第一篇審査時　製作者側と協議したタイトルバック　浮世絵四図柄については　当方希望通り穏便化が実行された

○お坊主天狗　東映

前篇

最后の大立廻は印象としては少し量が多過ぎる心配があるが（人を斬る数そのものは少くとも）この篇ではここしかないのでこれはこのままとしたが　今后の注意を希望した

○悪の愉しさ（予告篇）　東映

使用中止を希望し実行されたスチール（スチールNo14）と略々同一場面が使用されているが、この予告篇の限りに於てはその効果上限界を超えているものではなかった

c—16

宣伝広告審査概要

九月には使用中止を希望したスチール二枚　再考を促した宣伝文一件があった　スチール二枚の使用中止の理由は別記の通りである

使用中止を希望するスチールはおゝむね風俗的に挑発感を煽るものか　残酷感を与えるものが多いが　この二枚もまたその例外ではなかった　しかし　最近は使用中止を希望するスチールが漸次減少の傾向を見せつゝある

宣伝文は九月二十八日附朝日　毎日　読売各紙夕刊掲載の新東宝作品「日本敗れず」の同社会長署名入りの声明文があるが　この一文は同映画の製作意図に反する誤解を招くおそれがあるので　以後の使用について再考を促した　なお　この宣伝文に関しては事前に映倫と連絡のなかったことも附記しておく

○日本敗れず　新東宝

本映画のスチール中　番号35の一枚（川浪陸相が割腹する場面）は　残酷の感を起すおそれがあるので　使用中止方を希望した

C－17

○悪の愉しさ　　　　　　　　　　　　　東映

本映画のスチール中　番号14の一枚（待合の一室で男女同衾を想像せしめる場面）は風俗上挑発的なので使用中止方を希望した

○審査終了した宣材

スチール……………………………九一八枚
プレス………………………………三五枚
ポスター……………………………六五枚
撮影所通信その他…………………四七枚

c―18

各社封切一覧

封切月日	審査番号	題名	会社名
○松竹			
八月三十一日	一四二八	江戸の夕映	松竹
九月七日	一四九〇	えくぼ人生	〃
九月十五日	一一〇〇	二十四の瞳	〃
九月二十二日	一四五四	君に誓いし	〃
九月二十九日	一四九七	若き日は悲し	〃
	一四七五	鉄仮面 第一部 風雲地獄谷	〃
○東宝			
八月三十日	一四〇〇	君死に給う事なかれ	東宝
九月六日	一四七八	右門捕物帖 まぼろし変化	宝塚映画

C—19

九月十七日	一四七四	母の初恋	東京映画	
	一四八七	見ないで頂戴お月様	えぬえすプロ	
九月二十六日	一三七九	宮本武蔵	東宝	イーストマンカラー
○大映				
八月三十一日	一四六八	此村大吉	大映	
九月七日	一四七三	君待船	〃	
九月十五日	一四六九	赤穂義士	〃	
九月二十二日	一四一八	月よりの使者	〃	イーストマンカラー
九月二十九日	一四六七	銭形平次捕物控 幽霊大名	〃	
○新東宝				
八月三十一日	一三七五	愛	富士プロ	
九月八日	一四四八	日本の虎	新東宝	
九月十五日	一四二一	ハワイ珍道中	〃	イーストマンカラー

C—20

九月十五日	一四八一	タン子タン吉珍道中 第一部 豆狸忍術合戦	新東宝
九月二十一日	一四八〇	月の光	〃
	一四八二	タン子タン吉珍道中 第二部 江戸恋馬子唄	〃
九月二十九日	一四六三	東尋坊の鬼	〃
	一四八三	タン子タン吉珍道中 第三部 歌くらべ狸囃子	〃

○東映

八月三十一日	一四三三	旗本退屈男 謎の百万両	東映
	一四〇六	懐しのメロデー 第三部 うちの女房にゃ髭がある	〃
九月七日	一四六五	八百屋お七 ふり袖月夜	〃
	一四四二	蛇姫様 第一部 千太郎あの姿	〃
九月十五日	一四六六	人生劇場 望郷篇 三州吉良港	〃
	一四五九	続・学生五人男 第一部 幽霊軍隊	〃
九月二十一日	一五一二	お坊主天狗 前篇	〃

c —21

九月二十一日	一四四三	蛇姫様 第二部 緋牡丹地獄	東映	
九月二十八日	一四九二	快傑まぼろし頭巾	〃	
	一四四四	蛇姫様 第三部 恋慕花道	〃	
○日活				
八月三十一日	一三九七	黒い潮	日活	
	S－一七二	戦争と将軍	〃	新版
九月二十一日	一三八八	愛と死の谷間	〃	
	一四二三	泥だらけの青春	〃	

C—22

あとがき

八月より初秋九、十月にかけて映倫管理委員会の動きの主流をなすものは、所謂青少年と映画に関する問題の処理でありました。本年に入って一つの社会問題化して参りましたこの事業も、今やこの具体的解決の段階に入り 映倫による「映画と青少年問題対策研究会」による結論によって映画界の自主的善処策が実施されることになりましょう。
映画の社会的影響の中でも特に重要なこの課題が、世論の支持を得て いよいよ解決の気運に進み来ったことは慶賀すべきことであります。

映画倫理規程管理部

c—23

映画倫理規程審査記録第六十三号

昭和二十九年十月十日発行

発行責任者 池田義信

東京都中央区築地三ノ六

映画倫理規程管理部事務局

電話築地(55)二八〇二
〇六九六番

C—24

映画倫理規程審査記録

第64号

64

映画倫理規程

審査記録

29.10.1～29.10.31.

映画倫理規程管理委員会

目次

○管理部記事

△十月一日「映画と青少年問題対策研究会」第二回会合を開催第一回会合の結果及び種々の情報、資料を基礎に事務局で取まとめた対策案を検討、研究会として一応その結論の決定をみ、映倫管理委員会に報告することとなつた。

△十月六日の協力員会議で管理部より次の提案を行い各社に諒解された。

「以前、時代劇等で映倫上問題があると思われるような作品の場合は予めシノプシス準備台本等を提出してもらつて事前に充分連絡をとる」と云う申合せがなされているが、例えば在来の浪曲物の映画化等の場合もこれに準じて協力願いたい」

△十月八日映倫管理委員会開催「映画と青少年問題対策研究会」十月一日会合の結論の報告が行われ、審議検討の結果、之を採択承認し、近く映連及び興連に具申することを決定した。

△東映「悪の愉しさ」の宣伝広告について、

同社関西支社が行つた「悪の愉しさ」新聞広告十月二日から新関西、京都夕刊、神戸夕刊、大阪日々に映倫審査内容を使用した事に関し、宣伝広告規程に依り審査内容を使用しない事になつて居りこの間の事情同社宣伝部長宛問合せを行い、十月二十日同社宣伝部長より関西支社宣伝課長よりの文書を副えて陳謝の意が表明されて来た。

この件に関して同月の協力員会議で今後かゝる事の起らないよう留意する事を再確認

すると共に、十月二十二日の映倫委に本件の処理を報告、諒解を得た。

△十月二十日の協力会議に於て最近のニュース映画の悲惨な屍体描写（洞爺丸、相模湖事件）が話題となり、これらは劇映画に於ける限度を越えるものであり、現在ニュース映画は映倫審査の範囲外にあるが、映倫規程の限度を守つている劇映画と共に、一方に於てかゝるフィルムが上映されることは観客に与える影響上問題がありとする意見が強く、何らかの勧告的な意見表示が必要ではなかろうかとの議が強調された。

△新潟県下で上映中の東映「悪の愉しさ」について同県児童福祉審議会が青少年に与える影響上好ましからざるものとして何らかの処置をとつたとの情報があり、これについて同県小林劇場宛問合せを十月二十三日行つた。これに対し二十八日折返しその間の事情詳細について回答があつた。

△十月十八日付で新潟県児童福祉審議会より映倫委員長宛「青少年に好ましからざる映画について」の要望書が提出された。

これには特にその一つとして「悪の愉しさ」に関する同審議会の意見が述べられている。

△十月二十二日付で鹿児島県児童福祉審議会より「青少年に必要以上に刺戟を及ぼさない健全な映画を製作されるよう」との要望書が提出された。

△香川県下で上映中の「悪の愉しさ」に関し、同県児童福祉審議会が、青少年に与える影響上問題ありとして青少年保護育成条例を適用、青少年観覧禁止処置を取つた事に関し、その具体的事項についての問合せを同県常盤座宛発信、十月二十三日同座より

県知事よりの通達写を添付し回答があつた。

△十月二十二日映倫管理委員会開催、前回決定をみた青少年対策の関係方面への申達は現在準備中である事を報告すると共に、当面の対策として個々の審査に当つて特に青少年を対象として作られ、また青少年に多く見られるであろうと思われる作品の場合は一層慎重な態度を以て審査に当るよう専門審査員に要望した。

△映倫審査室は二十七日の会議に於て次の如き見解をまとめた。

一、映画「悪の愉しさ」について

生活に理想を見失つた一現代人の姿の中に反省を見出さんとする製作意図は諒承するも、具体的内容から来る逆効果を恐れ、この点製作者側と検討を尽して完成を見たが、本作品を青少年観客に対して不適当だという意見についても充分の関心をもつている。当方としてもこれを青少年に出来れば見せたくない映画と考える点では同様の見解にある。しかし、本作品を成人の観賞用として見れば、結果に於て特に難点なしとするも、世論の反響と支持にかんがみ、今後も一層慎重の態度を以て審査に当る決意である。

二、既に決定を見た「青少年と映画の問題対策研究会」に於ける青少年向映画選定等の結論に基き、映画業界は早急に具体的施策をとられるように期待する。

三、種々の傾向を持つた映画の番組編成の如何によつては、特に青少年観客への影響は大きく変化する。この点の考慮が払われていないように見受けられる場合があるのはまことに遺憾である。

○審査記録

○脚本審査の部

今期間中、提出された脚本の中、特に重要な問題を含むものはありませんでした。若干細かい点で希望事項の出されたものはありますが、その大半は、やくざ乃至暴力肯定と刺戟的に過ぎる危険の感じられるものであります。然し、これらも過去に比較すると、漸次少くなつています。作品の傾向としては、主として青少年を対象としていると思われるものが、数を増していますが最近での大きな動きと云えましよう。

◎本月の審査脚本は次の如くである。

社名	題名	受付日	審査終了日	備考
近代映協	若い人たち	七、一七	一〇、一	
新東宝	慈悲心鳥	九、二九	一〇、一	
新東宝	鶏はふたゝび鳴く	九、二九	一〇、一	
東宝	女性に関する十二章	九、二九	一〇、二	

東映	変化大名 後篇	九、二九	一〇、二	
東映	竜虎八天狗 第一篇 水虎の巻	九、二九	一〇、二	
東映	〃 第二篇 火竜の巻	九、二九	一〇、二	
東映	〃 第三篇 鳳凰の巻	九、二九	一〇、二	
東映	〃 完結篇 進撃の巻	九、二九	一〇、二	
東宝	不滅の熱球	一〇、一	一〇、二	
東映	姿三四郎 第一部	九、二九	一〇、五	
東映	姿三四郎 第二部	九、二九	一〇、五	
近江プロ	百萬弗の明星 陽気な天国	九、二九	一〇、六	
大映	勝敗	一〇、一	一〇、六	
松竹	この広い空のどこかに	一〇、四	一〇、六	

松竹	この子この母	一〇、四	一〇、六	「母に罪はない」の改題
松竹	亡命記	一〇、四	一〇、六	
クレインズクラブ	結婚期	一〇、五	一〇、六	
新東宝	はらふき丹次	九、一〇	一〇、九	
日活	警察日記	一〇、六	一〇、九	
日活	お月様には悪いけど	一〇、六	一〇、九	
新芸術プロ	歌ごよみ お夏清十郎	一〇、六	一〇、九	「お夏清十郎 おしどり花傘」の改題
大映	近松物語	一〇、七	一〇、九	
大映	川のある下町の話 自主改訂版	一〇、九	一〇、一一	改訂第二稿 第一稿八月二十三日終了
大映	螢の光	一〇、九	一〇、一一	
東映	孝子五郎正宗	一〇、六	一〇、一二	「名作浪曲シリーズ五郎正宗」の改題

日活	人斬り彦斎	一〇、六	一〇、一五	
松竹	地獄の花束 「嵐の中の顔」より	一〇、一二	一〇、二〇	
東映	新選組鬼隊長	一〇、一三	一〇、二〇	
東映	残月一騎討ち	一〇、一三	一〇、二〇	
東宝	やんちゃ娘行状記 第一部	一〇、一八	一〇、二〇	
東宝	花嫁立候補	一〇、一八	一〇、二〇	「初恋やんちゃ娘」の改題
大映	投げ唄左門 地獄谷の花嫁	一〇、一八	一〇、二〇	
東宝	男性No.1	一〇、二〇	一〇、二一	「男の世界」の改題
東映	あゝ洞爺丸	一〇、二〇	一〇、二三	
東宝	透明人間	一〇、二一	一〇、二五	
東映	怪猫腰抜け大騒動	一〇、二三	一〇、二五	

新東宝	鉄腕巨人	一〇、二〇	一〇、二七	「密林から来た英雄」の改題
松竹	大学は出たけれど	一〇、二二	一〇、二七	「若旦那武者修業」の改題
大映	潮来出島	一〇、二五	一〇、二七	
東京映画	兄さんの愛情	一〇、二五	一〇、二七	
東宝	次郎長三国志 かちどき清水港	一〇、二五	一〇、二七	
東宝	初笑い ちやつかり道中	一〇、二五	一〇、二七	「初笑い ちやつかり金太」の改題
東映	忠治外伝 火の車お萬	一〇、二五	一〇、二八	
大映	怪猫逢魔ケ辻	一〇、二七	一〇、二九	

◎ 新作品　四四本

シナリオ数　四五本

内訳　松竹　五、東宝　九、大映　七、（内改訂版一）

新東宝　四、東映　一三、その他　七、

◎以上の内希望事項のあつた物は次の如くである

○慈悲心鳥（新東宝）

製作 永島一朗 脚本 館岡謙之助
原作 菊池寛 〃 松山広行
監督 松林宗恵

同じ女性を争つた二人の青年が数年を経て敗者は疑獄事件の検事 勝者はその容疑者とし再会する 運命の皮肉を描くメロドラマ

検事が客引女に略式裁判で判決を申し渡す場面があるがこれは事実に反するので訂正を希望したい。（法律２）

○変化大名（東映）
（後篇）

企画 大森康正 脚本 八住利雄
原作 山手樹一郎 監督 佐々木康

悪臣達の陰謀を逃れて家を出た若殿と彼等の為に復讐鬼と化した町人をめぐる正邪の葛藤を描く。

（屋形船の中）で小弥太が誘拐した清姫に狼ぜきを働こうとする場面。（地下室）で刺青師がお沢の背中に鬼の面を彫り入れようとする場面。何れも演出上の注意を望みたい。（風俗１と２）

○勝敗（大映）

企画 土井逸雄 監督 佐伯幸三
脚本 八住利雄

二人の柔道選手をめぐる恩怨と恋愛を描くメロドラマ。

社長の自殺にピストルを使用するのはこの人物としては適当でないと思われるので訂正希望（法律１）

○警察日記（日活）

製作 坂上静翁 脚本 井手俊郎
原作 伊藤永之介 監督 久松静児

長閑な田舎の警察を騒がせたいくつかの事件を中心に庶民生活の哀歓を描く。

御神体の取扱いは慎重にされたい旨希望した。（宗教）

○お月様には悪いけど（日　活）

製作　茂木了次　監督　堀池　清

脚本　柳沢類寿

爪二つの洋装学院長と芸者その妹のエアガールをめぐつて社長の浮気がまき起すラブ・コメディ

フロアショウのヌード・ダンスの踊子の肉体露出の限度につき演出上の注意を希望した。（風俗２）

○歌ごよみ　お夏清十郎（新芸術プロ）

（「お夏清十郎おしどり花傘」の改題）

製作　福島通人　脚本　舟橋和郎

樋口大祐　監督　冬島泰三

原作　旗　一兵

商売仇と悪番頭の為に没落した商人の娘お夏と無実の罪で遠島となつたその手代清十郎が艱難の末目出度く結ばれる物語。

賭場の描写は演出上注意を希望したい。（法律１）

○ほらふき丹次（新　東　宝）

企画　柴田清一郎　脚本　八木隆一郎

原作　寒川光太郎　監督　中川信夫

北海道の山中に住むほらふきの百姓が愛情故に殺人の罪を犯す悲劇

放屁に関する取扱いは特には品位を損しない台詞程度は兎に角その余については極力触れないことにしたい。（風俗２）

○川のある下町の話（大　映）

（自主改訂版）

企画　土井逸雄　脚本
監督　衣笠貞之助

原作　川端康成

若い医学生をめぐる三人の女性の恋の哀歓を描く。

外国人兵士が娼婦をかばう日本人と争い、結局これを死に至らしめる件りは国際感情尊重の建前からみて穏当を欠くと思われる。依つて然るべく改訂を希望すると共に基地に於ける外人兵の雰囲気描出については十分演出上慎重を期したい。（国家及社会 3）

○人斬り彦斎（日 活）

製作 岩井金男 脚本 八住利雄
原作 今東光 監督 佐伯清

幕末主義の為恩人や尊敬する人々を手にかけた勤王派の刺客の宿命と悲劇を描く。
全体的に云つて（十分批判的な扱いにはなつているが）伺殺人肯定と美化の印象を与えないように部分演出の上で注意して欲しい。（法律 1）
血糊を刺戟的に描かないよう配慮して欲しい旨を伝えた。
（残酷醜汚 7）
幾度か出てくる暗討など、この点十分な関心の要があると思われる。小雪と彦斎のぬれ場描写は従来の如く寝室描写などに当り、その雰囲気、台詞などこのまゝでは困るので訂正して戴きたい。（風俗 2）
一部分すでに撮影済みの旨であるが、それはラッシュ・プリントで内審して決定したいことを相互に約束した。また彦斎を誘う夜の女の台詞のうち「安くしとくよ」「遊んでおくれよ」は直接的な売春を思わす言葉なので止めて欲しいと思う。
（性2）

○地獄の花園（松 竹）
「嵐の中の顔」より

製作 岸本吟一 脚本 永江勇
原作 富田常雄 監督 芦原正
構成 菊島隣三

一度落ち込んだやくざの世界をのがれる為いくどか傷つき乍ら苦斗する青年の姿を二人の女性を配して描く。
女に迫る愛慾描写（風俗 2）
やくざ仲間の私刑描写（残酷醜汚 3）
は何れも過度にわたらぬよう演出上注意を希望したい。

○ あゝ洞爺丸 （東 映）

企画 根津 昇 脚本 結束信二
加藤 通 監督 小沢茂弘

洞爺丸事件を劇形式で描いたもの。

時局問題から取材したものであり 大衆には生々しい記憶を映画にして見せるのであるから慎重に取扱い責任問題の所在もはっきりしない現在大衆に判断を誤らせないよう期待する。

幸いシナリオにはその考慮が払われているようである。

遭難者及び各関係者に対して失礼でないように配慮を望む。（国家及社会1）

ニュース映画を使用するとしないとにかゝわらず 屍体や遺族に対しては失礼のないよう取扱い方を気をつけて欲しい。（国家及社会1）

○ 鉄腕巨人 （新東宝）

（「密林から来た英雄」の改題）

製作 杉原貞雄 監督 並木鏡太郎
脚本 小崎政房

力道山とファンの一少年を主役に描く密林から都会に現れた超人が悪を懲す活躍の物語

特に青少年の観客の吸引に重点をおく企画と考えられるのでマリ子の体に迫る池島の描出には演出上特段の配慮を希望したい。（風俗2）

次郎長三国志

○ かちどき清水港 （東 宝）

製作 本木荘二郎 脚本 野坂三郎
原作 村上元三 監督 マキノ雅弘

荒神山の斗争を描く次郎長三国志完結篇。

全体を通じてやくざ否定の面をもっと強調して戴きたいと希望した。（国家及社会24）

忠治外伝

○ 火の車お万 （東 映）

企画　光川仁郎　脚本　木村恵夫
原作　青木義久　監督　津田不二夫

義理の妹に家を護つてやくざの道に投じた女侠客の門出を描く浪曲物。

浪曲映画であるからといつて　これが封建的な人情美談の無批判なとりあげ方では困るのでその点から考えてお商の常規を逸した行動　或いは妹に家を譲るための封建的な自己犠牲のトリツクなど　余り美化して描かれては困ると思う。ひいてはそれが、やくざの肯定讃美へもゆくことであるからその方も十分考慮されるべきかと考える。（国家及社会２）　だから賭場の勝負の如実な描写は避けて欲しいし（法律　１）　またやくざに結びついて刺青の刺戟的な誇示など云うまでもなく従来通り注意して欲しいものである。（国家及社会　２）
浪曲の詞は未提出となつているが、これもやくざ美化、封建的義理人情の盲目的讃美にならぬように書かれる必要があり、これは決定次第当方へ提出して欲しいことを伝えた。

○　怪猫逢魔ヶ辻　（大　映）

製作　酒井箴　脚本　木下藤吉
企画　高桑義生　監督　加戸敏
原作

殺された女役者の執念が猫にのり移つて悪を仇す物語。

縊死体描写、切り落された片腕及び女主人公の顔の傷等の取扱いは血糊の取扱いと共に何れも従来の限度を超え、醜汚感をもたらすことのないよう演出上十分な注意を希望したい。

（残酷醜汚　１７）

◎以下三十本希望事項なし。

○　若い人たち　（近代映協）

製作　絲屋寿雄　脚本　新藤兼人
〃　山田典吾　〃　棚田吾郎
〃　能登節雄　監督　吉村公三郎
〃　十時志雄

若い事務員達の生活を中心に銀行の日常業務の生態を描く。

○　鶏はふたゝび鳴く　（新　東　宝）

製作 内山義重 監督 五所平之助
脚本 椎名麟三

事業不振の油田地帯に住む五人の善良な採堀夫と自殺を決意した三人の娘に石油技師と称する男（実は七百萬円拐帯犯人）のもたらした夢が投げた波紋を描く。

○女性に関する十二章（東　宝）

製作 藤本真澄 脚本 和田夏十
原作 伊藤整 監督 市川崑

倦怠期症状を呈しはじめた恋人同志のバレリーナと銀行員を中心に種々のタイプの男女によつて描く現代女性気質。

○龍虎八天狗（東　映）

第一篇 水虎の巻 第二篇 火龍の巻
第三篇 鳳凰の巻 完結篇 進撃の巻

企画 マキノ光雄 脚本 八木保太郎
〃 近藤経一 〃 結束信二

原作 吉川英治 監督 丸根賛太郎

豊家から失われた秘巻の行方を求める真田主従と徳川方の隠密達をめぐる時代活劇。

○不滅の熱球（東　宝）

製作 佐藤一郎 監督 鈴木英夫
脚本 菊島隆三

巨人軍の名投手沢村の半生を描く。

○姿三四郎（東　映）

第一部、第二部、

企画 松崎啓次 脚本 稲田篤人
原作 富田常雄 〃 青木義久
監督 田中重雄

明治中期、若い天才的柔道家の修業物語。

百貨弥の附品

○陽気な天国（近江プロ）

製作 近江俊郎 脚本 古川ロッパ
監督

人気歌手をつくりだつたばかりに売り出し損ねた温泉町の流しの歌手を中心に描く歌謡ロマンス

○この広い空のどこかに（松竹）

製作 久保光三 潤色 松山善太
脚本 楠田芳子 監督 小林正樹

平凡な商家を舞台に嫁いだばかりの若い嫁と姑、良人、弟妹達の微妙な感情の交錯を描くホームドラマ

○この子この母（松竹）
（「母に罪はない」の改題）

製作 長島豊次郎 監督 萩山輝男
脚本 長瀬喜伴

夫の戦死後その遺訓を守つて斗い乍ら二児を育てあげた母親が吾子の為に殺人を犯す物語。

○亡命記（松竹）

製作 山口松三郎 脚本 椎名利夫
原作 白藤茂 監督 野村芳太郎

幸福な結婚をした中国人医師と日本人の女性が終戦によつて一転した苛酷な運命に耐え相互の信頼と愛情によつて生き抜く物語。

○結婚期（クレインズ・クラブ）

製作 竹中香 脚本 若尾徳平
〃 桜沢一 〃 村山俊郎
原作 北村小松 監督 井上梅次

理想家で仕事熱心な都の係長と美しいテレビアナウンサーをめぐる恋愛劇。

○近松物語（大映）

製作　永田雅一　劇化　川口松太郎
企画　辻　久一　脚本　依田義賢
原作　近松門左衛門　監督　溝口健二

不義者として処刑された京の大経師の女房と手代の悲劇を描く近松浄瑠璃の映画化。

○螢の光（大映）

製作　永田雅一　脚本　笠原良三
企画　中代富士男　監督　森　一生
原作　川口松太郎

腹違いの妹に学業を続けさせる為、学窓を退いて経師の家業を守つて働く姉を中心に恋愛、姉妹愛、友情等を描く。

○孝子五郎正宗（東映）

（「名作浪曲シリーズ五郎正宗」の改題）

企画　坪井　与　脚本　村松道平
〃　原　進一　監督　小林恒夫

少年時代の名刀鍛冶正宗が邪険な継母に尽す孝心を描く。

○新選組鬼隊長（東映）

製作　大川　博　原作　子母沢寛
企画　マキノ光雄　脚本　高岩　肇
〃　山崎真一郎　〃　結束信二
〃　玉木潤一郎　監督　河野寿一

池田屋襲撃から近藤勇の刑死まで新選組の栄枯盛衰の運命を描く。

○残月一騎討ち（東映）

企画　坂巻辰男　監督　松田定次
脚本　民門敏雄　〃　松村昌治

好敵手赤垣源蔵、沙水一角の友愛と彼等をめぐる二人の女性の純愛を描く。

○やんちゃ娘行状記　第一部　（東宝）

製作　佐藤一郎　脚本　松浦健郎
原作　長沖一　監督　渡辺邦男

世界的体操選手であるやんちゃ娘をめぐるユーモラスな恋愛譚。

○花嫁立候補　（東宝）
（「初恋やんちゃ娘」の改題）

前記に同じ

○投げ唄左門　地獄谷の花嫁　（大映）

製作　酒井箴　脚本　尾形十三雄
企画　浅井昭三郎　監督　荒井良平

お家騒動の渦中に婿入りする若君の道中を守護する投げ唄左門の活躍物語。

○男性No.1　（東宝）
（「男の世界」の改題）

製作　本木荘二郎　脚本　井手雅人
原作　菊島隆三　監督　山本嘉次郎

一人のダフ屋が母親の愛情と友人の善意によって更生する物語。

○透明人間　（東宝）

製作　北猛夫　監督　小田基義

原作　別府　啓　特技監　円谷英二
脚本　日高繁明

戦時中透明人間にされた兵士達の生き残りが東京に現われた為起つた騒動と彼等の悲劇を描く。

○怪猫腰抜け大騒動　（東　映）

企画　福島通人　脚本　中田龍夫
〃　依田一朗　監督　斎藤寅次郎
原作　旗　一兵

主人を殺された猫のたゝりで悪人が亡ぶ時代喜劇。

○大学は出たけれど　（松　竹）
（「若旦那武者修業」の改題）

製作　小倉武志　監督　野村芳太郎
脚本　椎名利夫

大学を出た若人三人組の明るい恋愛と友情を描く。

○潮来出島　（大　映）

製作　酒井　箴　脚本　八木隆一郎
企画　辻　久一　監督　安田公義
原作　富田常雄

仇敵同志と知らずに愛しあつた男女が友人や父親の恩愛にはげまされて武家の義理を捨て恋に生きる物語。

○兄さんの愛情　（東京映画）

製作　滝村和男　脚本　堀江史朗
製作　三輪礼二　脚本　西島　大
原作　内村直也　監督　丸山誠治

平和な家庭に飛び込んで来た夢を求める乙女が醸す愛情の交錯を描く。

○初笑いちやつかり道中　（東　宝）
（「初笑いちやつかり金太」の改題）

製作　清川峰輔　脚本　山本嘉次郎
脚本　高木恒穂　監督　青柳信雄

のん気な風来坊と漫遊中の黄門主従をめぐる道中喜劇。

希望事項集計

○国家及社会 〈6〉

川のある下町の話（1）　おゝ洞爺丸（2）

かちどき清水港（1）　火の車お萬（2）

○法律 〈5〉

慈悲心鳥（1）　勝敗（1）　お夏清十郎（1）

火の車お萬（1）　人斬り彦斎（1）

○宗教 〈1〉

警察日記（1）

○教育 〈なし〉

○風俗 〈7〉

変化大名（后）（2）　お月様には悪いけど（1）

はらふき丹次（1）　人斬り彦斎（1）　地獄の花束（1）

鉄腕巨人（1）

○性 〈1〉

人斬り彦斎（1）

○残酷醜汚 〈4〉

人斬り彦斎（1）

地獄の花束（1）　怪猫逢魔ケ辻（2）

○希望事項総数 〈24〉

○映画審査の部

脚本審査同様、特に重大な問題もなく経過しました。二、三削除希望の出されたものもありますが、取り立てゝ申し述べるほどのことはありませんでした。

◎本月の審査映画は次の如くである。

審査番号	題名（会社名）	審査日時 試写室	巻数	呎数	製作	企画	原作	脚本	監督	主演
1493	悪の愉しさ（東映）	10.2 PM.10 東映	12	10,034		藤本真澄 根津昇	石川達三	猪俣勝人	千葉泰樹	伊藤久哉 久我美子
1504	悲恋まむろ川（新東宝）	10.4 AM.10 新東宝	9	7,880		伊藤基彦		村山俊郎	萩原遼	大谷友衛門 花井蘭子
1435	新鞍馬天狗 第一話 天狗出現（東宝）	10.4 AM.10 東宝	8	7,106	大仏次郎 浦大防五郎		大仏次郎	松浦健郎	青柳信雄	小堀明男 岡田茉莉子
1529	怪傑鷹 第一篇 蛟竜風雲の巻（宝塚映画）	10.4 AM.10 東宝	5	3,984			寿々喜多呂九平	加味鯨児	ロクヘイ・ススキタ	中川晴彦 大和七海路

1539	1496	1505	1452	1484	1491	1517	1476
幽霊男 (東宝)	荒城の月 (大映)	三日月童子 第一部 剣雲鳴門ふすま (東映)	地獄の剣豪 平手造酒 (日活)	千姫 (大映)	伊達騒動 母御殿 (大映)	お坊主天狗 後篇 (東映)	鉄仮面 第二篇 白狐一族 (松竹)
10.11 AM.10 東宝撮	10.9 PM.3 大映	10.8 AM.10 東映	10.7 PM.1 日活	10.7 PM.1 大映	10.7 AM.10 大映	10.5 PM.1 東映	10.4 PM.5 東劇地下
8	10	5	11	11	10	10	6
6,511	9,060	4,786	9,481	9,005	8,360	9,097	4,896
滝村和男			嵐野和平	永田雅一			大谷浩通
	岡田勲	マキノ光雄 宮城文夫		辻久一	高桑義生	坪井与 玉木潤一郎	
横溝正史	川口松太郎	北村寿夫				子母沢寛	
沢村勉	松山善太	小川正	菊島隆三	八尋不二	阿蘇太郎 池田菁穂	八住利雄	中山隆三 池田浩郎
小田基義	枝川弘	小沢茂弘	滝沢英輔	木村恵吾	安田公義	渡辺邦男	池田浩郎
河津清三郎 三条美紀	根上淳 若尾文子	東千代之介 千原しのぶ	辰巳柳太郎 山田五十鈴	京マチ子 菅原謙二	三益愛子 坂東好太郎	片岡千恵蔵 花柳小菊	若杉英二 由美あづさ

1521	エノケンの天国と地獄（新東宝）	10.11 PM.4 川崎東洋現像	9	7,767		金田良平	氷見隆二	山下与志一	佐藤武	榎本健一 若山セツ子
1530	怪傑鷹 第二篇奔流怒濤の巻（宝塚映画）	10.11 PM.7 東宝	5	4,214			寿々喜多呂九平	加味鯨児	ロクヘイ・スズキダ	中川晴彦 大和七海路
1477	鉄仮面 第三篇 三日月城の決斗（松竹）	10.12 AM.10 東劇地下	6	4,827	大谷浩通			中山隆三 池田浩郎	池田浩郎	若杉英二 由美あづさ
1506	三日月童子 第二部天馬空を征く（東映）	10.12 PM.1 東映	5	4,795		マキノ光雄 宮城文夫	北村寿夫	小川正	小沢茂弘	東千代之介 千原しのぶ
1507	〃 第三部 萬里の魔鏡（東映）	同	5	4,850		同	同	同	同	同
1456	潮騒（東宝）	10.14 AM.10 東宝	11	8,608	田中友幸		三島由紀夫	谷口千吉 中村真一郎	谷口千吉	久保明 青山京子
1451	忠臣蔵 花の巻・雪の巻（松竹）	10.13 AM.2 京都撮	25	21,002	大谷隆三 高村潔			村上元三 依田義賢	大曾根辰夫	松本幸四郎 山田五十鈴
1535	お富さん（大映）	10.16 AM.10 大映	6	4,130		浅井昭三郎		志摩裕二	天野信	勝新太郎 小町瑠美子

（23）

1494	和蘭雛子（日米映画）	10.16 PM. 9 新東宝	10	3,240	石川定一	酒井知信	山手樹一郎	松浦健郎 若杉光夫	若杉光夫	大谷友衛門 南風洋子
1509	神風特攻隊（東映）	10.17 PM.10 東映	10	8,857		マキノ光雄 堀莠雄		結束信二	小石栄一	堀雄二 波島進
1499	からたちの花（日活）	10.18 AM.10 日活	10	8,320	岩井金男		長谷健	八住利雄	佐伯清	北原隆 雨宮節子
1453	百萬弗の明星 陽気な天国（近江プロ）	10.20 PM. 6 五反田 東洋現	8	6,746	近江俊郎			古川ロッパ	古川ロッパ	近江俊郎 二葉あき子
1486	「残侠都市」より 地獄への復讐（松竹）	10.21 AM.10 東劇地下	10	8,177	杉山茂樹		宮本幹也	鈴木兵吾 安田重夫	酒井辰雄	三橋達也 浅茅しのぶ
1410	新しき天（大映）	10.21 AM.10 大映	10	8,617		中野繁雄	牧逸馬	笠原良三	鈴木重吉	北原義郎 山本富士子
1526	変化大名 前篇（東映）	10.21 PM. 1 東映	9	8,000		大森康正	山手樹一郎	八住利雄	佐々木康	市川右太衛門 花柳小菊
1503	仇討珍剣法（宝塚映画）	10.21 PM. 1 東宝	10	7,734				松浦健郎	斎藤寅次郎	花菱アチャコ 伴淳三郎

1498	真実の愛情を求めて 何処へ（松竹）	10.22 AM.10 東劇地下	13	11,063	山口松三郎		石坂洋次郎	柳井隆雄	大庭秀雄	佐田啓二 月丘夢路
1511	日本敗れず（新東宝）	10.22 PM. 7 新東宝撮	11	9,163	阿部豊			館岡謙之助	阿部豊	早川雪洲 藤田進
1479	新鞍馬天狗 第二話 東寺の決斗（東宝）	10.23 AM.10 東宝	9	6,930	大仏次郎 郡大防五郎		大仏次郎	松浦健郎	青柳信雄	小堀明男 岡田茉莉子
1527	満月狸ばやし（東映）	10.23 AM.11 東映	8	7,493		福島通人	旗一兵	中田竜雄	萩原遼	中村錦之助 高千穂ひづる
1450	ゴジラ（東宝）	10.23 PM. 8 東宝撮	10	8,738	田中友幸		香山滋	村田武雄 本多猪四郎	本多猪四郎	志村喬 河内桃子
1516	継母（東映）	10.24 PM. 9 東映	11	9,767		依田一郎 原進		館岡謙之助	伊賀山正徳	折原啓子 田代百合子
1531	怪傑鷹 第三篇 剣風乱舞の巻（宝塚映画）	10.25 PM.12 東宝	5	4,911			寿々喜多呂九平	加味鯨児	ロクヘイ・ススキタ	中川晴彦 大和七海路
1502	女人の館（日活）	10.25 PM. 3 日活	10	8,795	藤本真澄 金子正且		白川渥	井手俊郎	春原政久	三国連太郎 北原三枝

（ 85 ）

1513	投げ唄左門三番手柄 覆面闘犍隊 (大映)	10.26 AM.10 大映	9	7,530		浅井昭三郎		尾形十三雄	加戸 敏	黒川弥太郎 長谷川裕見子
1488	喧嘩鴉 (松竹)	10.27 AM.10 東劇地下	10	8,874	小倉浩一郎			若尾 徳平 永江 勇	堀内 真直	高田 浩吉 高橋 貞二
1545	竜虎八天狗 第一篇 水虎の巻 (東映)	10.29 AM.10 東映	5	4,905		マキノ光雄 近藤 径一	吉川 英治	八木保太郎 結束 信二	丸根賛太郎	東千代之介 千原しのぶ
1549	・第二篇 火竜の巻 (東映)	10.29 AM.10 東映	5	4,234		同	同	同	同	同
1561	歌ごよみ お夏清十郎 (新芸術プロ)	10.30 AM.11 新東宝	10	8,750	福島 通人 樋口 大祐		旗 一兵	舟橋 和郎	冬島 泰三	市川 雷蔵 美空ひばり
1450-T-1	ゴジラ (東宝)	10.1 PM 12.40 東宝								
1452-T	平手造酒 (日活)	10.1 PM 2.40 日活								

1510-T	大映ニュース 第三四八号 (大映)	10.18 PM.12.30 大映	新しき天
1457-T	若い人たち (近代映協)	10.30 AM.11.- 新東宝	
1566-T	新選組鬼隊長 (東映)	10.29 AM.10.- 東映	
1488-T	喧嘩鴉 (松竹)	10.27 AM.10.- 東劇地下	
1513-T	大映ニュース 第三五〇号 (大映)	10.26 AM.10.- 大映	覆面髑髏隊
1545-T	竜虎八天狗 (東映)	10.23 AM.11.- 東映	
1527-T	満月狸ばやし (東映)	10.23 AM.11.- 東映	
1529-T	怪傑鷹 (宝塚映画)	10.4 AM.10.- 東宝	

1496-T	大映ニュース第三四九号（大映）	10.18 PM. 12.30 大映	荒城の月
1511-T-2	日本敗れず（新東宝）	10.19 AM. 9.40 新東宝	第二報
1503-T	仇討珍剣法（宝塚映画）	10.19 PM. 1. 東宝	
1450-T-2	ゴジラ（東宝）	10.19 PM. 1. 東宝	第二報
1516-T	継母（東映）	10.20 AM. 10. 東映	
1498-T	真実の愛情を求めて何処へ（松竹）	10.22 AM. 10. 松竹	
1561-T	唄ごよみお夏清十郎（新東宝）	10.23 PM. 5. 新東宝	
1539-T	幽霊男（東宝）	10. 8 AM. 10. 東宝	

1509-T	神風特攻隊（東映）	10.11 AM. 11.- 東映	
1494-T	和蘭囃子（日米映画）	10.11 PM. 4.- 川崎 東洋現	
S-189-T	次郎物語（日活）	10.11 PM. 4.- 日活	
1456-T	潮騒（東宝）	10.13 PM. 12.40 東宝	
1499-T	からたちの花（日活）	10.14 PM. 5.- 日活	
1535-T	大映ニュース 第三四七号（大映）	10.16 AM. 10.- 大映	お富さん
1526-T	変化大名 前篇（東映）	10.17 PM. 10.- 東映	
1505-T	三日月童子（東映）	10.4 AM. 9.30 東映	

1491-T	大映ニュース第三四五号（大映）	10.4 PM.12.40 大映	伊達騒動 母御殿
1521-T	エノケンの天国と地獄（新東宝）	10.4 AM.10. 新東宝	
1517-T	お坊主天狗后篇（東映）	10.5 PM.1. 東映	
1511-T-1	日本敗れず（新東宝）	10.5 PM.3. 新東宝	特報
S-125-T	風雲児信長（日活）	10.6 AM.11. 日活	
1484-T	大映ニュース第三四六号（大映）	10.7 PM.1. 大映	千姫
1451-T-2	忠臣蔵（松竹）	10.7 PM.1. 松竹	

番号	題名	日時・場所	巻数	呎数	備考
E-1053	第九回国民体育大会 —北海道— (読売映画社)	10.5 PM. 1.30 読売映画社	3	2,949	国体記録。
E-1074	神奈川ニュースNO 88 (神奈川ニュース映協)	10.5 AM. 11.50 ムービーセンター	1	450	
E-1067-4	昭和廿九年秋場所 大相撲速報NO 4 (伊勢プロ)	10.5 AM. 10.— 新理研	1	600	相撲記録。
E-973	屈泊ダム (北日本映画)	10.4 PM. 3.— 新理研	3	2,500	北海道屈泊ダム建設の記録。
E-1069	街の子 (日映)	10.4 PM. 1.— 日映	2	1,350	企画、最高裁判所、正しい裁判のあり方を描く、劇短篇。
E-1075	かっぱ川太郎 (三井芸術プロ)	10.4 PM. 1.— N.C.C	2	1,650	企画、朝日新聞社、清水昆の漫画を基本にした動画。
E-1067-3	昭和廿九年秋場所 大相撲速報NO 3 (伊勢プロ)	10.2 PM. 1.— 新理研	1	600	相撲記録、
E-1072	野球見物 (電通)	10.2 AM. 10.— 教配	2	811	企画、警視庁、交通安全協会、交通安全指導映画、

E-1071	日本特攻隊戦記（昭映フィルム）	10. 6 PM. 1.— ワーナー	7	5,820	特攻隊の記録編集映画。
E-1079	日本武道大鑑（塩沢プロ）	10.11 PM. 3.50 大久保スタジオ	2	1,800	全国武道大会記録。
E-1066	光の歌（電通 福島整肢療護園）	10.13 PM. 2.— 教配	7	2:800	身体不自由児療養施設の記録。
E-1073	ガラスの話（モーション・タイムズ）	10.14 AM. 11.— 新東宝	1	940	ガラス製造過程と製品を描く。
E-1083	宝塚ラブ・パレード（宝塚映画）	10.16 PM. 5.— 東宝	1	800	宝塚歌劇団舞踊実写。
E-1084	神奈川ニュースNo 89（神奈川ニュース映協）	10.19 AM. 11.— ムービーセンター	1	600	
E-1081	赤ちゃん日記（東京映画技術研究所 森永乳業）	10.22 PM. 12.— 丸ノ内ホール	4	3,150	育児一年の記録。
E-1094	死の灰（新理研）	10.26 AM. 11.30 新理研	3	2,182	俊鶻丸のビキニ海域調査記録。

E-1057	市政だより No18 (北日本映画)	10.26 PM. 12.30 協映	1	200	札幌市政広報。
E-336	私達の道政 特報No 1 (北日本映画)	同	1	200	凶作にあえぐ北海道。
E-1009	〃 No 19 (北日本映画)	同	1	200	北海道々政広報。
E-1058	〃 No 20 (北日本映画)	同	1	200	〃
E-1086	輝く優勝 中日ドラゴンス (中日映画クラブ)	10.28 PM. 1.- テレビセンター	2	1,500	二十九年度優勝記録。
E-1030	鷺のふるさと (読売映画)	10.29 PM. 3.- 読売映画	2	1,566	埼玉県野田村に於ける鷺の生態。
E-1082	保健婦の手記 (読売映画)	同	3	2,783	企画厚生省、結核予防会、結核療養指導劇短篇。
E-1096	流水客土 (記録映画社)	10.30 PM. 3.- 映教	3	2,700	企画 農林省、富山県黒部川扇状地の土地改良記録。

E-1087	蠅（日映科学映画）	10.30 PM. 5 日映	1	950	蠅の繁殖生態と伝染防止を描く。					
S-189	次郎物語（日活）	10. 6 AM.10 日活	10	7,668			下村 湖人	館岡謙之助	島 耕二	杉 幸彦 村田知英子
S-188	君の名は（松竹）	10. 7 PM. 1 松竹	25	12,070	山口松三郎		菊田 一夫	柳井 隆雄	大庭 秀雄	佐田 啓二 岸 恵子
S-190	天兵童子大会（日活）	10. 9 日活	11	9,582			吉川 英治	[illegible]京太郎	組田 彰三	原 健作 完[illegible]太郎
P-333	ムービー・タイムズ第三三三号（プレミア）	10. 7 PM.12 日経ホール			スポーツ・ニュース					
P-334	ムービー・タイムズ第三三四号（プレミア）	10.14 PM.12 日経ホール			〃					
P-335	ムービー・タイムズ第三三五号（プレミア）	10.21 PM.12 日経ホール			〃					
P-336	ムービー・タイムズ第三三六号（プレミア）	10.28 AM.11 日経ホール			〃					

（34）

○審査映画数　四一本

内訳　松竹　六　東宝　五　大映　六

新東宝　三　東映一一　その他一〇

○それらの予告篇　三三本

内訳　松竹　三　東宝　四　大映　六

新東宝　四　東映　八　その他　八

○併映短篇　二五本

○スポーツ・ニュース　四本

○新版　三本

○映画改訂希望　五

◎以上の内改訂希望のあつたものは次の如くである。

○ お坊主天狗 （東　映）
（後篇）

小粒が父を殺した相手を斬つた時、吉太郎が「おゝ美事」と讃嘆する台詞を除いて貰つた。

○ 幽霊男 （東　宝）

風俗上の点で好ましからざる浴室に於ける裸女のシーン（死体）一部削除を希望し実行された。

○ エノケンの天国と地獄 （新東宝）

トランプの賭博をやつているシーンにつき削除の希望はしなかつたが、今後賭博のシーンについては詳細なる描写は避けるよう十分なる注意を希望した。

○ 忠臣蔵 （松　竹）
花の巻・雪の巻

戸、障子にかえり血がはねる表現、少し刺戟的であるので一部削除希望し実行された。
瑶泉院が四十七士を賞める言葉は必ずしも効果的でないのでこのまゝとした。

○ 神風特攻隊 （東　映）

戦果の発表に続く銃後風景が聊か詳細に描かれている為にその後の場面のその戦果の発表に対する批判が弱められてしまう危険があり、製作者側に於いてもこれを認めて若干の削除が実行された。

○ 天兵童子大会 （日　活）

封建主義的な天皇制至上主義に関連する美化の台詞十五ヶ所を削除して貰つた。
（昭和十六年　製作、一

○ 宣伝広告審査の部

今月はスチール、ポスター等について訂正、あるいは中止を希望したものはなく、ただ新聞広告惹句について左の一件を数えた。

十月二日から、京都夕刊、新関西、神戸夕刊、大阪日日の各紙に、「そのエロ待つた」という見出しをつけて、東映作品「悪の愉しさ」の広告が掲載されたが、その一部に映画倫理規程脚本審査の内容が引用されていた。

従来、映画倫理規程の審査内容は一切宣伝広告に利用しないことになつており、本件はその申合せに抵触するものであるので、早速東映に対し注意を喚起、併せてその間の事情の釈明を求めた所、十月二十日東映宣伝部長吉田信氏より書状をもつて陳謝の意が表せられた。

それによれば右の広告文は本社の指令によるものではなく、東映関西支社宣伝課が興行価値をねらうあまり、独自の立場から作成したものであることが明らかとなり、かつ当事者はその非を十分認めて反省の意を見せているので、映画倫理規程管理委員会に計り、改めて今后を警告の上、諒解することにした。

○ 審査終了した宣材

スチール	一二二一枚	プレス	三六枚
ポスター	五〇枚	撮影所通信その他	三一枚

各社封切記録

封切日	審査番号	題名	製作社	
松竹				
10・6	1471	チャッカリ夫人	松竹	
	1476	鉄仮面 才2篇 白狐一族	松竹	
10.13	S-188	君の名は 総集版	松竹	新版
10.17	1451	忠臣蔵	松竹	花の巻、雪の巻
東宝				
10.6	1435	鞍馬天狗 才1話天狗出現	東宝	
	1529	怪傑鷹 才1篇蛟龍風雲の巻	宝塚映画	
10.13	1539	幽霊男	東宝	
	1530	怪傑鷹 才2篇奔流怒濤の巻	宝塚映画	
10.20	1456	潮騒	東宝	
10.27	1503	仇討珍剣法	宝塚映画	
大映				
10.6	1495	火の女	大映	
10.13	1491	伊達騒動 母御殿	大映	
	1408	少年ケニヤ	南旺映画	
10.20	1481	千姫	大映	大映カラー
	1500	こんな奥様見たことない	大映	
10.27	1410	新しき天	大映	

新　東　宝				
10.5	1504	悲恋まむろ川	新東宝	
10.13	1521	エノケンの　天国と地獄	新東宝	
	1012	嘘	テレビ映画	
10.20	1494	和蘭囃子	日米映画	
10.25	1511	日本敗れず	新東宝	
東　映				
10.5	1493	悪の愉しさ	東映	
	1460	続学生五人男 才2部迷探偵出動	東映	
10.12	1517	お坊主天狗後篇	東映	
	1505	三日月童子 才1部剣雲にぶすま	東映	
10.19	1509	神風特攻隊	東映	
	1506	三日月童子 才2部 天馬空を征く	東映	
10.26	1516	継母	東映	
	1507	三日月童子 才3部 萬里の魔境	東映	
日　活				
10.19	1452	地獄の剣豪 平手造酒	日活	
	S-126	風雲児信長	日活	新版「織田信長」の改題
10.26	1499	からたちの花	日活	
	S-189	次郎物語	日活	

映画倫理規程審査記録第六十四号

昭和二十九年十一月十日発行

発行責任者　池田義信

東京都中央区築地三ノ六
映画倫理規程管理部事務局
電話築地（55）二八〇二
〇六九六番

映画倫理規程審査記録

第65号

65

映画倫理規程

審査記録

29.11.1〜29.11.30

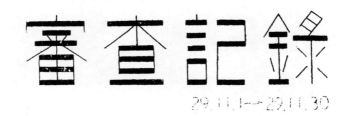

映画倫理規程管理委員会

目次

○管理部記事

△現在青少年をヒロポンの害毒から守ることと、街の暴力団を一掃する事が社会問題の一つとなつているが、従来も、これらの問題は映画面に於ては慎重に取扱つて居たが、十一月十日の審査室会議に於て重ねて次の如き申合せを行いより一層慎重を期することとなつた。

一、ヒロポン等覚せい剤の青少年に及ぼす精神的肉体的害毒が、はかり知れないものがある事は多言を要しない。映画中にこれら薬品が取扱われることについては従来もその害毒を強調する意図の明瞭なものゝほかは名称の使用すら避ける方法をとり、審査に慎重を期して来たが、最近関係方面に於てその取締りを強化している時でもあり、映画の社会に与える影響力の大きさからみて尚一段製作者の協力を望むと共に審査に遺漏なきを期したい。

二、映画中に現われるさまざまの「暴力」については従来映倫審査に於てその讃美の印象を観客に与えぬよう慎重に処理して来たが、特に何の関りもない街の良民を苦しめ圧迫するような暴力については事の大少を問わずこれを否定すべきものと考える。この点今後共一層慎重審査に当りたい。

△去る十月十八日新潟県児童福祉審議会より当映倫委員長宛「青少年に好ましからぬ映画について」の要望書が提出されたが、同要望書には特に東映「悪の愉しさ」に関し

て同児童福祉審議会の審査所見として、同映画に対する見解が述べられてあつた。
これに対し当委員会は十一月十二日、次の如く回答した。

映画倫理規程管理委員会
委員長　渡辺鉄蔵

新潟県児童福祉審議会
委員長　桜井実殿

拝復

昭和二十九年十月十八日付、貴翰「青少年に好ましからぬ映画について」、正に拝誦致しました。御申越しの通り、映画「悪の愉しさ」は生活に理想と希望を見失つた一現代人の動揺とその末路を画き、以つて吾人の反省の資たらしめんとする製作側の意図については諒承するも、取材の具体的内容からしてやゝもすればその逆効果として映画倫理の維持、向上の観点からして芳ばしからぬ結果を招くのではないかと懸念いたしましたので、その題名、配役、脚本、完成映画等々につき十分の検討を尽くし、製作者側とも再度連絡討議の末、完成公開の運びに至りましたので、先づは当方としては成人鑑賞用映画として特には難点なしと考え、主人公の無惨な敗北を通じ、或る程度所期の反省資料としての効果をも期待しうるものとの見解に立つものでありますが、併し又その反面、貴審議会所見とせらるゝ点についても必しも未だ全くその憾みなしとせず、今後、将来に対し十分に貴見を尊重、一層、審査に遺憾なきを期したく存ずる次第であります。

尚、既に御承知の如く目下の映倫審査の現況は、成人、青少年、児童等につき何等の区分を設けずこれを一括実施いたしておりますので、此の点に関し、

今、例えばこれを

一、青少年に是非見せたい

二、青少年に見せても差支えない

三、青少年にできれば見せたくない

と類別考察すれば、本映画は当然その第三類に属すべきものであることは、全く貴見と同感であり、依つて先般来かゝる点の改善方策につき当委員会中に「映画と青少年問題対策研究会」を設置、その所産として、青少年向映画製作の促進、選定、推薦、宣伝自粛等の一連の結論を得、関係方面とも連絡折衝するの運びに至つておりますので必ずや近く更らに御期待に添いうる態勢をも確立しうることゝ信じております。茲に今更に多言を用いる迄もなく、かゝる映画倫理の維持向上について最も強力なる支柱たりうるものは遍ねく広く公正たる世論にまつ以外はなく、こゝに謹んで貴審議会の多大なる御関心に深謝いたしますと共に、今後共、忌憚なき御意見御協力を賜わりたく先ずは取り敢えず右迄御回答申上げます。

敬具

（3）

△十月二十日に茨城県水戸セントラル劇場が「いはらき」新聞に掲載した「悪の愉しさ」宣伝広告に、映倫に関連した事項が悪用されて居り、これは一般大衆に映倫審査の適正、自主管理に疑問をいだかせ、ひいては官権の掣肘規制を容認助長させる結果となる恐れがあり、十一月二十六日映倫管理委員会は、興連を通じ反省自粛を要望する事を決議しこの旨要望書を出した。

△十月二十一日に大宮市教育委員会主催の「映画と青少年問題」討論会に小林専門審査員が講師の一人として出席した。

△十一月二十九日に東京都地域婦人団体連合会主催で「映画と青少年問題」懇談会が開催され、当方関係者が出席意見の交換をした。

△映倫審査室では十一月二十四日年少者観覧が多いと思われる作品の場合は年少者が模倣し易い遊びや物（例えば吹矢、短刀投げ等）については特に細心留意する事を申合せ、これに依り今後共慎重を期する事となつた。

○審査記録

○脚本審査の部

先月同様、今期間中特に重要な問題を含むものはなかつたが、青少年観客が多いと思われる作品にあつては、特にそのことも考慮して教育の項に従い希望したものが幾分目立つている。

例えば、拳銃の扱い、殴合い場面等は必要以上過度にならぬよう留意を希望したものもあり、またジャックナイフ等兇器、なかんずく、カチッと音を立てゝ刃が飛び出す所謂「飛び出しナイフ」について魅力的な印象を与え、好奇心を刺戟して思わぬ傷害を起したり、犯罪の原因ともなることを恐れ、特に必要でない限り、避けていたゞくとか、別に工夫していたゞくことがのぞましいので、この点考慮していたゞきたいと希望したものである。

これに関連のあることで、年少者の真似易く、また傷害を起し易い遊び、例えば、吹き矢、短刀投げとか、ゴムパチンコ或いはカンシャク玉等についても同様、年少者に与える影響を考慮して、審査に当り充分注意をしている。

◎本月の審査脚本は次の如くである。

社名	題名	受付日	審査終了日	備考
東映	隼の魔王 (多羅尾伴内シリーズ第七話)	一〇、二七	一一、一	
松竹	水戸黄門漫遊記 天晴れ浮世道中	一〇、二八	一一、一	
松竹	八州遊侠伝第一部 白鷺三味線	一〇、二八	一一、一	
東映	続々水戸黄門漫遊記 斗犬崎の逆襲	一〇、二七	一一、四	
東映	「新諸国物語」 紅孔雀 第一部	一一、一	一一、四	
東映	〃 第二部	一一、一	一一、四	
東映	潮来情話 流れ星三度笠	一一、一	一一、四	「伊太郎囃子」の改題
東宝	泉へのみち	一一、二	一一、四	
東宝	浮雲	一一、二	一一、四	

新東宝	忍術児雷也	一一、四	一一、九
新東宝	神州天馬侠 第一部 武田伊那丸の巻	一一、四	一一、一〇
新東宝	〃 第二部 幻術百鬼の巻	一一、四	一一、一〇
新東宝	〃 第三部 火ごま、水ごまの巻	一一、四	一一、一〇
新東宝	〃 第四部 天動地変の巻	一一、四	一一、一〇
日活	俺の拳銃は素早い	一一、六	一一、一〇
松竹	明智小五郎と少年探偵団 青銅の魔人 第一部	一一、八	一一、一〇
松竹	〃 第二部	一一、八	一一、一〇
松竹	〃 第三部	一一、八	一一、一〇
松竹	〃 第四部	一一、八	一一、一〇
東映	母を尋ねて幾山河	一一、八	一一、一〇

東映	「新諸国物語」紅孔雀 第三部	一一、八	一一、一〇	
東宝	恋化粧	一一、九	一一、一〇	
東宝	天下泰平 第一部	一一、九	一一、一〇	
大映	春の渦巻	一一、一〇	一一、一二	
大映	母千草	一一、一〇	一一、一二	
宝塚映画	ジャズオン・パレード一九五五年 ジャジャ娘乾杯	一一、九	一一、一五	
大映	伊太郎獅子	一一、一五	一一、一七	
東映	「新諸国物語」紅孔雀 第四部	一一、一六	一一、一七	
東映	〃 〃 第五部	一一、一六	一一、一七	
日活	スラバヤ殿下	一一、一六	一一、一八	
新東宝	浮かれ狐千本桜	一一、一七	一一、一九	「花吹雪お笑い勧進帳」の改題

新東宝	恋愛ゴー・ストップ	一一、二〇	一一、二二
松竹	あなたと共に	一一、一〇	一一、二四
新東宝	紋三郎の秀	一一、一七	一一、二四
新東宝	こころ	一一、二〇	一一、二四
日活	愛のお荷物	一一、二二	一一、二四
大映	恋の野球拳 こういう具合にしやしやんせ	一一、二二	一一、二四
松竹	銀座令嬢	一一、二二	一一、二四
協立映画	初恋ワルツ	一一、二二	一一、二四
東宝	続天下泰平	一一、二四	一一、二六

◎新作品　四〇本
シナリオ数　四〇本
内訳
松竹　八、　東宝　五、　大映　四、
新東宝　九、　東映　九、　その他　五、

◎ 以上の内希望事項のあつた物は次の如くである。

○ 隼の魔王　（東　映）

（多羅尾伴内シリーズ第七話）

企画　玉木潤一郎　監督　松田定次

原脚　比佐芳武

白熱した試合中の野球場に端を発した殺人事件を解決する多羅尾伴内功名譚

キャバレーで多羅尾伴内がジャックナイフを使つて颯爽たるところを見せるが、これは教育上面白くないと思う。再考して戴きたい。（教育　2）

伴内と悪の一味との拳銃戦は最低限度にとどめて戴きたい。

（法律　1（ロ）　教育　2）

○ 天晴れ浮世道中　（松　竹）

水戸黄門漫遊記

製作　杉山茂樹　監督　酒井辰雄

脚本　若尾徳平

漫遊中の黄門主従が孝子兄弟を助けて悪を懲す物語。

仇討讃美に関する台詞あり、改訂を希望した。（法律　3）

○ 斗犬崎の逆襲　（東　映）

続々水戸黄門漫遊記

企画　玉木潤一郎　監督　伊賀山正徳

脚本　尾形十三雄

四国に渡つて子息の領分の失政を正した黄門が続いて隣国の悪家老を懲しお家騒動を解決する物語。

斗犬のたゝかい、犬と人間とのたゝかいがある。残酷な印象を与えぬように演出の上で注意されるよう希望した。（残酷醜汚　4）

○ 浮雲　（東　宝）

製作　藤本真澄　脚本　水木洋子
原作　林　芙美子　監督　成瀬巳喜男

戦時戦後の混乱した世相を背景に一人の女性が辿る人生行路を描く。

伊香保温泉の「浴槽」及び伊庭の家（回想）、伊庭の家の茶の間等の一連の愛慾描写の場面（風俗　1・三ケ所）は何れも風俗上の点から演出上の注意が望ましい。

○　忍術児雷也　（新東宝）

企画　安達英三郎　監督　萩原　遼
脚本　賀集院太郎　　　　加藤　泰

室町末期の信越地方を舞台にがま、大蛇、なめくじの精を受けた三雄の展開する忍術合戦を描く。

死体の描写は過度に残酷な感じにならぬよう演出上の注意を望む。（残酷醜汚　7）

遊女屋街と、遊女屋の内部が出て来るがこれは青少年の観客に対する影響を考慮して遊女屋でないことが望ましい。台詞も適当に改訂して戴きたい。（教育　2）

○　神州天馬侠　（新東宝）

第一部　第二部　第三部　第四部

企画　宮内義治　監修　吉川　晋
〃　酒井知信　脚本　丸谷　剛
製作　石川定一　監督　萩原　章
〃　大岩弘明

武田家再興を策する勝頼の遺児とその秘宝を狙う野武士一味の争斗を描く。

少年物と思われるので血の扱いは注意して欲しい。（教育　2）

第四部の末尾で都を「天子様のいる処じやないか」との説明台詞があつてその前後の説明とも照合すると天皇神格化の印象を与えかねないので、同上の少年物の為にも訂正して欲しい。（教育　2）

○　俺の拳銃は素早い　（日活）

製作　浅田健三　脚本　高岩　肇
原作　渡辺　肇　監督　野口博志

麻薬密輸団をめぐる殺人事件を解決する私立探偵の活躍を描く。

中毒患者の病室の描写は余り醜汚感が過度になつても困ると考えられる。もしまたそれが実景の挿入であるならば患者達の人権を十分尊重して使用して欲しい。（残酷醜汚 7、国家及社会 1、）

子供をエサにしての強迫は過度の残酷感はつゝしみたい。（室内の窓辺りと、自動車内と二回ある）、（残酷醜汚 4）（二ケ所）

拳銃の射合いは過度でないようありたい。演出上考慮して戴く。（教育 2 法律 1（ロ））

松葉杖の男（麻薬団の一味）が反抗して警官に射たれ、蜂の巣のようにされるのは困ると思う。演出上適度に注意ありたい。（法律 1（イ））

志津野一平が拳銃を所持しているのはむろん違法である。しかしフイクションとしては好ましくないが何か台詞などで一応筋を通しての上で黙認することにした。

追記、この点製作者は（脚本には明示されていないが）一平のピストルでないよう演出するとのこと故、如上の心配はなくなる訳であり、かつ題名についての（拳銃誇示の印象ありはしないかとも思える）好ましくない疑義はその点消えるわけである。

明智小五郎と少年探偵団

○ 青銅の魔人 （松竹）

第二部、

製作 細谷辰雄 脚本 小川正
原作 江戸川乱歩 監督 穂積利昌

怪人二十面相と明智小五郎の対決を描く。

多くの青少年観客が予想されるので拳銃の扱いは警察隊が用いる場合でも慎重にやつて戴きたい。（教育 2）

明智小五郎と少年探偵団

○ 青銅の魔人 （松竹）

第三部、

前記に同じ

第二稿と同様の趣意で拳銃の扱いは慎重を期して戴きたい。（教育 2）

明智小五郎と少年探偵団

○青銅の魔人　（松　竹）

第四部

前記に同じ

同様拳銃戦は最低限度にとどめて戴きたい。（教育　2）

○スラバヤ殿下　（日　活）

製作　高木雅行　脚本　柳沢類寿

原作　菊田一夫　監督　佐藤　武

国際的原子物理学者とその弟のペテン師、研究の秘密を狙うスパイ達をめぐるユーモラスな騒動を描く。

ジョオ・ズルコフ等のスパイが、それぞれ「飛び出しナイフを弄び」「大きな飛び出しナイフを操つて」とあるが、これはとり止めて戴きたいと思う。（教育　2）

○紋三郎の秀　（新　東　宝）

製作　松本常安　原作　子母沢寛

企画　児井英生　脚本監督　冬島泰三

落目になつた貸元一家の危難を救つた旅烏がかつて人を手にかけて飛出した故郷に帰り幼友達の御用聞の手に自ら捕えられる物語。

秀（主人公）の最初の人斬りは正当防衛であるように描いて欲しい。（法律　1）

賭場の描写は具体的でないよう演出上注意して欲しい。（法律　1）

仁義をきる箇所（二つともそれらはF・Oになるが）は従来程度の如く簡単にやつて欲しい。（国家及社会　2）

主人公の秀の刺青は誇示的でないようにして欲しい。（国家及社会　2）

以上の点を希望して了承を得た。

○こころ　（新　東　宝）

企画　岡本良介　脚本　久板栄二郎

原作　夏目漱石　監督

一人の女性を親友と争い勝利者となつた為、自殺した恋仇に対する自責を生涯負わねばならなかつた男の悲劇を描く。

立小便の場面は遠慮されたい旨希望した。（風俗　１）

自殺の血は多量に見せないよう演出上注意されるよう希望した。（残酷醜汚　７）

○　愛のお荷物　（日　活）

製作　山本武　脚本　川島雄三
脚本　柳沢類寿　監督　川島雄三

人口問題をテーマとして、ある政治家の家庭を中心に描く諷刺的メロドラマ

これは人口問題に対する諷刺のフイクションとして問題はないと考える。さくらという娘の台詞の中に同衾を意味する「寝る」と云う言葉が二度ばかり出るが、余り直接的で、かつ下品なのでもつと間接的なものに代えて欲しい旨を希望した。（風俗　１）（二ケ所）

○　銀座令嬢　（松　竹）

製作　山口松三郎　脚本　池田忠雄
原作　宮本幹也　監督　堀内真直

混乱の時代に生きる新しい女性を中心に現代の社会悪に挑む人々を描く。

仁義を切るところ、女なので影響は他の場合とやや異ると思うが、やはり正面切らず成可く間接的な表現にして戴くよう希望した。（国家及社会　２）

飛び出しナイフの使用は成可く止めて戴きたい。（教育　２）

ヒロポンの取扱い方はこの映画では好いと思う。

◎　以下二一本希望事項なし

○　白鷺三味線　（松　竹）

八州遊侠伝第一部

製作　小倉浩一郎　脚本　鈴木兵吾
原作　村上元三　　脚本　安田重夫
監督　岩間鶴夫

名器によつて結ばれた相撲屋敷の娘との恋の成就を賭けて密偵となり八州遊侠対立の渦中に飛込んだ若い旗本の冒険物語。

○紅孔雀（東映）

「新諸国物語」

第一部　第二部　第三部　第四部　第五部

企画　坪井与　原作　北村寿夫
〃　宮城文夫　脚本　小川正
〃　吉野誠一　監督　萩原遼

財宝のありかを知る紅孔雀の秘密と鍵をめぐる正邪の葛藤を描く。

○流れ星三度笠（東映）

潮来情話

企画　坪井与　脚本　村松道平
〃　加藤遵　監督　石原均

旅烏とその心ならずも手にかけた男の一家をめぐる人情を描く。

○泉へのみち（東宝）

製作　堀江史朗　原作　広津和郎
〃　宇佐美仁　脚本　池田一朗
監督　筧正典

学窓を出た婦人記者が社会の現実や恋愛、別れた父に対する愛憎等種々の試練の中に成長して行く姿を描く。

○青銅の魔人（松竹）

明智小五郎と少年探偵団

第一部

製作　細谷辰雄　脚本　小川正
原作　江戸川乱歩　監督　穂積利昌

怪人二十面相と明智小五郎の対決を描く。

○母を尋ねて幾山河 （東映）

企画 坪井与 脚本 八木沢武孝
・吉野誠一 監督 小石栄一

幾多の危難を越えて母をめぐり逢う幼女の物語。（時代浪曲物）

○恋化粧 （東宝）

製作 田中友幸 脚本 西島大
原作 今日出海 監督 本多猪四郎
（「吹けよ川風」より）

戦後の隅田川畔を背景に描く恋と人情の物語。

○天下泰平 （東宝）

第一部、

製作 堀江史朗 脚本 八住利雄
原作 源氏鶏太 監督 杉江敏男

旧社長の恩顧に報いる為、不当に会社を乗取つた現社長一派と斗う正義漢の青年を描く。

○春の渦巻 （大映）

製作 藤井朝太 脚本 舟橋和郎
原作 小糸のぶ 監督 枝川弘
脚本 棚田吾郎

名門の若い能楽師とアメリカ帰りのバレリーナの恋を描くメロドラマ。

○母千草 （大映）

企画 中野繁雄 監督 鈴木重吉
脚本 松田昌一

幼児を手放した母親が別れた夫に引取られ立派な家庭に成長した娘に再会しながらその幸福の為に身を引く物語。

○ ジャズ・オンパレード一九五五年
ジャズ娘乾杯 （宝塚映画）

脚本 井上梅次 監督 井上梅次
・高木史郎

老いた奇術師とその三人の娘をめぐる人情劇。

○ 伊太郎獅子 （大映）

製作 酒井箴 脚本 犬塚稔
原作 子母沢寛 監督 田坂勝彦

江戸末期頽廃した武士社会に反抗して武家を捨て奉行の悪業を懲す青年と侠妓の恋を描く。

○ 浮かれ狐
千本桜 （新東宝）
（「花吹雪お笑い勧進帳」の改題）

製作 杉原貞雄 脚本 斎藤寅次郎
脚本 八住利雄

歌舞伎の「義経千本桜」「勧進帳」等を素材として描く喜劇。

○ 恋愛ゴー・ストップ （新東宝）

企画 島村達芳 脚本 川内康範
原作 館三平 監督 小森白

青果市場の人気娘と果物屋の若旦那をめぐるラブ・コメディ。

○ あなたと共に （松竹）

製作 山口松三郎 脚本 柳井隆雄
原作 水木洋子 監督 大庭秀雄

薄幸な若い男女をめぐる恋愛葛藤を描く。

（17）

恋の野球拳

○ こういう具合にしやしやんせ（大　映）

製作　藤井朝太　脚本　笠原良三
企画　塚口一雄　監督　田村元男

小間物屋の若旦那の恋愛を中心とする人情メロドラマ。

○ 初恋ワルツ（協立映画）

脚本　木村英一　脚本監修　沢村　勉
〃　谷川　博　監督　木元健太

京の舞妓と大学生の結ばれぬ恋を描くもの。

○ 続天下泰平（東　宝）

前篇参照

希望事項集計

○国家及社会〈5〉

俺の拳銃は素早い（1）紋三郎の秀（3）銀座令嬢（1）

○法律〈5〉

隼の魔王（1）天晴れ浮世道中（1）俺の拳銃は素早い（1）

紋三郎の秀（2）

○宗教〈0〉

○教育〈11〉

隼の魔王（2）忍術児雷也（1）神州天馬侠（2）

俺の拳銃は素早い（1）青銅の魔人（3）スラバヤ殿下（1）

銀座令嬢（1）

○風俗〈6〉

浮雲（3）こころ（1）愛のお荷物（2）

○性〈0〉

○残酷醜汚〈6〉

斗犬綺の逆襲（1）忍術児雷也（1）俺の拳銃は素早い（3）

こころ（1）

○希望事項総数〈33〉

（19）

○映画審査の部

脚本審査同様、特に重大な問題はなかつた。

二、三削除を希望したものがあつたが、取立てゝ述べる程のことはなかつた。

◎本月の審査映画は次の如くである。

審査番号	題名（会社名）	審査日時 試写室	巻数	呎数	製作	企画	原作	脚本	監督	主演
1532	三羽烏奮戦す（松竹）	11.1 AM.11 松竹	10	8,196	保住一之助			中山隆三 光畑碩郎	穂積利昌	川喜多雄二 草笛光子
1557	結婚期（クレインズクラブ）	11.1 AM.10 東宝	11	9,191	竹中香 桜沢一		北村小松	若尾徳平 村山俊郎	井上梅次	鶴田浩二 有馬稲子
1457	若い人たち（近代映協）	11.1 AM.10 新東宝	11	10,070	糸屋寿雄 山田典吾			新藤兼人 棚田吾郎	吉村公三郎	乙羽信子 日高澄子
1446	密輪船（東宝）	11.5 AM.10 東宝	12	10,276	本木荘二郎		高野竜雄	小国英雄 宮田輝明	杉江敏男	三船敏郎 久慈あさみ

1572	あゝ洞爺丸（東映）	11.6 PM.6 東映	5	4,289		根津昇 加藤遵		結束信二	小沢茂弘	伊藤久哉 日野明子
1528	あんみつ姫 甘辛城の巻（東京映画）	11.8 AM.10 東宝	7	5,656	瀧村和男 山崎喜暉		倉橋章介	若尾徳平 新井一	仲木繁夫	雪村いずみ 久保明
1541	変化大名(后)（東映）	11.9 PM.6 東映	9	8,293		大森康正	山手樹一郎	八住利雄	佐々木康	市川右太衛門 花柳小菊
1542	慈悲心鳥（新東宝）	11.11 AM.10 新東宝	10	8,652		永島一朗	菊池寛	館岡謙之助 松山広行	松林宗恵	中山昭二 角梨枝子
1534	丹下左膳 こけ猿の壺（大映）	11.13 AM.9.30 大映	10	7,754		浅井昭三郎	林不忘	衣笠貞之助	三隅研次	大河内伝次郎 高峰三枝子
1550	竜虎八天狗 第三篇 鳳凰の巻（東映）	11.13 AM.10 東映	5	4,296		マキノ光雄 近藤経一	吉川英治	八木保太郎 結束信二	丸根賛太郎	東千代之介 千原しのぶ
1551	〃 完結篇 進撃の巻（東映）	11.13 AM.10 東映	5	4,085		同	同	同	同	同
1568	あんみつ姫 妖術の巻（東京映画）	11.13 AM.10 東宝	7	5,819	瀧村和男 山崎喜暉		倉橋章介	若尾徳平 新井一	仲木繁夫	雪村いずみ 久保明

1525	馬賊芸者（大映）	11.14 PM. 2 大映	11	9,520		中野繁雄	火野葦平	島耕二	島耕二	京マチ子 高松英郎
1569	やんちゃ娘行状記（東宝）	11.15 AM.10 東宝	9	7,855	佐藤一郎		長沖一	松浦健郎	渡辺邦男	青山京子 宝田明
1571	花嫁立候補（東宝）	11.15 AM.10 東宝	9	7,528	佐藤一郎		長沖一	松浦健郎	渡辺邦男	青山京子 宝田明
1522	怪人二十面相 第一部 人か魔か？（松竹）	11.16 PM. 1 松竹	5	3,901	桑田良太郎		江戸川乱歩	小川正	弓削進	若杉英二 藤乃高子
1523	〃 第二部 巨人対怪人（松竹）	〃	4	3,762	同		同	同	同	同
1524	〃 第三部 怪盗爆砕（松竹）	〃	5	3,721	同		同	同	同	同
1567	残月一騎討ち（東映）	11.16 PM. 2.30 東映	9	7,839		坂巻辰男		民門敏雄	松田定次 松村昌次	大友柳太郎 喜多川千鶴
1552	勝敗（大映）	11.17 PM. 1.30 大映	10	8,390		土井逸雄		八住利雄	佐伯幸三	菅原謙二 若尾文子

1514	初姿丑松格子（日活）	11.13 AM.10 日活	10	8,390	星野和平（闇の丑松の改題）		長谷川伸	橋本忍	滝沢英輔	島田正吾 島崎雪子
1554	この広い空のどこかに（松竹）	11.18 PM.12 松竹撮	12	10,001	久保光三			楠田芳子	小林正樹	佐田啓二 久我美子
1544	女性に関する十二章（東宝）	11.19 PM.10 東宝撮	10	7,818	藤本真澄		伊藤整	和田夏十	市川崑	小泉博 津島恵子
1566	新選組鬼隊長（東映）	11.19 PM.7 京都撮	11	10,250	大川博	マキノ光雄 山崎真一郎		高岩肇 結束信二	河野寿一	片岡千恵蔵 千原しのぶ
1558	人斬り彦斎（日活）	11.20 AM.10 日活	10	8,329	岩井金男		今東光	八住利雄	佐伯清	中村扇雀 山根寿子
1563	近松物語（大映）	11.21 PM.1 京都撮	13	9,120	永田雅一	辻久一	近松門左衛門	依田義賢	溝口健二	長谷川一夫 香川京子
1555	この子この母（松竹）	11.24 AM.10 松竹	11	8,723	長島豊次郎			長瀬喜伴	萩山輝男	市川春代 菅佐原英一
1520	はらふき丹次（新東宝）	11.25 PM.1 新東宝	9	6,908		米田治一郎	寒川光太郎	八木隆一郎	中川信夫	藤田進 安西郷子

1577	怪猫腰抜け大騒動（東映）	11.26 AM.9.30 東映	8	6,793		福島通人 依田一朗	旗一兵	中田竜夫	斎藤寅次郎	花菱アチャコ 星美智子
1538	伝七捕物帳 黄金弁天（松竹）	11.26 PM.3 京都撮	11	9,229	小倉浩一郎		野村胡堂 城昌幸	柳川真一	福田晴一	高田浩吉 月丘夢路
1546	鶏はふたゝび鳴く（新東宝）	11.27 AM.10 新東宝	13	10,593	内山義重			椎名麟三	五所平之助	佐野周二 南風洋子
1533	消えた中隊（日活）	11.27 AM.10 日活	10	8,322	星野和平		井手雅人	黒沢明 菊島隆三	三村明	辰巳柳太郎 島崎雪子
1578	忠治外伝 火の車お萬（東映）	11.28 AM.10.30 東映	8	6,851		光川仁郎	青木義久	木村重夫	津田不二夫	月丘千秋 高木二郎
1562	孝子五郎正宗（東映）	11.30 AM.11 東映	6	5,578		坪井与 原進一		村松道平	小林恒夫	山手弘 宮城千賀子
S-191	悲母（日活）	11.1 PM.3 日活	9	7,449	昭和十五年六月製作		萩原四朗	館岡謙之助	伊賀山正徳	中田弘二 村田知英子

1528-T	あんみつ姫（東京映画）	11. 2 PM. 12.30 東宝	
1525-T	大映ニュース特報（大映）	11. 2 PM. 12. 大映	馬賊芸者
1563-T	•（大映）	同	近松物語
1572-T	あゝ洞爺丸（東映）	11. 2 PM. 9.30 東映	
1466-T	密輸船（東宝）	11. 5 AM. 10. 東宝	
1577-T	結婚期（東宝）	同	
1550-T	竜虎八天狗（東映）	11. 6 PM. 6. 東映	第三篇　第四篇
1542-T	恋悲心鳥（新東宝）	11. 8 AM. 11.40 新東宝	

1525-T-2	大映ニュース 第三五一号 （大映）	11.8 PM.12.30 大映	大阪芸者（第二報）
1544-T	女性に関する十二章 （東宝）	11.9 PM.12.40 東宝	
1209-T	最後の女たち （創映プロ）	11.11 AM.10. 新東宝	
1438-T	億万長者 （青年俳優プロ）	同	
1563-T-2	大映ニュース 第三五二号 （大映）	11.13 AM.9.30 大映	近松物語（第二報）
1534-T	〃 第三五四号 （大映）	同	丹下左膳 こけ猿の壺
1566-T	新選組鬼隊長 （東映）	11.15 AM.10. 東映	
1554-T	この広い空のどこかに （松竹）	11.15 PM.4. 松竹	

S-177-T	忠臣蔵 赤垣源蔵討入り前夜（日活）	11.16 AM. 10.30 日活	
1522-T	怪人二十面相（松竹）	11.16 PM. 1. 松竹	第一部 第二部 第三部
1569-T	やんちゃ娘行状記（東宝）	11.17 PM. 2.30 東宝	
1571-T	花嫁立候補（東宝）	同	
1514-T	初姿 丑松格子（日活）	11.18 AM. 10. 日活	
1567-T	残月一騎討ち（東映）	11.19 PM. 7. 京都撮	
1552-T	大映ニュース 第三五五号（大映）	11.20 PM. 1.30 大映	勝敗
1546-T	鶏はふたゝび鳴く（新東宝）	11.22 PM. 1.40 新東宝	

（27）

1520-T	はらふき丹次（新東宝）	11.27 AM.10. 新東宝			
1536-T	照る日くもる日（宝塚映画）	11.29 PM.12.40 東宝			
1577-T	怪猫腰抜け大騒動（東映）	11.30 AM.11. 東映			
1590-T	潮来情話 流れ星三度笠（東映）	同			
E-1097	神奈川ニュースNO190（神奈川ニュース映協）	11.2 AM.11. ムービーセンター	1	450	
E-1099	怒涛の男（映画日本社）	11.5 PM.1. 新理研	4	3,200	企画、漁船保険中央会、漁船保険PR劇短篇、
E-1060	ミュージックホールNO5（テレビ映画）	11.8 PM.1. 目黒スタジオ	2	1,700	歌謡短篇

E-1062	ミュージックホール NO 7 (テレビ映画)	11. 8 PM. 1. 目黒スタジオ	2	1,700	歌謡短篇
E-1063	〃 NO 8 (テレビ映画)	同	2	1,700	同
E-1098	編物大学 (日映)	11. 9 PM. 1. 日映	2	1,650	ニュースタイル社M式編物学校と機械の宣伝映画
E-1091	立上る女子労働者 (日映)	11.11 AM. 10. 日映	3	2,770	企画、全国繊維産業労働組合、近江絹糸争議の記録
E-1010	開発フラッシュ第四号 (北日本映画)	11.12 PM. 1. 協映社	1	200	北海道開発記録
E-890	私たちの道政 (北日本映画)	同	1	200	北海道道政ニュース
E-1077	札幌市 市政だより NO 19 (北日本映画)	同	1	200	
E-1071	白き神々の座 (毎日新聞社)	11.15 PM. 1. 日活	7	6,900	ヒマラヤ探険隊の記録 天然色映画

E-1106	神奈川ニュース No.91（神奈川ニュース映協）	11.16 AM. 11.- ムービーセンター	1	450	
E-1107	日活ニュース No.5（日活）	11.16 AM. 10.30 日活	1	400	
E-1100	観光と史蹟に富む須佐湾（須佐映画製作委員会）	11.18 AM. 9.30 インターナショナル	1	440	国立公園須佐湾の観光と史蹟の紹介（十六ミリ）
E-1105	建設の記録（日映）	11.20 PM. 1.30 日映	2	1,899	企画 愛知県 13号台風の災害 再建記録
E-1110	紅の激斗（伊勢プロ）	11.22 PM. 1.- 新理研	2	1,444	女子プロレスリングの記録
E-1120	団子兵衛捕物帳 開けごまの巻（千代田映画）	11.25 PM. 2.- 日映	1	850	色彩漫画（コニカラー）
E-1121	花と蝶（千代田映画）	同	1	800	漫画
E-1114	テニス教室 世界選手権試合（読売映画）	11.27 PM. 1.- 読売映画	2	1,714	

E-1116	伸びゆく長崎県（説発映画）	11.27 PM. 1. 説発映画	3	2,490	企画、長崎県、
P-337	ムービー・タイムズ第三三七号（プレミア）	11. 4 PM. 12. 日経ホール			スポーツ・ニュース
P-338	ムービー・タイムズ第三三八号（プレミア）	11.11 PM. 12. 日経ホール			〃
P-339	ムービー・タイムズ第三三九号（プレミア）	11.18 PM. 12. 日経ホール			〃
P-340	ムービー・タイムズ第三四〇号（プレミア）	11.25 PM. 12. 日経ホール			〃

（31）

○ 完成劇映画　三四本

内訳　松竹　七　東宝　四　大映　四

新東宝　三　東映　九　その他　七

○ 新版　一本

○ それらの予告篇　二八本

内訳　松竹　二　東宝　四　大映　六

新東宝　三　東映　六　その他　七

○ 併映短篇　二〇本

○ スポーツ・ニュース　四本

◎ 以上の内改訂希望のあつたものは次の如くである。（四件）

○ 丹下左膳
こけ猿の壺　（大映）

風俗上の点で製作者側と談合の上、女が襲われるシーン削除希望し実行された。

○ 怪人二十面相　（松竹）
第一部　人か魔か？

少年二名の短剣投げ練習の件りは、これを模倣し、遊戯手段とする等の児童に対する悪影響を考慮し、削除を希望し実行された。

○ 人斬り彦斎　（日活）

売春婦の「安くしとくわよ」と云う台詞抹削希望し実行された。

○ 消えた中隊　（日活）

後半　岸中尉の台詞に「チャンの孫」とあり、あたかもチャンコロ（支那人）の意味にも聞えるが、これは姓〈張〉（脚本上ある）の意味で聞きあやまるかにも思えるが、例え聞きあやまつても決して軽蔑の意は少しも含まれないような親愛の調子の台詞になつている。

○ 忠治外伝
火の車お万　（東映）

風呂場で三人の女が入浴中、一人背姿が全く見えるカットを削除希望し実行された。

○　宣伝広告審査の部

本月使用中止方を希望したのは、左の一つであつた。時代劇の殺陣場面のスチールには、時として残酷感を与えるおそれのあるものがあるが、当事者の注意をお願いしたい。

◎　審査終了した宣材

スチール　一六三九枚　プレス　四七枚
ポスター　六八枚　撮影所通信其の他　六八枚

◎　使用中止方を希望したもの

○　火の車お万　（東映）
スチール
これは悪親分が老人の胸に長ドスを突き刺している場面で、残酷感を与えるので中止を希望した。

各 社 封 切 記 録

封切日	審査番号	題　　　　名	製作社	
松　　竹				
11.2	1498	真実の愛情を求めて 何　処　へ	松　竹	
	1486	地獄への復讐	松　竹	
11.10	1488	喧　嘩　鴉	松　竹	
11.17	1532	三羽烏奮戦す	松　竹	
11.23	1554	この広い空のどこかに	松　竹	
東　　宝				
11.3	1450	ゴ　ジ　ラ	東　宝	
11.10	1479	新鞍馬天狗　第2話 東寺の決闘	東　宝	
	1528	あんみつ姫 －甘辛城の巻－	東京映画	
11.16	1557	結　婚　期	クレインズ クラブ	
11.23	1544	女性に関する十二章	東　宝	
	1568	あんみつ姫 －妖術くらべ－	東京映画	
11.30	1446	密　輸　船	東　宝	
大　　映				
11.3	1496	荒城の月	大　映	

11. 3	1535	お富さん	大映	
11.10	1513	投げ唄左門三番手柄 覆面髑髏隊	大映	
11.15	1525	馬賊芸者	大映	
11.23	1563	近松物語	大映	
新東宝				
11. 3	1561	歌ごよみ お夏清十郎	新芸術プロ	
11. 8	1457	若い人たち	近代映協	
11.15	1542	慈悲心鳥	新東宝	
11.22	1438	億萬長者	青年俳優プロ	
	1209	最後の女たち	創映プロ	
11.30	1546	鶏はふたゝび鳴く	新東宝	
東映				
11. 3	1526	変化大名(前)	東映	
	1545	龍虎八天狗 第1篇 水虎の巻	東映	
11. 8	1527	満月狸ばやし	東映	
	1572	あゝ洞爺丸	東映	
	1549	龍虎八天狗 第2篇 火竜の巻	東映	
11.15	1541	変化大名(后)	東映	
	1550	龍虎八天狗 第3篇 鳳凰の巻	東映	

11.23	1566	新選組鬼隊長	東映	
	1551	龍虎八天狗 完結篇 進撃の巻	東映	
11.30	1567	残月一騎討ち	東映	
	1578	火の車お萬	東映	
日活				
11. 3	1502	女人の館	日活	
11.30	1514	初姿丑松格子	日活	
	S-177	忠臣蔵 赤垣源蔵 討入前夜	日活	新版

映画倫理規程審査記録第六十五号

昭和二十九年十二月十日発行

発行責任者　池田義信

東京都中央区築地三ノ六
映画倫理規程管理部事務局
電話築地(55)〇六九六
二八〇二番

映画倫理規程審査記録

第66号

66

映画倫理規程

審査記録

29.12.1〜29.12.31

映画倫理規程管理委員会

目次

○管理部記事

△審査室では兇器類の扱いについては従来も慎重を期して来たが、十二月八日の会議に於て特に「飛び出しナイフ」は青少年の好奇心を刺戟し悪影響を与えるおそれがあるのでその使用は極力避けていただくよう、又映画の品位の点から風呂場の描写や男女のからみの場面等悪趣味にならぬよう更に注意する事を申合せ、各社の協力を求め諒解を得た。

△十二月二十日映画と青少年問題に関し中央青少年問題協議会専門委員と映倫の「映画指定及び推薦要領案」について意見交換懇談を行い、本要領案に賛同を得た。

△十二月二十三日の映倫委に於て「映画指定及び推薦要領案」（別記）を審議検討し、映倫管理委員会の草案としてこれを決定、この草案によつて関係各部門に諒解と協力を求め具体的に実施を図ることを決議した。

(附)

○映画指定及び推薦要領案

青少年の保護育成について映画のこれに与える影響は極めて大きいと考えられる。「映画倫理規程管理委員会」はかねて映画の社会的影響一般に関して夫々その設立目的を遂行しつつあるが、本委員会が特に青少年問題を対象として種々の観点から検討を加えた結果、現在の映画が主として成年層の娯楽を満たすために製作されている情況に鑑み、心身ともに未成熟なる青少年に対しては観覧を望みたくない作品を指定し、一方、特に青少年や家族向の作品として推薦し得るものはこれを選出して広く一般に公表するため委員会は関係各官庁の諒解、日本映画連合会、日本興行組合連合会、その他関連諸団体との諒解と協力の下に、その具体化につき、左の如く要領を定める。

一、映倫による映画選定

映画倫理規程管理委員会は、一般に製作され配給される映画を、青少年観賞の立場から分類、指定し、又青少年観賞用に好適なるものとして推薦し得る作品を選出する事務を管理推進する。

(イ) 指定及び推薦の方法

(1) 映倫管理委員会は、現在の専門審査員に、(ロ)の基準に合致すると思われる作品の選出を委嘱する。

(2) 右専門審査員は、脚本審査の際予めその該当作品を挙げ、これを管理委員会に通報すると共に、完成映画審査に当り、更にその最終判定を行い、管理委員会の承認を求める。

(ロ) 指定及び推薦の基準

(1) 青少年に観覧させたくない成人向映画はこれを指定する。

(2) 青少年に特に観賞させたい映画はこれを推薦する。

(3)指定及び推薦の具体的基準については別に細則を定める。

(一)映画選定諮問機関

映画選定の事務につき諮問に応えることを目的に、映倫管理委員会は映画界の自主機関として映画選定諮問委員会を設ける。

二、映画選定諮問委員会

(イ)構成員

映画選定諮問委員会は左の領域より選出される　名の委員によって構成する。

(1)製作部門より選出されるもの(　名)
(2)配給部門より　〃
(3)宣伝部門より　〃
(4)興行部門より　〃
(5)映倫管理委員会より　〃
(6)中央青少年問題協議会より　〃
(7)文部省社会教育局関係より　〃
(8)厚生省児童福祉審議会より　〃
(9)法務省、家庭裁判所、最高検察庁、警察庁、警視庁関係より　〃
(10)都道府県教育庁関係(代表として東京都教育庁)より　〃
(11)婦人団体、PTA関係より　〃

(12)学校教育関係より　〃
(13)学識経験者より　〃

(ロ)会議

映画選定諮問委員会は、選定についてその原則を定め、助言を与え、諮問に応えるために、随時会議を開く。

(ハ)運営

映画選定諮問委員会の運営については、映画倫理規程管理部事務局がこれに当る。

三、指定及び推薦作品の公表

指定及び推薦の結果は可及的迅速広範囲にこれを徹底する。

(イ)興行関係への公表

(1)映倫管理委員会は指定及び推薦の結果を直ちに日本興行組合連合会に通報し、右の機関を通じて全国興行場へ公表する。
(2)当該作品の製作会社、配給会社は直ちにその関係興行場へこれを公表する。

(ロ)一般観覧者への公表

(1)映倫管理委員会は、関連団体機関を通じてこれを一般に公表する。
(2)新聞広告、放送等を可及的にこの公表に利用する。
(3)指定及び推薦の事実は、可及的に当該映画のタイトル、宣伝広告に表示し、興行場前に表掲し、その徹底を期する。

四、推薦作品の利用

推薦作品は、可及的広範囲の青少年層がこれを観賞し得るよう計画する。

(イ)興行館の自主動員

映倫管理委員会は日本興行組合連合会の組織を通じ、興行館の自主的観覧者動員を勧奨する。

(ロ)学校及び各種団体の動員

映倫管理委員会は推薦結果の公表に当り、これが利用方を学校及び各種団体機関に勧奨する。

○指定の基準

映画倫理規程の立場より見れば青少年の心身の未成熟を考慮するとき成人向としては良好な作品であつても左記の諸点に関しその批判力の乏しきがために誤解を生ずる虞れあるもの。

1. 民主主義の原則に背馳する思想行動の誘致
2. その他社会通念としての公序良俗に反する行動の教唆
3. 暴力の容認又は讃美

4. 性的成長の順調な過程の阻害

5. その他健全な人間育成に実害を及ぼす刺戟の一に該当する作品。

対象年令は原則として満十八才を以て限度とする。

○推薦の基準

公開される全作品のうち、青少年の生活向上のために特に

1. 美に対する感覚を洗練し、情操を高めるもの。

2. 社会の良識と倫理観念の養成に役立つもの。

3. 正しい知識と教養を深めるもの。

4. 人間的愛情を豊かに育てるもの。

5. 明るい娯楽作品として優れたもの。

の一に該当する作品。

適当な観賞指導が行われれば、良好なる効果を期待し得る作品についても推薦の処置をとることがある。

対象年齢については作品により適宜考慮する。

○審査記録

○脚本審査の部

◎本月の審査脚本は次の如くである

社名	題名	受付日	審査終了日	備考
松竹	唄祭り狸御殿	一一、二六	一二、一	
東映	旗本退屈男 謎の怪人屋敷	一一、三〇	一二、一	
東映	勢ぞろい喧嘩若衆	一一、三〇	一二、一	
東映	さいざんす二刀流	一一、三〇	一二、一	
東映	台風息子 第一部 花形三銃士の巻	一一、三〇	一二、一	
東映	〃 第二部 西洋忍術の巻	一一、三〇	一二、一	
東映	大江戸千両囃子	一二、一	一二、二	
大映	獺で行くのは	一二、一	一二、三	

大映	浪曲天狗道場	一二、二	一二、三	
東洋映画	蕎太と三平	一一、二五	一二、四	
東宝	お笑い捕物帖 初ッつあん初手柄	一二、一	一二、四	「初笑い捕物長屋 珍盗黒頭巾」の改題
大映	七つの顔の銀次	一二、三	一二、六	
日活	初恋カナリヤ娘	一二、四	一二、六	
日活	生活の設計	一二、四	一二、六	
松竹	三人娘 只今婚約中	一二、一	一二、八	
東映	春秋あばれ獅子	一二、三	一二、八	
永和プロ	怪奇黒猫組 第一部 妖蟹仙人の巻	一二、六	一二、九	
永和プロ	〃 第二部 白光飛球の巻	一二、六	一二、九	
永和プロ	〃 第三部 黒猫変化の巻	一二、六	一二、九	

大映	幸福を配達する娘	一二、八	一二、一〇
滝村プロ	めくら狼	一二、八	一二、一三
東映	息子の縁談	一二、八	一二、一四
大映	次男坊鴉	一二、一三	一二、一五
宝塚	岩見重太郎 決戦天の橋立	一二、一三	一二、一五
東映	大岡政談 黄金夜叉	一二、一四	一二、一五
日活	緑ははるかに	一二、一三	一二、一六
独立映画	愛すればこそ	一二、一〇	一二、一七
新東宝	逆襲大蛇丸	一二、一五	一二、一八
松竹	酔いどれ囃子	一二、八	一二、二一
東映	大岡政談 血[illegible][illegible]戦	一二、二〇	一二、二一

東映	血槍富士 自主改訂版	一二、一五	一二、二二	六月九日受付、十六日終了の「道中悲記」の改題、改訂第二稿
東映	男のための女の職業シリーズ第一部 女給	一二、一四	一二、二二	
東京映画	明日の幸福	一二、二〇	一二、二三	
東映	恋天狗	一二、二二	一二、二四	
新東宝	一寸法師	一二、二二	一二、二四	
大映	お嬢さん先生	一二、二三	一二、二四	
日活	坊つちやん記者	一二、二三	一二、二八	
日活	おふくろ	一二、二三	一二、二八	
東映	月笛日笛 第一部 月下の若武者	一二、二四	一二、二八	
大映	泣き笑い地獄極楽	一二、二五	一二、二八	
宝塚	右門初旅 鬼人島乗込み	一二、二七	一二、二八	

◎新作品　四〇本

シナリオ数　四一本（内改訂版　一）

内訳

松竹　三、東宝　一、大映　七、

新東宝　二、東映　一四（内改訂版一）

宝塚　二、東洋映画　一、東京映画　一、

独立映画　一、永和プロ　三、滝村プロ　一、

日活　五、

◎以上の内希望事項のあつた物は次の如くである。

○勢ぞろい喧嘩若衆（東映）

企画　マキノ光雄　原作　川口松太郎

〃　星野和平　脚本　村松道平

〃　田川直也　監督　佐伯清

市井の無頼の徒に身を沈めながらも、伝家の宝刀を求めてお家再興を志す弁天小僧を中心に白浪五人男の動きを描く。

浜松屋の件は、倫理規程と相容れぬものを含んでいるが、既に歌舞伎を通して人口に膾炙されているものであり、又演出演技も歌舞伎仕立であることが予想されて、現在の観客に倫理面で直接訴えるものは極めて薄いと考えられるので特殊の例外としてこのまゝでおくことにした。

○台風息子（東映）

第一部　花形三銃士の巻

企画　根津昇　脚本　八木沢武孝

原作　摂津茂和　監督　倉田文人

陽気な高校生の友情を描く。

船酔で学生達が盛んに嘔吐するところがあるが醜汚の感じにならぬよう然るべく演出上の注意を希望した。（残酷醜汚　7）

○台風息子　（東　映）

第二部　西洋忍術の巻

場外馬券で、はからずも学生達が大もうけをするところは、もう少し批判的にして戴くよう希望した。（教育　2）

○大江戸千両囃子　（東　映）

企画　福島通人　原作　旗一兵
脚本　中田龍雄　監督　佐々木康
〃　森田龍男

大名の奥方の安危を賭けた舞扇をめぐる旅の女役者一座と悪家老一味の正邪の葛藤を描く。

[illegible]省という言葉が職業軽視と差別的な云いまわしで無批判に使われている箇所を訂正して欲しい。（国家及社会　1）

○お笑い捕物帖　初ツつぁん初手柄　（東　宝）

「初笑い捕物長屋
珍盗黒頭巾」の改題

製作　佐藤一郎　脚本　須崎勝弥
監督　青柳信雄　〃　椿澄夫

悪目明しを首領とする怪盗団捕縛に活躍する捕物好きの長屋の住人達を描く時代喜劇

丁字風呂流しの場は男湯ではあるが全裸の芝居は芳しくない。適宜品位を失することのないよう十分の配慮を希望した。（風俗　2）

○三人娘　只今婚約中　（松　竹）

製作　桑田良太郎　脚本　椎田寿賀子
原作　中野　実　監督　萩山輝男

結婚適齢期にある女学校時代のクラスメート三人三様の恋愛の哀歓を描く。

野天風呂でカメラマンの乗原が入浴中の輝子を無断で撮影するが、これは止めて戴きたい（風俗　2）

○怪奇黒猫組　（永和プロ）
第二部　白光飛球の巻

製作　丹生　正　脚本　村松道平
原作　高垣　眸　監督　沼波功雄

婆羅門の妖術を駆使する首領をいたゞく怪盗団と北斗七星の恵みを受けた七人の少年少女の正邪の斗争を描く。

銀次郎の行動はやくざ的讃美にならぬよう特に仁義などは止めて戴きたい。特にこの映画は少年向に製作されると考えられるから尚更此の点について注意されるよう希望した。（教育　2）

本堂で子供たちのお経ごつこにつられて、和尚までが浮かれて尻を動かすのは、宗教の尊厳の上から好ましくないし、児童に宗教蔑視の観念を植えつける恐れがあると思われるので、演出上注意されたい旨希望。（宗教　4）

○めくら狼　（滝村プロ）

製作　滝村和男　脚本　毛利三四郎
篠　勝三　監督　マキノ雅弘

肉身間の怨恨を利用して邪魔者を次々と殺し、主家乗取りを策した番頭の悪計を暴く人形佐七の手柄話

無惨絵々師卿典膳に関する取扱いは次の如く演出上十分な工夫を希望した。

無惨絵図柄の描出は度を超えて凄惨乃至醜汚にわたらぬよう。
（性　3）
無惨絵製作のモデルとしての死体描写についても同上。
（性　3）

無断製作に於ける　モデルとしての両手両足を縛られた女の描出に当っては変態的にわたらぬよう（性　3）

○愛すればこそ　（独立映画）

製作　伊藤武郎　監督　吉村公三郎
　　　他八名　〃　今井正
脚本　新藤兼人　〃　山本薩夫
　　　山形雄策

二つの挿話の中に庶民生活に於ける愛情の美しさ、悲しさを描く。

第三話中の幻想の「メーデー事件」実写の扱いは、警官が一方的に横暴であるような印象を与えぬよう注意を希望した。（国家及社会　1）

○恋天狗　（東映）

企画　西原孝　脚本　八住利雄
原作　山手樹一郎　監督　渡辺邦男

維新前夜の江戸を舞台に天狗と名乗って活躍する勤皇方の一浪士と悪与力、旗本をめぐる勧善懲悪の物語。

女が人肌で入水の男の冷えた身体を温める所、猥褻な感じにならぬよう演出上に於て注意されたい旨希望。（風俗　1）

○一寸法師　（新東宝）

企画　金田良平　脚本　館岡謙之助
原作　江戸川乱歩　監督　内川清一郎

奇怪な一寸法師を主役とする殺人事件の物語。

不具者（一寸法師）が活躍し、屍体が現われたりするので、全般に残酷又は醜悪の感情を起させぬよう演出上十分に注意していたゞきたいと希望した。（残酷醜汚　7）

◎以下三〇本　希望事項なし、

○唄祭り狸御殿　（松竹）

製作 市川哲夫 脚本 柳川真一
企画 福島通人 〃 中田龍雄
監督 大曾根辰夫 〃 森田龍男

放射能雨除けのお守りを持つ狸の国とそのお守りを狙うこうもりの国の対立を背景に狸御殿の若殿と里の娘の恋を描く世相諷刺劇。

○ 旗本退屈男
謎の怪人屋敷 （東映）

企画 大森康正 脚本 渡辺邦男
原作 佐々木味津三 監督 〃

時の老中の悪政を懲し庶民の難儀を救う旗本退屈男の活躍を描く。

○ さいざんす二刀流 （東映）

企画 マキノ光雄 脚本 青木義久

企画 松崎啓次 監督 丸根賛太郎
原作 三木鮎郎

宮本武蔵の遺児と彼を仇と狙う佐々木小次郎の遺児の追いつ追われつの珍道中を描く。

○ 駕籠で行くのは （大映）

製作 酒井箴 脚本 御荘金吾
企画 浅井昭三郎 監督 天野信

無実の罪におちた老人を救う駕籠かき権三と助十の義侠を喜劇調で描く大岡政談。

○ 浪曲天狗道場 （大映）

製作 藤井朝太 脚本 八住利雄
企画 中代富士男 監督 仲木繁夫

浪曲狂のすし屋の親父とその娘達を中心に描く下町人情喜劇。

○ 善太と三平 （東洋映画）

製作 木村輝雄 脚本 厚木たか
原作 坪田譲治 監督 宮津 博
父の事業の蹉跌から一家を襲つた不幸に、幼い心を悩ませる二人の純真な兄弟を描く。

○七つの顔の銀次（大映）

製作 酒井 箴 脚本 犬塚 稔
企画 辻 久一 監督 三隅研次
原作 川口松太郎
明治時代のスリの足を洗つて堅気に暮して居た仕立屋銀次が、盗まれた皇室の宝を見事な変装と昔の手並で探索し取戻す物語。

○初恋カナリヤ娘（日活）

製作 水ノ江滝子
脚本 柳沢類寿 監督 吉村 廉
唄の上手な小鳥屋の娘とアパートの住人をめぐる人情喜劇。

○生活の設計（日活）

製作 高木雅行 脚本 和田夏十
原案 後藤 望 監督 市川 崑
インチキ金融会社に引掛つて財産を失つた為僅かに生活の苦労に直面した一家を中心に描く現代風俗の戯画。

○春秋あばれ獅子（東映）

企画 柳川武夫 脚本 西条照太郎
原作 山手樹一郎 監督 河野寿一
将軍から養子を押しつけられた大名の家に起つた騒動のうちに権力者の横暴に反抗する姫君とその恋人が波瀾を経て結ばれる物語。

○怪奇黒猫組（永和プロ）

第一部 雲霧仙人の巻

○怪奇黒猫組

第三部 黒猫変化の巻

製作 丹生正　脚本 村松道平
原作 高垣眸　監督 沼波功雄

婆羅門の妖術を駆使する主領をいたゞく怪盗団と北斗七星の恵みを受けた七人の少年少女の正邪の斗争を描く。

○幸福を配達する娘（大映）

製作 藤井朝太　脚本 井手俊郎
企画 土井逸雄　監督 木村恵吾
原作 源氏鶏太

父の停年退職によって子供たちの協力、援助が必要となった家庭の事情を背景に明るく勝気な三女を中心に描くホーム・ドラマ。

○息子の縁談（東映）

企画 マキノ光雄　脚本 八木保太郎
〃 八木保太郎　〃 村山俊郎
原作 林房雄　監督 春原政久

相次ぐ縁談を偽の恋人を作って撃退しようとした洋服屋の若旦那が、その娘と真実の恋に落ち目出度く結ばれる物語。

○次男坊鴉（大映）

製作 酒井箴　脚本 八尋不二
企画 浅井昭三郎　監督 弘津三男

跡目相続のため、やくざの世界から呼び戻された旗本の次男坊が、相愛の娘の為一日だけやくざに戻って悪を懲す物語。

岩見重太郎

○決戦天の橋立　（宝　塚）

脚本　柳川真一　監督　渡辺邦男

岩見重太郎の仇討と道中を塙団右衛門、後藤又兵衛、旅の女役者一座等をからませてユーモラスに描く。

○大岡政談　黄金夜叉　（東　映）

企画　マキノ光雄　脚本　結束信二
〃　吉野誠一　監督　伊賀山正徳

悪役人と奸商が企む贋金作りの陰謀を暴く「大岡政談」。

○緑はるかに　（日　活）

製作　水ノ江滝子　脚本　京　中太郎
原作　北条　誠　監督　井上梅次

父の発明の秘密を隠したオルゴールを持ってスパイの手を逃れた少女と彼女を守る善良な孤児達の冒険物語。

○逆襲大蛇丸　（新東宝）

製作　安達英三郎　脚本　賀集院太郎
監督　加藤　泰

室町末期の信越地方を舞台にがま、大蛇、なめくじの精を受けた三雄の展開する忍術合戦を描く、忍術児雷也の続篇。

○酔どれ囃子　（松　竹）

製作　小倉浩一郎　脚本　柳川真一
〃　岸本吟一　〃　民門敏雄
構成　伊藤大輔　〃　依田義賢
監督　滝内康雄

名家の末であったばかりに成上り大名に系図を狙われ、無実の罪を着せられた浪人を権力に抗して庇護する侠気の人々を描く物語。

○大岡政談 血煙地獄 （東　映）

企画　マキノ光雄　脚本　結束信二
〃　吉野誠一　監督　伊賀山正徳

主家を陥れんとする悪番頭と商売仇の奸商の策謀から起つた大々名の名刀紛失事件を大名の横巻を排して明快な裁きをつける名奉行の活躍物語。

○血槍富士（自主改訂版） （東　映）

製作　大川　博　脚色　八尋不二
企画　マキノ光雄　〃　民門敏雄
〃　玉木潤一郎　脚本　三村伸太郎
原案　井上金太郎　監督　内田吐夢

宿場攻策時代の東海道を江戸に急ぐさまざまの人々の道中記。（六月九日受付、十六日審査終了の「道中悲記」の改題、自主改訂第二稿）

○女給 （東　映）

男のための女の職業シリーズ　第一部

企画　藤本真澄　脚本　猪俣勝人
〃　根津　昇　監督　千葉泰樹

生活のために男性の甘葉に身を委ねる酒場女給の悲劇を描く。

○明日の幸福 （東京映画）

製作　滝村和男　脚本　長瀬喜伴
〃　山崎喜暉　監督　瑞穂春海
原作　中野　実

大臣病の政治家の家庭を舞台に家宝のハニワをそれぞれ自分がこわしたと思い込んでいる親子、孫三代の嫁、姑や中心に描く現代風俗図。

○お嬢さん先生（大映）

製作　藤井朝太　脚本　島耕二
企画　中代富士男　監督　鈴木重吉
原作　獅子文六

新任の女教師が複雑な校内事情による種々な困難を持前の正義感で解決して行く物語。

○坊っちゃん記者（日活）

製作　芦田正蔵　脚本　須崎勝弥
原作　山崎英祐　監督　野口博志

柔道五段の向うみずな駆け出し記者が失敗と冒険のうちに、新聞記者として成長して行く姿を描く。

○おふくろ（日活）

製作　坂上静翁　脚本　井手俊郎
原作　田中千禾夫　監督　久松静児

女手一つで二人の子を育て、急病でその一人を失った母親の回想を通して成人した子供たちに対する親心の明暗を描くホーム・ドラマ

○月笛日笛（東映）

第一部　月下の若武者

企画　大森康正　脚本　八木保太郎
〃　近藤経一　〃　結束信二
原作　吉川英治　監督　丸根賛太郎

戦国時代、武家と公卿の意地を賭けた加茂の競馬をめぐる葛藤を背景に月笛日笛の名笛を持つ公卿方の若い騎士兄弟を中心として描く勧善懲悪劇。

泣き笑い

○地獄極楽（大映）

製作　藤井朝太　脚本　高橋二三
監督　浜野信彦
若い落語家の悲喜交々の恋愛模様を描く。

右門初旅
（）鬼人島乗込み　（宝塚）
原作　佐々木味津三　脚本　森川太郎
監督　志村敏夫　〃　加味鯨児
九州島原を舞台に老中松平伊豆守の命を狙う豊家残党の陰謀をめぐるむっつり右門とあばたの敬四郎の手柄くらべ。

希望事項集計

○国家及社会 ◇2◇

大江戸千両囃子（1）　愛すればこそ（1）

○法律 ◇0◇

○宗教 ◇1◇

怪奇黒猫組第二部（1）

○教育 ◇2◇

台風息子第二部（1）　怪奇黒猫組第二部（1）

○風俗 ◇3◇

初ッつあん初手柄（1）　只今婚約中（1）　恋天狗（1）

○性 ◇3◇

めくら狼（3）

○残酷醜汚 ◇2◇

台風息子（1）　一寸法師（1）

○希望事項総数 ◇13◇

○映画審査の部

◎本月の審査映画は次の如くである。

審査番号	題名（会社名）	審査時日 試写室	巻	呎	製作	企画	原作	脚本	監督	主演
1590	潮来情話 流れ星三度笠（東映）	12．4 AM.10 東映	7	5,961		坪井与 加藤遵		村松道平	石原均	石井一雄 天路圭子
1560	お月様には悪いけど（日活）	12．5 ㈭ AM 10.30 日活	7	5,996	茂木了次			柳沢類寿	堀池清	若原雅夫 神楽坂はん子
1536	照る日くもる日 第一部（宝塚映画）	12．5 宝塚撮	9	7,460			大仏次郎	松浦健郎	志村敏夫	嵐寛寿郎 大河内伝次郎
1583	続々水戸黄門漫遊記 斗犬崎の逆襲（東映）	12．6 AM.10 東映	8	7.460		玉木潤一郎		尾形十三雄	伊賀山正徳	月形竜之助 千原しのぶ
1570	投げ唄左門 地獄谷の花嫁（大映）	12．6 AM.10 大映	8	7,541	酒井箴	浅井昭三郎		尾形十三雄	荒井良平	黒川弥太郎 長谷川裕見子

1576	大学は出たけれど（松竹）	12.7 AM.10 東劇	10	8,771	小倉武志			椎名利夫	野村芳太郎	高橋貞二 草笛光子
1565	地獄の花束（松竹）	12.7 PM.5 松竹	11	9,333	岸本吟一		富田常雄	永江勇	芦原正	大木実 野添ひとみ
1553	不滅の熱球（東宝）	12.9 AM.10 東宝	12	9,595	佐藤一郎			菊島隆三	鈴木英夫	池部良 司葉子
1518	明治一代女（新東宝）	12.9 PM.1 新東宝	12	9,998	星野和平		川口松太郎	成沢昌茂 伊藤大輔	伊藤大輔	木暮実千代 田崎潤
1485	月は上りぬ（日活）	12.10 AM.10.30 日活	11	9,196	児井英生	日本映画監督協会		斎藤良輔 小津安二郎	田中絹代	北原三枝 安井昌二
1607	母千草（大映）	12.11 PM.3 大映	11	8,480		中野繁雄		松田昌一	鈴木重吉	三益愛子 川上康子
1573	力道山の鉄腕巨人（新東宝）	12.11 PM.10 五反田東洋	11	8,142	杉原貞雄			小崎政房	並木鏡太郎	力道山 小畑やすし
1537	照る日くもる日 後篇（宝塚映画）	12.14 PM.1 東宝	10	8,631			大仏次郎	松浦健郎	志村敏夫	嵐寛寿郎 大河内伝次郎

1579	美男剣法（大映）	12.15 AM.10 大映	10	8,226		辻久一	富田常雄	八木隆一郎	安田公義	市川雷蔵 瑳峨三智子
1626	旗本退屈男 謎の怪人屋敷（東映）	12.15 AM.10 東映	8	7,776	大森康正		佐々木味津三	渡辺邦男	渡辺邦男	市川右太衛門 高峰三枝子
1077	女の一生（松竹）	12.17 AM.10 東劇	15	13,362	山口松三郎		山本有三	水木洋子	中村登	淡島千景 上原謙
1582	初笑い底抜け旅日記（東宝）	12.18 AM.10 東宝	8	6,913	清川峯輔（「初笑いちやつかり道中」の改題）			高木恒穂 山本嘉次郎	青柳信雄	榎本健一 柳家金語楼
1600	母を尋ねて幾山河（東映）	12.18 PM.1.30 五反田東洋	6	5,533		坪井与 吉野誠一		八木沢武孝	小石栄一	月丘千秋 船山汎
1593	忍術自雷也（新東宝）	12.18 PM.1 新東宝	8	7,218		安達英三郎		賀集院太郎	萩原遼 加藤泰	大谷友右衛門 瑳峨三智子
1547	姿三四郎 第一部（東映）	12.18 PM.1 東映	10	7,896		松崎啓次	富田常雄	稲田篤人 青木義久	田中重雄	波島進 高千穂ひづる
1548	続姿三四郎（東映）	12.18 PM.1 東映	10	8,283		松崎啓次	富田常雄	稲田篤人 青木義久	田中重雄	波島進 宮城野由美子

1586	水戸黄門漫遊記 天晴れ浮世道中 (松竹)	12.18 PM.5.30 松竹	10	8,466	杉山茂樹			若尾徳平	酒井辰雄	花菱アチャコ 淡路恵子
1530	兄さんの愛情 (東京映画)	12.20 AM.10 東宝	8	7,384	滝村和男 三輪礼二		内村直也	堀江史朗 西島大	丸山誠治 中川信夫	池部良 久我美子
1628	さいざんす二刀流 (東映)	12.20 AM.10 東映	10	8,374		マキノ光雄 松崎啓次	三木鮎郎	穂田篤人 青木義久	丸根賛太郎	トニー・谷 千秋実
1616	紋三郎の秀 (新東宝)	12.20 AM.10 新東宝	9	8,165	松本常保	児井英生	子母沢寛	冬島泰三	冬島泰三	高田浩吉 角梨枝子
1575	透明人間 (東宝)	12.21 AM.10 東宝	8	6,314	北猛夫			日高繁明	小田基義	河津清三郎 三条美紀
1585	怪猫逢魔ヶ辻 (大映)	12.21 PM.1 大映	9	7,560	酒井箴	高桑義生	高桑義生	木下藤吉	加戸敏	入江たか子 坂東好太郎
1620	恋の野球拳 こう云う具合にしやしやんせ (大映)	12.21 AM.10 大映	7	4,655		塚口一雄		笠原良三	西村元男	船越英二 穂高のり子
1588	紅孔雀 第一部那智の小天狗 (東映)	12.21 AM.10 東映	6	5,118		坪井与 宮城文夫 吉野誠一	北村寿夫	小川正	萩原遼	中村錦之助 高千穂ひづる

(26)

1589	同 第二部 呪の魔笛 (東映)	12.21 AM.10 東映	6	4,963		同	同	同	同	同
1601	同 第三部 月の白骨城 (東映)	12.21 AM.10 東映	5	4,732		同	同	同	同	同
1564	螢の光 (大映)	12.22 AM.10 大映	10	7,065	永田雅一		川口松太郎	笠原良三	森一生	若尾文子 菅原謙二
1596	青銅の魔人 (松竹)	12.22 AM.10 松竹	4	2,906	細谷辰雄		江戸川乱歩	小川正	穂積利昌	若杉英二 藤乃高子
1597	同 第二部謎の夜光時計 (松竹)	12.22 AM.10 松竹	3	2,507	同		同	同	同	同
1559	警察日記 (日活)	12.22 AM.10 日活	12	9,970	坂上静翁		伊藤永之介	井手俊郎	久松静児	森繁久弥 杉村春子
1622	初恋ワルツ (協立映画)	12.23 AM.10 東宝	7	5,851				木村英一 谷川勉	木元健太	有田稔 扇千景
1595	俺の拳銃は素早い (日活)	12.23 AM.10 日活	10	8,500	浅田健三			高岩肇	野口博志	河津清三郎 日高澄子

1501	川のある下町の話（大映）	12.23 AM.10 大映	12	9,940	藤井朝太	土井逸雄	川端康成	衣笠貞之助	衣笠貞之助	根上淳 有馬稲子
1615	浮かれ狐千本桜（新東宝）	12.24 AM.10 新東宝	9	7,541	杉原貞雄			八住利雄	斉藤寅次郎	伴淳三郎 長谷川裕見子
1574	男性No.1（東宝）	12.24 AM.10 東宝	8	6,161	本木荘二郎			井手俊郎	山本嘉次郎	鶴田浩二 三船敏郎
1605	あなたと共に（松竹）	12.25 AM.10 松竹	11	8,993	山口松三郎		水木洋子	柳井隆雄	大庭秀雄	佐田啓二 岸恵子
1627	勢ぞろい喧嘩若衆（東映）	12.25 AM.10 東映	8	7,449		マキノ光雄 星野和平 田口直也	川口松太郎	村松道平	佐伯清	大友柳太郎 中村錦之助
1594	神州天馬侠 第一部武田伊那丸の巻（日米映画）	12.25 AM.11 新東宝	4	3,500	石川定一 大岩弘明		吉川英治	丸谷剛	萩原遼	藤間城太郎 川田孝子
1611	伊太郎獅子（大映）	12.25 AM.11.30 大映	9	8,200	酒井箴	辻久一	子母沢寛	犬塚稔	田坂勝彦	長谷川一夫 木暮実千代
1635	浪曲天狗道場（大映）	12.25 PM.2 大映	8	5,160	藤井朝太	中代富士男		八住利雄	仲木繁夫	北原義郎 矢島ひろ子

1606	春の渦巻 (大映)	12.25 PM. 5.30 大映	10	8,350	藤井朝太	岡田 熱	小糸のぶ	棚田吾郎 舟橋和郎	枝川 弘	京マチ子 菅原謙二
1584	隼の魔王 (東映)	12.25 PM11.30 五反田 東洋	8	7,280		玉木潤一郎	比佐 芳武	比佐 芳武	松田 定次	片岡千恵蔵 喜多川千鶴
1625	七変化狸御殿 (松竹)	12.24 京都	10	8,995	市川 哲夫	福島 通人		柳川 真一 中田 竜雄	大曾根辰夫	美空ひばり 伴 淳三郎
1519	人間魚雷回天 (新東宝)	12.27 PM. 1 新東宝撮	12	9,404		広川 聴	津村 敏行	須崎 勝弥	松林 宗恵	木村 功 津島 恵子
1650	岩見重太郎 決戦天の橋立 (宝塚)	12.27 AM.10 東宝	9	8,701				柳川 真一	渡辺 邦男	嵐 寛寿郎 大河内伝次郎
1634	䙆で行くのは (大映)	12.27 PM. 1 大映	7	4,550	酒井 箴	浅井昭三郎		御荘 金吾	天野 信	勝 新太郎 小町瑠美子
1608	神州天馬峡 第二部幻術百鬼の巻 (日米映画)	12.28 AM. 9 新東宝	4	2,801	石川 宏一 大岩 弘明		吉川 英治	丸谷 剛	萩原 遼	藤間城太郎 川田 孝子
1609	同 第三部 火ごま水ごまの巻 (日米映画)	12.28 PM. 1 東宝撮 新東第二	4	2,750	同		同	同	同	同

1610	1638	1632	1602	1587	1598	1599	1647
同 第四部天動地変の巻 (日米映画)	初恋カナリヤ娘 (日活)	大江戸千両囃子 (東映)	恋化粧 (東宝)	八州遊侠伝 白鷺三味線 (松竹)	青銅の魔人 第三部恐怖の天守閣 (松竹)	青銅の魔人 第四部 (松竹)	愛すればこそ (独立映画)
12.28 PM.6 五反田東洋	12.28 AM.10 日活	12.28 AM.10 東映	12.29 PM.8 東宝撮	12.29 松竹京都	12.28 AM.10 東劇地下	同 同	12.28 PM.8 東劇地下
6	6	9	9	11	4	4	9
3,731	5,178	7,645	7.153	9,007	2,906	2,805	7,541
同	水ノ江滝子		田中友幸	小倉浩一郎	細谷辰雄	同	伊藤武郎 他八名
		福島通人					
同		旗一兵	今日出海	村上元三	江戸川乱歩	同	
同	柳沢類寿	中田竜雄	西島大	鈴木兵吾 安田重夫	小川正	同	新藤兼人 山形雄策
同	吉村廉	佐々木康	本多猪四郎	岩間鶴夫	穂積利昌	同	吉村公三郎 今井正 山本薩夫
同	丹下キヨ子 フランキー堺	美空ひばり 東千代之助	池部良 越路吹雪	高田浩吉 淡島千景	若杉英二 藤乃高子	同	乙羽信子 山田五十鈴 香川京子

S-192	たん子たん吉珍道中大会（新東宝）	12.11 AM.10 五反田東洋	11	8,881	（昭和二十九年九月製作）
S-193	妖棋伝（総集版）白蝋の仮面 地獄谷の対決（新東宝）	12.11 AM.10 五反田東洋	12	9,622	（昭和二十九年八月製作）

1562-T	孝子五郎正宗（東映）	12.6 AM.10 東映	
1501-T	大映ニュース 特報（大映）	12.6 PM.4.30 大映	川のある下町の話
1607-T	大映ニュース 第三五五号（大映）	12.6 PM.4.30 大映	母千草
1570-T	大映ニュース 第三六三号（大映）	12.6 AM.10 大映	地獄谷の花嫁

1583-T	斗犬崎の逆襲 (東映)	12. 7 PM. 12.30 東映	
1573-T	力道山の鉄腕巨人 (新東宝)	12. 7 AM. 10.30 新東宝	
1553-T	不滅の熱球 (東宝)	12. 9 AM.10 東宝	
1560-T	お月様には悪いけど (日活)	12.10 AM. 10.30 日活	
1543-T	陽気な天国 (近江プロ)	12.10 AM. 10.30 日活	
1564-T	大映ニュース 第三五九号 (大映)	12.10 PM. 12.30 大映	蛍の光
1586-T	水戸黄門漫遊記 天晴れ浮世道中 (松竹)	12.13 AM.10 松竹	
1576-T	松竹 新春ニュース (松竹)	12-13 PM. 4-30 松竹	七変化狸御殿、大学は出たけれど、あなたと共に、あっぱれ浮世道中、白鷺三味線、銀座令嬢、

1574-T	東宝スクリーン・トピックス一九五五年（東宝）	12.13 PM. 12.40 東宝	男性NO 1、透明人間、浮雲、初笑い底抜け旅日記、恋化粧
1582-T	初笑い底抜け旅日記（東宝）	12.13 PM. 12.40 東宝	
158 -T	兄さんの愛情（東京映画）	12.13 PM. 12.40 東宝	
1628-T	さいざんす二刀流（東映）	12.14 AM.10 東映	
1579-T	大映ニュース第三五六号（大映）	12.14 PM. 12.30 大映	美男剣法
1626-T	躍進大東映（東映）	12.14 AM.10 東映	謎の怪人屋敷、隼の魔王、紅孔雀、勢ぞろい喧嘩若衆、大江戸千両囃子
1518-T	明治一代女（新東宝）	12.14 PM.12 新東宝	
1615-T	新東宝 春のパレード（新東宝）	12.14 PM.12 新東宝	浮かれ狐千本桜、明治一代女、忍術児雷也、神州天馬侠、人間魚雷回天

1608-T	1616-T	1626-T	1588-T	1574-T	1575-T	1558-T	1485-T
神州天馬侠 (新東宝)	紋三郎の秀 (新東宝)	旗本退屈男 謎の怪人屋敷 (東映)	紅孔雀 (東映)	男性NO1 (東宝)	透明人間 (東宝)	美男お小姓 人斬り彦斎 (日活)	月は上りぬ (日活)
12.20 AM.10 新東宝	12.20 AM.10 新東宝	12.20 AM.10 東映	12.20 AM.10 東映	12.20 AM.10 東宝	12.18 AM.10 東宝	12.15 AM.10.30 日活	12.15 AM.10.30 日活

1602-T	1564-T	1620-T	1606-T	1585-T	1519-T	1615-T	1593-T
恋化粧（東宝）	大映ニュース第三六五号（大映）	大映ニュース第三六一号（大映）	大映ニュース第三五八号（大映）	大映ニュース第三五七号（大映）	人間魚雷回天（新東宝）	浮かれ狐千本桜（新東宝）	忍術児雷也（新東宝）
12.21 AM.10 東宝	12.21 AM.10 大映	12.21 AM.10 大映	12.21 AM.10 大映	12.21 AM.10 大映	12.21 PM. 2.30 新東宝	12.21 PM. 2.30 新東宝	12.21 PM. 2.30 新東宝
	螢の光	こう云う具合にしやしやんせ	春の渦巻	怪猫逢魔ヶ辻			

1584-T	隼の魔王（東映）	12.22 PM. 2.40	東映	
1595-T	俺の拳銃は素早い（日活）	12.23 AM.10	日活	
1585-T	大映ニュース第三六〇号（大映）	12.24 AM.10	大映	伊太郎獅子
1634-T	大映ニュース第三六四号（大映）	12.24 AM.10	大映	駕で行くのは
1592-T	浮雲（東宝）	12.27 AM.10	東宝	
1638-T	初恋カナリヤ娘（日活）	12.28 AM.10	日活	
1635-T	大映ニュース第三六五号（大映）	12.28 AM.10	大映	浪曲天狗道場
1650-T	決戦天の橋立（宝塚）	12.29 PM. 8	東宝塚	

E-1112	ねずみ（日本教育文化協会）	12. 1 PM. 1.30 文部省	2	1,830	ねずみの生態とその駆除法
E-1104	プロ野球日本一（プレミア）	12. 2 PM.12 日経ホール	3	2,700	一九五四年度プロ野球選手権中日優勝記録
E-1078	篠津運河（北日本映画）	12. 6 AM.11 東劇	2	1,588	北海道篠津運河の工事を描く
E-1111	風の天使（早大第四プロ）	12. 7 AM.11 山葉ホール	3	2,300	宮沢賢治作童話の映画化
E-1061	ミュージック・ホールNo. 6（テレビ映画）	12. 7 AM. 10.30 新東宝	2	1,700	歌謡短篇
E-1089	世界フライ級選手権争奪 世紀の肉弾戦（プレミア）	12. 9 PM.12 日経ホール	4	3,200	ボクシング世界フライ級選手権争奪戦記録

1687-T	こゝに泉あり（中央映画）	12.27 PM. 1 日映			

E-1128	日活ニュース特報（日活）	12.10 AM.10.30 日活	1	250	日活作品製作予報
E-1076	台風の眼（シュウタグチプロ）	12.11 AM.11 東和	4	3,360	飛行機上より撮影せる台風の眼の記録
E-1123	相打つ女体（創造プロ）	12.13 PM.12 テレビセンター	3	2,360	女子プロレスの練習風景
E-1133	神奈川ニュース No.93（神奈川ニュース映協）	12.14 AM.11 ムービーセンター	1	600	ローカルニュース（神奈川県政広報）
E-947	ビール誕生（東京シネマ）	12.15 PM.1 相互ホール	2	1,334	日本ビール製造工程記録
E-1028	粟の村（東京シネマ）	12.15 PM.1 相互ホール	2	1,841	農村電化の啓発映画
E-1085	鋳物の技術	12.15 PM.1 相互ホール	2	1,651	鋳物の技術的解説
E-1134	世紀の力走 第八回朝日マラソン鎌倉大会記録（日映）	12.15 PM.2.30 日映	2	1,450	朝日マラソン鎌倉大会の記録

E-1139	四日市製油所火災記録（新理研）	12.17 PM.3 新理研	1	718	大協石油四日市工場火災記録
E-1137	私達の新聞（中日映画）	12.20 PM.3 交詢社	3	2,580	中部日本新聞の活動情況
E-1109	市政だよりNo.20（北日本映画）	12.21 PM.1 協映社	1	200	札幌市政広報
E-1092	私達の道政No.22（北日本映画）	12.21 PM.1 協映社	1	200	北海道々政広報
E-1093	私たちの道政特報No.2（北日本映画）	12.21 PM.1 協映社	1	200	〃
E-1147	文化ニュースA1号（短映社）	12.23 PM.1 協映社	1	800	P、R、短篇
E-1132	大観（茨城県広聴課）	12.24 PM.5 東発	2	1,435	日本画家横山大観とその作品を描いたもの
E-1131	波山（茨城県広聴課）	12.24 PM.5 東発	2	1,400	陶芸家板谷波山とその作品を描いたもの

E-1144	プロレス日本選手権 力道山に挑む木村 （伊勢プロ）	12.25 PM.1 新理研	2	1,400	プロレスリングの記録
E-1140	ふろたき大将 （東映）	12.27 AM.10 東映	5	1,600	十六ミリ 広島県似島学園を背景とする児童劇映画
E-1141	子供のしつけシリーズ まこと君の家 （東映）	12.27 AM.10 東映	2	680	十六ミリ 子供のより良きしつけ方
E-1142	なぜなぜ読本シリーズ 火の生活 （東映）	12.27 AM.10 東映	1	320	十六ミリ 社会科読本
P-341	ムービー・タイムズ 第三四一号 （プレミア）	12. 2 PM.12 日経ホール			スポーツ・ニュース
P-342	ムービー・タイムズ 第三四二号 （プレミア）	12. 9 PM.12 日経ホール			〃
P-343	ムービー・タイムズ 第三四三号 （プレミア）	12.16 PM.12 日経ホール			〃

P-344	ムービー・タイムズ第三四四号（プレミア）	12.23 PM.12 日経ホール	〃
P-345	ムービー・タイムズ第三四五号（プレミア）	12.29 PM.12 日経ホール	〃

○完成劇映画　六一本

内訳　松竹一一　東宝五　大映一一　新東宝六

東映一三　日活五　その他一〇

○新版　二本

○予告篇　四五本

内訳　松竹二　東宝七　大映一二　新東宝八

東映七　日活五　その他四

○併映短篇　二六本

○スポーツ・ニュース　五本

◎以上のうち改訂希望のあつたものは次の如くである。

○ 相打つ女体　（創造プロ）

風俗上好ましからざるところ三ケ所切除を希望し、計七呎の切除がなされた。（風俗　1）

○ 透明人間　（東宝）

悪漢が女をリンチしているシーン短縮を希望し八呎を切除された。（残酷醜汚　3）

○ 俺の拳銃は素早い　（日活）

拳銃で女が撃たれるカット及び松葉杖の男が撃たれる前後のところ、残酷にすぎるので、それぞれ処置を希望し、約六呎が切除された。（法律　1・イ）

○ 人間魚雷回天　（新東宝）

ラストの字幕を「……能れなき……」の文字を添加した方に変えてもらった。これは元のままでは、日本側に戦争責任がないように誤解される恐れがあるからである。（国家及社会　3）

○ 文化ニュース　A1号　（短映社）

乳房整形手術の場面切除を希望したが、同場面中心の「あなたは美人になれる」を約八十呎自主的に切除された。（風俗　2）

○ 宣伝広告審査の部

本月使用中止方を希望したものはなかつた。

◎ 審査終了した宣材

スチール	一五六六枚	プレス	五二枚
ポスター	七四枚	撮影所通信その他	九〇枚

（44）

昭和二十九年度映倫審査概要

○受付けた脚本数（改訂版を含む）……………四九一本

○受付けた作品数（再提出された改訂版を含みます）……………四二二本

内訳 松竹	六八	東宝	四四	大映	六三
新東宝	四五	東映	一〇七	その他	九五

○審査終了作品数（改訂版を含みます）……………四〇九本

○審査終了脚本数（改訂版を含む）……………四二〇本

内訳 松竹	六六	東宝	四一	大映	六七
新東宝	四九	東映	一〇八	その他	八九

○脚本審査集計

○改訂、削除、注意を希望した数　三六〇件

国家及社会	六七	法律	六六	宗教	三三
教育	二九	風俗	一五二	性	一二

残酷醜汚　三一

○映画の審査

○完成劇映画数……………三七七本

内訳　松竹　六五　東宝　三七　大映　六二

新東宝　四〇　東映　九四　その他　七九

○予告篇……………二七四本

内訳　松竹　三八　東宝　四〇　大映　六七

新東宝　四八　東映　七二　その他　九

○短篇　二五四本

○新版　一六本

○スポーツ・ニュース　五一本

○映画カット希望件数　三七件

○宣伝広告の審査

審査終了した宣材数

スチール　一二、四七七枚　プレス　三四九枚

ポスター　六〇〇枚　撮影所通信その他　一二三枚

○改訂、注意、使用中止方希望した数

スチール　一七　惹句　四

各社封切記録

封切月日	審査番号	題名	製作社	
松竹				
12.1	1555	この子この母	松竹	
	1538	伝七捕物帖 黄金弁天	松竹	
12.8	1522	怪人二十面相 人か怪か？	松竹	
	1523	〃 巨人対怪人	松竹	関西，関東は15日より
12.15	1665	地獄の花束	松竹	
	1524	怪人二十面相 怪盗粉砕	松竹	関西，関東は21日より
12.21	1586	天晴れ浮世道中	松竹	
12.29	1625	七変化狸御殿	松竹	
	1596	青銅の魔人	松竹	
	E-1144	力道山に挑む木村	伊勢プロ	
東宝				
12.8	1536	照る日くもる日 第一部	宝塚	
12.15	1537	〃 后篇	宝塚	
12.22	1580	兄さんの愛情	東京映画	
12.29	1650	岩見重太郎 決戦天の橋立	宝塚	

12.29	1575	透明人間	東宝	
大映				
12.1	1552	勝敗	大映	
12.8	1534	丹下左膳 こけ猿の壺	大映	
12.15	1607	母千草	大映	
12.22	1579	美男剣法	大映	
12.29	1606	春の渦巻	大映	
	1585	怪猫逢魔ケ辻	大映	
新東宝				
12.7	1520	ほらふき丹次	新東宝	
12.13	1573	力道山の 鉄腕巨人	新東宝	
12.21	S-192	たん子たん吉珍道中大会	新東宝	
	S-193	妖棋伝大会	新東宝	
12.28	1594	神州天馬侠　第一部	日米映画	
	1615	浮かれ狐千本桜	新東宝	
東映				
12.7	1577	怪猫腰抜け大騒動	東映	
	1590	流れ星三度笠	東映	
12.13	1583	鬪犬崎の逆襲	東映	

12.13	1562	孝子五郎正宗	東映	
12.21	1628	さいざんす二刀流	東映	
	1600	母を尋ねて幾山河	東映	
12.29	1626	謎の怪人屋敷	東映	
	1588	紅孔雀 第一部	東映	
日活				
12.29	1505	俺の拳銃は素早い	日活	
	1560	お月様には悪いけど	日活	

映画倫理規程審査記録第六十六号

昭和三十年一月十日発行

発行責任者　池田義信

東京都中央区築地三ノ六

映画倫理規程管理部事務局

電話築地(55)〇六九六
二八〇二番

映画倫理規程審査記録

第67号

67

映画倫理規程

審査記録

映画倫理規程管理委員会

目次

○管理部記事

△一月十四日の映倫委に於て、さきに決定した「映画指定及び推薦要領案」に基く「映画と青少年問題諸問委員会要項案」（末記）を審議検討し、映倫委の草案としてこれを決定した。

この二草案によつて関係各方面に諒解と協力を求め青少年対策の具体的実施を図ることを決議した。

△福島県児童福祉審議会より「不良文化財に関する要望書」（二九、一二、一四決議）として映倫委の活潑なる活動と青少年に好ましからざる映画の防止に配慮されたい旨の要望書が一月八日提出された。

△一月十九日の協力員会議に於て、映倫委の青少年対策の進行に応じ、管理部に於ては準備態勢をととのえつゝあるが、その一つとして脚本提出の際、特に青少年向の意図を以て製作されるもの、又特に成人向として製作される予定のものは予めその旨附言してもらい、審査の参考とし、発足に遺憾なきを期したいことを提議し、各協力員の諒解を得た。

△一月十八、十九の両日首相官邸に於て第四回青少年問題全国会議が、開催され、この席上映倫の青少年対策案は満場の支持賛同を得、一方外国映画の総てが、映倫審査に協力するよう政府に於て措置するよう決議がなされた。

尚、予告篇について、そのセンセーショナルな構成と青少年向と思われる映画に刺戟的な次週予告篇を併映することの自粛が要望された。

△一月二十五日第三回マスコミュニケーション審査関係者連絡懇談会が開催され、新聞の映画広告に一層の自粛方と民間放送の映画宣伝について同様要望があつた。

△一月二十日島根県児童福祉審議会より、映倫管理の強化を切望する趣旨の要望書が提出された。

△一月二十三日大阪府青少年問題協議会より、外国映画等映倫未協力の会社の参加促進に努力を希望し、又各作品に、「一般向」「成人向」「青少年向」の種別を明示し懸念なく映画を観賞し得るようとの要望書が提出された。

(附)

映画と青少年問題諮問委員会要項案

一、目　的

映画倫理規程管理委員会は、その使命とする映画の社会的影響の浄化の一環として心身ともに未成熟なる青少年に対しては観覧をすゝめたくない作品を指定し、一方、特に青少年や家族向作品として推薦し得るものはこれを選出して広く一般に公表する。これにつき、その原則を定め、管理委員会と協力してその諮問に応えることを目的に映画と青少年問題諮問委員会を設ける。

二構成員

映画と青少年問題諮問委員会は、左の領域より選出される二四名の委員により構成され、映画倫理規程管理委員長がこれを委嘱する。

(1)映画界の各職能部門より選出されるもの一〇名
(2)内閣、文部省、厚生省、都道府県教育庁関係の各機関より選出されるもの四名
(3)法務省、家庭裁判所、最高検察庁、警察庁、警視庁関係より選出されるもの三名
(4)婦人団体、PTA関係、学校教育関係より選出されるもの五名
(5)学識経験者より選出されるもの二名

諮問委員会に委員全員の互選により、委員長一名、副委員長一名を置く。

三会議

(イ)映画選定に関し、諮問委員会の機能に基き、原則の策定その他の協力をなすため月間一回定例会議を開く。
(ロ)その他映倫管理委員会の要請ありたる時は委員長は委員会を招集する。
(ハ)右のほか、諮問委員中三分の二以上の要請ある時は、委員長は委員会を招集し、会議を開くことが出来る。

(ニ)会議に採決を必要とする場合には、委員長を除く出席者の過半数を以てこれを決する。
(ホ)会議の決定については、直ちにこれを映倫管理委員会に伝達する。

四 常任委員会

(イ)諮問委員中より、映倫管理委員長の委嘱によつて委員長又は副委員長を含む常任委員四名を撰く。
(ロ)常任委員は常任委員会を構成し、月間三回の会議を開き、常時、映倫管理委員長の連絡に応する。
(ハ)常任委員会の処理せる事項については、これを委員会の定例会議に於て報告する。

五 運営

映画と青少年問題諮問委員会の運営については、映画倫理規程管理部事務局がこれに当る。

○審査記録

○脚本審査の部

◎本月の審査脚本は次の如くである。

社名	題名	受付日	審査終了日	備考
日活	次郎長外伝 秋葉の火祭り	一二、二三	一、六	
大映	花ざかり男一代	一二、二九	一、六	「花やくざ男一代」の改題
東映	越後獅子祭り やくざ若衆	一二、二九	一、七	「やくざ若衆 花うた飛燕」の改題
東映	月笛日笛 第二部 白馬空を飛ぶ	一二、二九	一、七	
東映	月笛日笛 第三部 千丈原の激斗	一二、二九	一、七	
東宝	雪の炎	一、一〇	一、一一	
松竹	喧嘩奴	一、五	一、一二	
松竹	この世の花 第一部	一、五	一、一二	

松竹	この世の花 第二部	一、五	一、一二	
松竹	この世の花 第三部	一、五	一、一二	
松竹	この世の花 第四部	一、五	一、一二	
日活	湯の町椿	一、八	一、一二	
東宝	怪獣雪男	一、一二	一、一二	「雪男」改題
大映	火の驀走	一、一四	一、一八	
東宝	大番頭小番頭	一、一四	一、一八	
東映	続々々々魚河岸の石松 石松と女石松	一二、二二	一、一〇	「魚河岸の石松シリーズ 石松と女石松」と改題
東映	魚河岸の石松シリーズ 石松と女石松	一、一四	一、一九	同 右自主改訂版
東映	魚河岸の石松シリーズ 二代目石松大あばれ	一、一四	一、一九	
東宝	三四郎	一、一四	一、一九	

松竹	ホーリーフーチンツアイタイ 何日父親再来	一、一七	一、一九
松竹	飛龍の門	一、一七	一、一九
松竹	修善寺物語	一、一七	一、一九
東宝	ゴジラの逆襲	一、一八	一、一九
東映	侍ニッポン 新納鶴千代	一、一九	一、二〇
新日本プロ	夜も生きている	一、二〇	一、二一
近江プロ	忘れないよ	一、一七	一、二一
大映	次男坊判官	一、二一	一、二二
新東宝	底抜け学生三銃士	一、二二	一、二四
新東宝	隠密若衆	一、一九	一、二四
新東宝	妖雲千仭砦	一、一九	一、二四

中央映画	ここに泉あり	一、一四	一、二五
日活	銀座の女	一、二二	一、二六
松竹	ママ横をむいてて	一、二二	一、二六
日活	恋愛武者修業	一、二二	一、二六
東宝	宮本武蔵 第二部	一、二二	一、二六
大映	舞妓三銃士	一、二四	一、二六
東宝	あすなろう物語	一、二七	一、三一
宝塚	女の学校	一、二七	一、三一

◎新作品　三七本

シナリオ数　三八本（内改訂版　一）

内訳　松竹　九、東宝　七、大映　四、新東宝　三、
東映　七（一）日活　四、新日本プロ　一、近江プロ　一、
中央映画　一、宝塚　一、

◎　以上の内希望事項のあつたものは、次の如くである。

○　次郎長外伝
秋葉の火祭り　（日　活）

製作　浅田健三　監督　マキノ雅弘
企画　八木保太郎
脚本

秋葉権現の火祭りを舞台に、かけ出し時代の次郎長が黒駒の勝蔵の悪業を懲し、若い恋人達の危難を救う物語。

血まみれの短刀（二回ばかり出るが）はあまり刺戟的でないようにしてほしい。（残酷醜汚　7）

お美代と云う若い女の仁義の台詞は従来のように、その始めの部分だけで止められたい。（国家及び社会　3）

次郎長が伊八を斬つたのを石松が「うめえなあ」と感歎するのは、そのセリフは止めてほしい。（国家及び社会　4）

○　越後獅子祭り
やくざ若衆　（東　映）

企画　福島通人　脚本　旗一兵
原作　長谷川伸　監督　萩原遼
脚本　三村伸太郎

幼時角兵衛獅子に売られ、成長してやくざとなつた若者が越後獅子祭りに今は富裕な町人となつて尋ねる父に再会する物語を中心に親子の情愛と義理人情を描く。

賭場と浴室の描写については従前通り、演出上注意を希望したい。（法律　1）（風俗　2）

○　続々々々魚河岸の石松
石松と女石松　（東　映）

「魚河岸の石松シリーズ
石松と女石松」と改題

製作　三上訓利　監督　小石栄一
脚本　笠原良三

二代目「魚河岸の石松」の活躍を中心とする第六篇。

全体的に云つて、艶笑趣味がやゝ下品にすぎてこのましくない点を、議会制度と云うものを、かゝる方向の映画のなかで安易に取扱つて一般に誤視の印象を与えては困ると思われる点と、以上二点についてもつと慎重でない限り、このシナリオでは認めることがむづかしい旨を製作者に伝え、脚本家、監督その他製作責任者と合議の上、改訂を全面にしてもらうことになり、改めて再提出の本で検討、のぞきに類する描写三ケ所、その他ややふざけた艶笑的なシーンはすべて演出上注意をのぞみ、尚議会内の委員会のシーンは慎重に演出してほしい旨を特に希望。

（風俗 1）（国家及び社会 1）

尚完成映画に於ても十分検討を期したい事を約束した。これは画面になつてみないと効果のわからない点もあると考えられるからである。

（台詞など下品なものなど、第一稿に於て指摘し改訂の参考としたので再提出本ではその点は心配なかつた）

○ 魚河岸の石松シリーズ
石松と女石松 （東映）
自主改訂版

これは前記の自主改訂版であるが、石松と芦屋夫人の件は、たとえ喜劇的にもせよ過度な艶笑趣味をねらわないこと。

その他全体に艶笑的なねらいが出てはこまるので、あくまで喜劇的な線で止められたい。（風俗 1）

○ 魚河岸の石松シリーズ
二代目石松大あばれ （東映）

企画 三上訓利 監督 小石栄一
脚本 笠原良三

原爆まぐろ騒ぎの魚河岸を背景に二代目石松の女難物語を描く。

これは前々記の「石松と女石松」の後半を改訂して一篇とし、再提出されたもの。

芦屋夫人と按摩の件、下品な艶笑にならぬよう注意してほしい。

（風俗 1）

国会委員会の描写は過度に喜劇的な演出にならぬよう注意してほしい。（国家及び社会 1）

女群一同が石松口説のコンクールの件りは演出上注意してほしい。（風俗 1）

女子プロレスの描写、演出上注意してほしい。（風俗 1）
注射の件演出上注意してほしい。（残酷醜汚 6）

侍ニッポン
○新納鶴千代 （東映）

企画 星野和平 原作 郡司次郎正
〃 西原孝 脚本 小川正
監督 佐々木康

桜田門の変をめぐつて市井に浪人として成長した井伊大老の子の悲劇を描く。

桜田門異変に関し暴力否定の面が少し不足のように思われるのでその点の補足を希望した。（国家及び社会 4）

○夜も生きている （新日本プロ）

製作 松野昌次 脚本 塚本拾三
企画 小林惣 監督 平沢譲二

実業家の二号のパーティと、出産を控えた長屋の貧しい夫婦の一夜の出来事を対照的に描く。

明子達が井崎青年に酒を飲ませて酔わせる件のところは、念の為に風俗上の点で演出上の注意を希望した。（風俗 1）

○銀座の女 （日活）

製作 山田典吾 脚本 高橋二三
脚本 新藤兼人 監督 吉村公三郎

芸者屋の女将を中心に銀座の芸者の人情風俗を描く。
銭湯の脱衣所が出るが背景の裸体については演出上注意願いたい。（風俗 2）
小唄のお師匠さんが芸子に対して云うお客扱いの教えの言葉は少し直接的でありすぎるのでもつと間接的なものになおしてほしい。（風俗 1）
電車の中へさと子が猫をだいたまゝ乗るのは勿論違法であるので人目をはゞかつた型でやつてほしい。（法律 1）

○女の学校 （宝塚）

原作　大林　清　脚本　京　仲太郎
監督　佐伯幸三　〃　北田一郎

新任の女教師を中心に卒業を控えた女子高校生の哀歓を描く。

学園の話であるので影響する所が大きいかと思われるので女学生の隠語使用は慎重にしていただきたい。（教育　2）

又女学生の一人（雪子）が食堂のおかみに下品な嫉妬をけしかける言葉は教師、生徒、学園という環境から好ましくないので訂正を希望。（教育　2）

その他学園の表現について誤解を招かないよう描写に慎重を期せられたい。（教育　2）

○以下二九本希望事項なし、

○花ざかり男一代　（大　映）

製作　酒井箴　脚本　犬塚稔
企画　浅井昭三郎　監督　森一生
原作　中倉俊二

恋人に横恋慕する黒親分から逃れて流転した三味線ひきが名優の情で檜舞台に返り咲く物語。

○月笛日笛　（東　映）

第二部　白馬空を飛ぶ
○第三部　千本原の激斗

企画　大森康正　脚本　八木保太郎
〃　近藤経一　〃　結束信二
原作　吉川英治　監督　丸根賛太郎

戦国時代、武家と公卿の意地を賭けた加茂の競馬をめぐる葛藤を背景に月笛日笛を持つ公卿方の若い騎士兄弟を中心として描く勧善懲悪劇。

○雪の炎　（東　宝）

製作　宇佐美仁　脚本　八住利雄
原作　白川渥　監督　丸林久信

東京から故郷に帰つたオフィスガールの五日間の休暇中におこつた恋愛葛藤を描く。

○喧嘩奴　（松竹）

製作　小倉浩一郎　脚本　柳川真一
原作　陣出達朗　〃　安田重夫
監督　福田晴一

お家騒動の犠牲となつて果てた主人の妻と遺児（実は城主の若君）を悪人達の迫害から守護する仲間の報恩と義侠を描く。

○この世の花　（松竹）

第一部
○第二部
○第三部
○第四部

製作　長島豊次郎　脚本　棚田吾郎
原作　北条誠　脚本　舟橋和郎
監督　穂積利昌

貧富二人の娘と競争相手の二人の大学生をめぐる恋愛メロドラマ

○湯の町椿　（日活）

製作　茂木了次　脚本　蚶方一夫
監督　堀池清

熱川温泉を舞台とする芸妓と土木技師の恋物語

○怪獣雪男　（東宝）

製作　田中友幸　脚本　村田武雄
原作　香山滋　監督　本多猪四郎

雪山に出現した雪男を追つて姿を消した二人の学生と雪男の探索に出動した科学陣と営利の為雪男を求める興行師一行の冒険を描く科学空想劇。

（13）

○火の驀走　（大　映）

製作　藤井朝太　脚本　須崎勝弥
原作　中山正男　監督　田中重雄

スリルとスピードの世界に生きるオートバイショウの花形の男女を中心に描く恋愛劇。

○大番頭小番頭　（東　宝）

製作　佐藤一郎　脚本　井手俊郎
原作　佐々木邦　〃　舘林一郎
監督　鈴木英夫

老舗の下駄屋を舞台に古風な大番頭と大学出の小番頭をめぐる下町人情劇。

○三四郎　（東　宝）

製作　滝村和男　脚本　八住利雄
原作　夏目漱石　監督　稲垣浩

明治末期大学入学の為上京した青年が種々の経験を経て成長して行く姿を描く。

○何日父親再来（ホーリーフウチンツワイライ）　（松　竹）

製作　山口松三郎　脚本　野村芳太郎
監督　〃

別れた父を探しに来日した中国の新婚夫婦をめぐるジャーナリズムの活動のうち好敵手の男女記者が結ばれる物語。

○飛龍の門　（松　竹）

製作　大谷浩通　脚本　津路嘉郎
原作　甲斐克彦　〃　岩間鶴夫
監督　岩間鶴夫

大工事の落札と選手権試合を背景に建設会社に働く二人のアマチュア柔道家と三人の女性の恋愛葛藤を描く。

○修禅寺物語　（松　竹）

製作　高村　潔　脚本　八住利雄
原作　岡本綺堂　監督　中村　登
源頼家の悲劇を伊豆に住む名人気質の面作師と気位の高いその姉娘を配して描く。

○ゴジラの逆襲　（東　宝）
製作　田中友幸　脚本　村田武雄
原作　香山　滋　〃　日高繁明
監督　小田基義
大阪を襲った前世紀の怪獣ゴジラとアンギラスとの斗争と生き残ったゴジラを北海の果てに撲滅する迄の科学陣の活動を描く空想科学冒険映画。

○忘れないよ　（近江プロ）
製作　近江俊郎　監督　近江俊郎
脚本　〃
貧しい詩人と花売娘を中心にアパートの住人達が織りなす人情劇。

○次男坊判官　（大　映）
製作　酒井　箴　脚本　衣笠貞之助
企画　浅井昭三郎　監督　加戸　敏
病弱な兄に家督を継がせる為家を捨てた遠山金四郎が悪代官を懲して庶民の難儀を救う物語。

○隠密若衆　（新東宝）
企画　野坂和馬　脚本　松浦健郎
原作　野村胡堂　〃　神戸　浩
監督　渡辺邦男
尾張藩の安危を賭けた日記探索を命ぜられた幕府隠密の苦悩と恋を描く。

○妖雲千仭岩　（新東宝）
企画　柴田萬一郎　脚本　神戸　浩

脚本 松浦健郎 監督 加戸野五郎
大名の若殿と瓜二つであつた為お家騒動の渦中にまき込まれた旅烏の冒険と淡い恋を描く。

○底抜け学生三銃士 （新東宝）
製作 杉原貞雄 脚本 蓮池義雄
脚本 小石 明 監督 斎藤寅次郎
就職運動中の三人のアルバイト学生と放射能物質の鉱石をめぐるユーモラスな人情劇。

○ここに泉あり （中央映画）
製作 岩崎 昶 脚本 水木洋子
〃 市川喜一 監督 今井 正
群馬県に生れた地方交響楽団の成立過程を描く物語。

○ママ横をむいてて （松竹）
製作 山口松三郎 脚本 楠田芳子
原作 中村メイコ 監督 堀内真直
十八才の少女を主人公にティーンエイジャーの目から見た大人の世界を描く。

○恋愛武者修業 （日活）
製作 山本 武 脚本 河 夢吉
原作 尾崎 浩 〃 中井 康
監督 西河克巳
大富豪と貧乏な失業青年が境遇をとり違えてしまつた為に起つた事件を諷刺的に描く。

○宮本武蔵 第二部 （東宝）
製作 滝村和男 脚本 若尾徳平
劇作 北条 誠 〃 稲垣 浩
監督 稲垣 浩

京の名家吉岡一門との対決を中心に武蔵の修業の道程を描く。

○舞妓三銃士（大映）

製作 酒井 箴　脚本 依田義賢
企画 辻 久一　監督 天野 信

三人の舞妓が機智と協力で危機を切り抜け一人の青年を就職させる物語。

○あすなろう物語（東宝）

製作 田中友幸　脚本 黒沢 明
原作 井上 靖　監督 堀川弘道

一人の少年の成長における三人の薄倖な女性との交渉を描く。

希望事項集計

○国家及社会 5

秋葉の火祭り（2）　石松と女石松（1）　二代目石松大あばれ（1）

新納鶴千代（1）

○法律 2

越後獅子祭り（1）　銀座の女（1）

○宗教 0

○教育 3

女の学校（3）

○風俗 9

越後獅子祭り（1）　石松と女石松（1）　石松と女石松改訂版（1）

二代目石松大あばれ（3）　夜も生きている（1）　銀座の女（2）

○性 0

○残酷醜汚 2

秋葉の火祭り（1）　二代目石松大あばれ（1）

○希望事項総数 21

（18）

○映画審査の部

◎本月の審査映画は次の如くである。

審査番号	題名（会社名）	審査時日 試写室	巻	呎	製作	企画	原作	脚本	監督	主演
1612	紅孔雀 第一部 剣盲浮寝丸（東映）	1.5 AM.10 東映	5	4,866		坪井与 宮城文夫 吉野誠一	北村寿夫	小川正	萩原遼	中村錦之助 高千穂ひづる
1613	紅孔雀 第五部 廃城の秘密（東映）	1.5 AM.10 東映	5	4,736		同	同	同	同	同
1489	生きとし生けるもの（日活）	1.6 PM.1 日活	13	10,541	岩井金男		山本有三	橋本忍	西河克巳	三国連太郎 南寿美子
1592	浮雲（東宝）	1.11 PM.9.30 東宝	12	11,113	藤本真澄		林芙美子	水木洋子	成瀬巳喜男	高峰秀子 森雅之
1621	銀座令嬢（松竹）	1.13 AM.9.30 松竹	9	8,118	山口松三郎		宮本幹也	池田忠雄	堀内真直	月丘夢路 大木実

1659	恋天狗（東映）	1.14 AM.10 東映	3	7,708		西原孝	山手樹一郎	八住利雄	渡辺邦男	市川右太衛門 花柳小菊
1651	東京の空の下には（日米映画 劇団民芸）	1.14 PM.3 五反田東洋	10	8,440	大塚和		井伏鱒二	岸松雄 蛭川伊勢夫	蛭川伊勢夫	山田五十鈴 宇野重吉
1614	スラバヤ殿下（日活）	1.15 AM.10 日活	10	7,750	高木雅行		菊田一夫	柳沢類寿	佐藤武	森繁久弥 島秋子
1631	お笑い捕物帖 八ッつあん初手柄（東宝）	1.18 AM.10 東宝	10	7,484	佐藤一郎			須崎勝弥 椿澄夫	青柳信雄	榎本健一 越路吹雪
1649	めくら狼（滝村プロ）	1.20 AM.10 東宝	10	9,039	滝村和男 篠勝三		横溝正史	毛利三四郎	マキノ雅弘	小泉博 嵯峨三智子
1654	忍術児雷也 逆襲大蛇丸（新東宝）	1.21 PM.1 新東宝	7	6,321		安達英三郎		賀集院太郎	加藤泰	大谷友右衛門 嵯峨三智子
1624	番太と三平（東洋映画）	1.21 PM.4 新理研	7	5,243	木村鼎雄		坪田譲治	厚木たか	宮津博	坪内美子 宇佐美諄
1667	泣き笑い地獄極楽（大映）	1.22 PM.3 大映	7	4,995	藤井朝太	中野繁雄	村野鉄太郎（原案）	高橋二三	浜野信彦	船越英二 伏見和子

（20）

1633	三人娘 只今婚約中 (松竹)	1.25 AM.10 東劇地下	10	8,913	桑田良太郎		中野実	橋田寿賀子	萩山輝男	川喜多雄二 桂木洋子
1653	大岡政談 血煙り地蔵 (東映)	1.25 PM. 6.30 東映	5	4,041		マキノ光雄 吉野誠一		結束信二	伊賀山正徳	月形竜之助 月丘千秋
1603	天下泰平 (東宝)	1,26 AM.10 東宝	10	8,353	堀江史朗		源氏鶏太	八田尚之	杉江敏男	三船敏郎 久慈あさみ
1649	次男坊鴉 (大映)	1.26 PM. 5.30 大映	9	6,752	酒井箴	浅井昭三郎	坂田隆一	八尋不二	弘津三男	市川雷蔵 瑳峨三智子
1661	おとこ大学 新婚教室 (松竹)	1.29 AM. 9.30 東劇地下	10	8,561	久保光三		鹿島孝二	野村芳太郎	野村芳太郎	佐田啓二 淡島千景
1701	夜も生きている (新日本プロ)	1.29 PM. 2 人事院	5	3,186	松野昌之	小林懃		楳本捨三	平沢穣二	宮川玲子 竹村明
1618	若旦那の御縁談 (新東宝)	1.31 PM. 1 新東宝	9	7.518		島村達芳	舘三平 (原案)	川内康範	小森白	高島忠夫 久保菜穂子
1666	月笛日笛 第一篇 月下の若武者 (東映)	1.31 AM.10 東映	5	4,062		近藤経一 大森康正	吉川英治	八木保太郎 結束信二	丸根賛太郎	石井一雄 千原しのぶ

(11)

1489-T	生きとし生けるもの（日　活）	1.12 PM. 12.40 日　活
1614-T	スラバヤ殿下（日　活）	1.12 PM. 12.40 日　活
1559-T	警察日記（日　活）	1.12 PM. 12.40 日　活
1651-T	東京の空の下には（日米映画劇団民芸）	1.14 PM. 3 五反田東洋
1659-T	紅天狗（東　映）	1.17 PM. 1 東　映
1077-T	女の一生（松　竹）	1.19 AM. 11.45 東劇地下

1643	
酔いどれ囃子（松　竹）	
1.31 PM. 6.30 東劇地下	
10	
8,273	
小倉浩一郎 岸本吟一	
柳川真一 民間敏雄 依田義賢	
滝内康雄	
北上弥太郎 浅茅しのぶ	

1623-T	続 天下泰下（東宝）	1.19	AM. 12.45	東宝	
1653-T	大岡政談 血煙り地蔵（東映）	1.20	PM. 1	東映	
1547-T	姿三四郎（東映）	1.20	PM. 1	東映	
1548-T	続姿三四郎（東映）	1.20	PM. 1	東映	
1631-T	お笑い捕物帖 八ッつあん初手柄（東宝）	1.20	AM. 10	東宝	
1654-T	逆襲大蛇丸（新東宝）	1.21	PM. 1	新東宝	
1667-T	大映ニュース 第三六七号（大映）	1.21	PM. 1	新東宝	泣き笑い地獄極楽
1649-T	大映ニュース 第三六八号（大映）	1.21	PM. 1	新東宝	次男坊鴉

（23）

1633-T	三人娘只今婚約中（松竹）	1.25 AM.10 東劇地下			
1666-T	月笛日笛（東映）	1.26 AM.10 東宝			
1654-T	大映ニュース第三六九号（大映）	1.28 PM.5.30 大映			幸福を配達する娘
1618-T	若旦那の御縁談（新東宝）	1.29 AM.9.30 東劇地下			
1687-T	こゝに泉あり（中央映画）	1.31 PM.3 東劇地下			
E-1149	李徳全女史来日（新理研）	1.7 PM.1 新理研	1	800	
E-1153	神奈川ニュースNO94（神奈川映協）	1.11 AM.11 ムービーセンター	1		

E-1150	明日の日本（中井プロ）	1.11 PM.3 ワーナー	1	980	吉田内閣から鳩山内閣に代つた政界の動き 時局の解説映画
E-1126	私達の道政NO23（北日本）	1.12 PM.1 協映社	1	200	北海道々政広報
E-1127	市政だよりNO21（北日本）	1.12 PM.1 協映社	1	200	札幌市々政広報
E-1152	大映ニュース特報（大映）	1.14 AM.12 大映			楊貴妃、新平家物語製作予報
E-1151	火を消す科学（日映科学）	1.17 PM.5 東地劇下	2	1,555	発火と消火の原理を多種の実験によつて示したもの
E-1101	チョコレート誕生（東宝プロダクション）	1.17 AM.10 毎日新聞	1	812	森永チョコレートの製造過程を描く PR映画
E-1118	めん羊（日映科学）	1.17 PM.5 東地劇下	3	1,090	緬羊飼育指導映画
E-1161	文化ニュースA2号（短映社）	1.24 AM.10 協映社	1	750	

E-1162	文化ニュースA3号（短映社）	1.24 AM.10 協映社	1	750	
E-1125	フランスの美術 ルーブル展より（新日映）	1.28 PM.1 山葉ホール	4	3,500	イーストマン・カラー
E-1135	搏つ、蹴る、投げる（伊勢プロ）	1.31 PM.1 新理研	2	1,600	プロレスリング日本選手権争奪記録
E-1006	ポッコ先生 春の夢（ニッキープロ）	1.31 AM.10 大映	1	753	コニカラー 色彩パウントマイム短篇
E-1007	ポッコ先生 芸術家（ニッキープロ）	1.31 AM.10 大映	1	869	コニカラー 色彩パウントマイム短篇
P-346	ムービー・タイムズ 第三四六号（プレミア）	1.13 AM.12 日経ホール			スポーツ・ニュース
P-347	ムービー・タイムズ 第三四七号（プレミア）	1.13 AM.12 日経ホール			〃

P-348	ムービー・タイムズ 第三四八号 (プレシアー)	1.20 AM.12 日経ホール	〃
P-349	ムービー・タイムズ 第三四九号 (プレミアー)	1.27 AM.12 日経ホール	〃

○完成劇映画　二二本

内訳　松竹　四　東宝　三　大映　二　新東宝　二

東映　五　日日活　二　その他　四

○予告篇　一九本

内訳　松竹　二　東宝　二　大映　三　新東宝　二

東映　五　日活　三　その他　二

○併映短篇　一五本

○スポーツ・ニュース　四本

◎以上の内改訂希望のあつたものは次の如くである（二件）

○めくら猿　（滝村プロ）

絵師の責め絵製作の場面に於けるモデルの姿態を一部短縮希望し、四、五呎の切除がなされた。（風俗 2）

○三人娘只今婚約中　（松竹）

女性の入浴場面切除を希望し、三呎の切除がなされた。（風俗 2）

○ 宣伝広告審査の部

本月の審査に於て希望事項はなかつた。

○ 審査終了した宣材

スチール　一、二七五枚　プレス　二六枚

ポスター　四九枚　撮影所通信その他　四六枚

各社封切記録

封切月日	審査番号	題名	製作社
松竹			
1.3	1605	あなたと共に	松竹
	1597	青銅の魔人 第2部	松竹
1.9	1587	白鷺三味線	松竹
	1598	青銅の魔人 第3部	松竹
1.15	1576	大学は出たけれど	松竹
	1599	青銅の魔人 第4部	松竹
1.22	1621	銀座令嬢	松竹
1.29	1077	女の一生	松竹
東宝			
1.3	1574	男性No.1	東宝
	1582	初笑い 底抜け旅日記	東宝
1.9	1602	恋化粧	東宝
	1569	やんちゃ娘行状記	東宝
1.15	1592	浮雲	東宝
1.22	1571	花嫁立候補	東宝

1.22	1622	初恋ワルツ	協立映画	
1.29	1603	天下泰平	東宝	
大映				
1.3	1611	伊太郎獅子	大映	
	1620	こういう具合にしやしやんせ	大映	
1.9	1501	川のある下町の話	大映	
	1634	鶴で行くのは	大映	
1.15	1564	螢の光	大映	大映カラー
1.22	1570	地獄谷の花嫁	大映	
	1635	浪曲天狗道場	大映	
1.29	1640	次男坊鴉	大映	
	1667	泣き笑い 地獄極楽	大映	
新東宝				
1.3	1593	忍術児雷也	新東宝	
	1608	神州天馬侠 第2部	日米映画	
1.9	1519	人間魚雷回天	新東宝	
	1609	神州天馬侠 第3部	日米映画	
1.15	1616	紋三郎の秀	新東宝	
	1610	神州天馬侠 第4部	日米映画	

1.22	1518	明治一代女	新東宝	
1.29	1654	逆襲大蛇丸	新東宝	
東映				
1.3	1584	隼の魔王	東映	
	1580	紅孔雀 第2部	東映	
1.9	1632	大江戸千両囃子	東映	
	1603	紅孔雀 第3部	東映	
1.15	1627	勢ぞろい喧嘩若衆	東映	
	1612	紅孔雀 第4部	東映	
1.21	1659	恋天狗	東映	
	1613	紅孔雀 第5部	東映	
1.27	1547	姿三四郎	東映	
	1653	大岡政談 血煙地蔵	東映	
日活				
1.2	1558	人斬り彦斎	日活	
	1453	陽気な天国	近江プロ	
1.8	1485	月は上りぬ	日活	
	1638	初恋カナリヤ娘	日活	
1.15	1533	消えた中隊	日活	

1.21	1614	スラバヤ殿下	日活
1.28	1651	東京の空の下には	日米映画 民芸
独立			
1.21	1647	愛すればこそ	独立

映画倫理規程審査記録第六十七号

昭和三十年二月十日発行

発行責任者　池田義信

東京都中央区築地三ノ六
映画倫理規程管理部事務局
電話築地(55)〇六九六
二八〇二番

映画倫理規程審査記録

第68号

68

映画倫理規程

審査記録

30.2.1～30.2.28

映画倫理規程管理委員会

目次

○管理部記事

△三十年度管理委員は、後記の如く各氏が映連会長より委嘱された。

△一月二十八日 宮城県青少年問題協議会より「映倫委の責任に於て、内外国映画のすべてが映倫に協力し、審査を経るよう努力し、青少年に対する根本的対策を講ずるよう」との趣旨の要望書が与せられた。

△二月二日の協力員会議で次の如き審査室の意向を伝え協力を求めた。

「予告篇で、内容がセンセーショナルな印象あるものと、青少年向映画との併映の点につき、各方面で兎角問題になり勝ちなので、将来の映画選定実施の際の事も慮り、一層慎重に研究を願えれば幸である」

△二月十一日管理委員会を開催

△新年度管理委員会の開催に当り、服部映連会長より後記の如くメッセージが与せられ、渡辺映倫委員長これに応え、その所信を明かにした。

△二月十七日映倫の青少年対策実施について日本興行組合連合会及び全国の興行組合にその諒解と協力を要請して文書を発信。

並びにこの事項を中央地方児童福祉審議会、青少年問題協議会にも報告し協力と支援方を要望した。

（ 1 ）

日本映画連合会

会長　服部知祥

戦後十年の日月を閲しました昭和三十年は、国としても政治態勢に新たなる安定と進歩を見出すべき重大なる年であると考えられますが、映画界も亦累年飛躍的に増加の一路を辿りつつある製作本数と、その質的向上を背景として、或は国際市場の有望なる産業資材たる期待を具現すべき時期に到達致しました。申すまでもなくこれらの映画に寄せられたる社会的嘱望は、単にその芸術的娯楽的内容の充実に止らず、その裏付けとしての倫理的性格にこそ映画に対する大衆の信用を左右する大きな契機が含まれているのであります。

これは一に映画のみならず一般文化財について最近この面への関心が急激に高まり、業界の自主的倫理活動への要望が深まりつつある現状に徴しても明らかなる所であり、我々映画界に責を負うものは、他のマス。コミユニケーション分野と提携して、大いに国民文化の健全なる発達に寄与せねばなりません。映画倫理規程管理委員会の活動に、一段の成果を待望する所以であります。

映画倫理規程管理委員会

委員長　渡辺銕蔵

昨昭和二十九年、特に映画倫理規程管理委員会の性格と事業が、社会の注目を浴びてその活動に多大の期待が寄せられましたのは、所謂映画と青少年問題を中心とする世論の沸騰を契機としたのであります。かねてこの問題に深い関心を持ち、種々検討を進めて居りました委員会は、昨年末これに対処すべき施策として映画の指定及び推薦の制度を決定し、これが諮問機関として映画と青少年問題諮問委員会を設置、社会の良識と批判を忠実に反映して映画の有する巨大な社会的影響を更に浄化昂揚せんとする方針を樹立致しました。

本年度この世論を背景として、委員会はその使命とする映画倫理の自主規正を一層の精励を以て遂行し、特に前記映画選定制度の具体化を推進して、その成果に遺憾なきを期したいと考えて居ります。

業界並びに社会各層の方々の一層の御支援御協力を願う次第であります。

◎昭和三十年度映画倫理規程管理委員会委員

委員長　渡辺銕蔵

副委員長　池田義信　日本映画連合会事務局長

委員　高橋忠男　松竹映画製作本部

〃　堀江史朗　東宝製作本部

〃　須田鐘太　大映製作事務本部

〃　林文三郎　新東宝製作本部

〃　高橋勇　東映企画本部

〃　牛原虚彦　日本映画監督協会

〃　千葉泰樹　〃

〃　八住利雄　シナリオ作家協会

〃　猪俣勝人　〃

〃　石本統吉　日映科学映画製作所

〃　手塚栄一　日本興行組合連合会

専門審査員　小林勝

〃　長江道太郎

〃　阪田英一

〃　武井韶平

〃　荒田正男

〃　上野一郎

○審査記録

○脚本審査の部

◎本月の審査脚本は次の如くである。

社名	題名	受付日	審査終了日	備考
日活	地獄の用心棒	一、八	一、一二	
東映	風雲将棋谷	一、一九	二、二	
日活	森蘭丸	一、二六	二、二	
日活	女中ッ子	二、二	二、四	
新東宝	爆笑青春列車 自主改訂版	二、二	二、四	改訂第二稿 「底抜け学生三銃士」―「爆走青春列車」の改題
東宝	男ありて	一、一二	一、一四	
東宝	男ありて 自主改訂版	二、二	二、四	改訂第二稿
大映	暁の合唱	二、二	二、五	

大映	楊貴妃	二、五	二、七	
大映	哀しき富士の白雪よ	二、五	二、八	
日活	落日の血斗	二、七	二、九	
日活	大利根の対決	二、七	二、九	
東映	彦佐と太助 俺は天下の御意見番	二、七	二、九	
東映	彦佐と太助 殴り込み吉田御殿	二、七	二、九	
大映	天下を狙う美少年	二、八	二、九	
松竹	美しき歳月	一、二八	二、一一	「つくしんぼの歌」の改題
松竹	妙法院勘八	二、七	二、一一	
東映	白面童子 第一篇 ギヤマンの秘密	二、九	二、一五	
東映	白面童子 第二篇 サンタの渦	二、九	二、一五	

東映	白面童子 第三篇 バテレンの宴	二、九	二、一五	
東映	白面童子 第四篇 イスラムの女王	二、九	二、一五	
東京映画	月に飛ぶ雁	二、九	二、一六	
新東宝	王将一代 第一部	二、九	二、一六	
新東宝	王将一代 第二部	二、九	二、一六	
日活	うちのおばあちゃん	二、一四	二、一六	
桜ケ丘プロ	君の名はの子孫たち	二、一五	二、一六	
日活	花のゆくえ	二、一四	二、一七	
新東宝	番場の忠太郎 瞼の母より	二、一六	二、二三	
新東宝	青春怪談	二、一六	二、二三	
新東宝	俺も男さ	二、一六	二、二三	

東映十六ミリ	一、五〇〇米決勝	二、一七	二、二三	
大映	心に花の咲く日まで	二、一八	二、二三	「女のひととき」の改題
大映	風雪講道館	二、二一	二、二三	
大映	麝香屋敷	二、二三	二、二五	
大映	麝香屋敷 自主改訂版	二、二一	二、二三	改訂第二稿
新東宝	森繁の新入社員	二、二三	二、二五	「新入社員」の改題
日活	青春怪談	二、二四	二、二六	
日活	猿飛佐助 浮気道中の巻	二、二四	二、二六	
日活	猿飛佐助 忍術修業の巻	二、二四	二、二六	
宝塚	弥次喜多漫才道中 喧嘩囃子	二、二五	二、二六	
宝塚	弥次喜多漫才道中 春色狐御殿	二、二五	二、二六	

松竹風雲日月草紙　二、二六　二、二八

◎新作品　三九本

シナリオ数　四二本（内改訂版三）

内訳　松竹　三、　東宝　二、（内改訂版一）

大映　八、（内改訂版一）　新東宝　七、（内改訂版一）

東映　七、　日活　一〇、　東京映画　一、

宝塚　二、　桜ヶ丘プロ　一、　東映十六ミリ　一、

◎　以上の内、希望事項のあつたものは次の如くである。

○　地獄の用心棒　（日　活）

製作　浅田健三　脚本　古川卓巳
監督　古川卓巳　〃　浅野辰雄

曾ての戦友であつた麻薬犯人を更生せしむるために活動する取締官の物語。

麻薬の害をテーマとした企画であるから、ヘロイン、ペイ等の言葉が多少出るのは止むを得ない。しかし注射の明示は前例通り遠慮していたゞきたい。（残酷醜汚　5）
十二日に決定稿が届けられたが、希望事項は前と同じである。

○　大利根の対決　（日　活）

製作　星野和平　脚本　伊藤大輔
〃　佐野　博　監督　冬島泰三

亡くなつた恋女房の幻を追うやくざ男が嫉妬と怨恨の葛藤に捲き込まれて苦斗する物語。

——賭場の描写がかなり詳細にあるが、これは成るべく簡略にしていたゞきたい。（法律　1）
「川に臨んだ妓楼」とあり、客と女達の描写があるが、これも成るべくは普通の旅籠屋に代えていたゞきたい。（性　2）

○　百面童子　（東　映）

第一篇　ギヤマンの秘密
第二篇　サタンの窟
第三篇　バテレンの宴
完結篇　イスラムの女王

企画　田口直也　脚本　小川　正
〃　吉野誠一　監督　小沢茂弘
原作　北村寿夫

神出鬼没の怪人物と異境の宝を秘めた鏡をめぐる正邪の斗争を描く。

児童向の作であるので、四篇を通じて下記の点で演出上の注意を希望した。

1、立廻りは冗漫にならぬよう、且つ残酷にならぬように。
（残酷醜汚 7、法律 1 イ）

2、鞭による折檻も残酷感を与えぬように。（残酷醜汚 3）

3、せむしの扱いはグロテスクにならぬように。
（残酷醜汚 7）

4、丁斎達の踊りは野卑にならぬように。（風俗 1）

5、その他無益な恐怖感を与えるなど、児童の情操を傷けぬように。（教育 2）

○俺も男さ （新東宝）

企画 伊藤基彦　脚本 松浦健郎
〃 竹中香　監督 山本嘉次郎
原作 村崎守毅

土建会社の青年社長の女難物語。

次の諸点につき演出上の注意を希望したい。

1、シーン二五、七四、一〇六等に於けるストリップの踊り、及びストリッパーの扱いは裸体の限度を超えぬようにしたい。（風俗 2）

2、シーン二八、少年に対する親分の私刑描写は残酷にわたらぬよう。（残酷醜汚 4）

3、シーン二四、二七、三〇、三一等に描写される少年スリについては、その手口描写にわたることのないよう出来る限りプロットを通すに必要な限度に止めると共に、できればシーン二七等に於てはスリの罪悪をハッキリと打出しておきたい。（教育 2）

○風雲日月草紙 （松竹）

製作 石田清吉　脚本 森田龍男
原作 三上於兎吉　監督 酒井辰雄
構成 伊藤大輔

沈没したオランダ船の金貨隠匿をめぐる大名のお家騒動を背景に悪人に父を殺された兄弟の活躍を中心として描く勧善懲悪劇。

殺人のシーンにつき過度に残酷な感じにならぬよう十分に演出上の注意を希望する。（残酷醜汚 7）

お千勢の腕から血が流れ出るところ過度に残酷醜汚の感じにならぬようこれも演出上の注意を希望する。（同）

◎以下三四本希望事項なし、

○風雲将棋谷（東映）

企画 大森康正 脚本 比佐芳武
原作 角田喜久雄 監督 松田定次

天保年間、時の権力者を後盾に信州の山奥の秘宝を狙う悪人達とその秘宝の相続者である怪盗の斗争を描く。

○森蘭丸（日活）

製作 高木雅行 監督 小林桂三郎
脚本 八住利雄

森蘭丸を中心に戦国武将の悲劇を描く。

○女中ッ子（日活）

製作 芦田正蔵 脚本 田坂具隆
原作 由起しげ子 〃 須崎勝弥
監督 田坂具隆

田舎出の女中と奉公した家の少年との間に流れる愛情を描く物語、

○爆笑青春列車（新東宝）

「底抜け学生三銃士」—「爆走青春列車」の改訂
自主改訂版第二稿
一月二十四日審査終了、（六七号参照）

○男ありて（東宝）

製作 準大防五郎 脚本 菊島隆三
監督 丸山誠治

○男ありて

自主改訂第二稿

職業野球の老監督の家庭を背景にそのスポーツに徹した生活と心境を描く。

○暁の合唱（大映）

製作 藤井朝太 脚本 八住利雄

企画　中代富士男　監督　枝川　弘
原作　石坂洋次郎

向学の志を捨て、弟のためにバスガールに就職した娘を中心に描く恋愛メロドラマ。

○楊貴妃　（大映）

製作　永田雅一　脚本　陶　泰
〃　ランラン・ショウ　〃　川口松太郎
監督　溝口健二　〃　依田義賢
〃　成沢昌茂

唐朝廷に渦巻く権勢謀略を背景に玄宗皇帝と楊貴妃の悲恋を描く。

○哀しき富士の白雪よ　（大映）

製作　藤井朝太　脚本　笠原良三
企画　中野繁雄　監督　浜野信彦
原作　安藤日出男

スケート部の女学生とこれを救わんとして富士の雪崩に遭難する女教師の愛情を描く悲劇。

○落日の血斗　（日活）

製作　芦田正蔵　監督　野口博志
脚本　井田　探

やくざ者の来襲に直面して蹶起した男が町の人々の傍観に怒りつつも死力を振つてこれを仆す物語。

○彦左と太助　俺は天下の御意見番　（東映）

企画　坂巻辰男　監督　内出好吉
脚本　西条照太郎

部下の足軽を殺してその手柄を横取りし立身した隣家の悪旗本をその足軽の遺児姉弟を助けて懲す大久保彦左と一心太助の物語。

彦佐と太助

○殴り込み吉田御殿（東映）

悪臣の陰謀に乗せられた千姫の乱行を糺す彦佐と太助の活躍を描く。

○天下を狙う美少年（大映）

製作 酒井箴 脚本 衣笠貞之助
企画 高桑義生 監督 荒井良平

所謂天一坊事件物語。

○美しき歳月（松竹）

「つくしんぼの歌」の改題

製作 久保光三 監督 小林正樹
脚本 松山善三

卒業後、境遇の変化によつて人生観を異にした三人の学友の三人の女性との恋愛行路を描くホーム・ドラマ。

○妙法院勘八（松竹）

製作 岸本吟一 脚本 舘岡謙之助
原作 村上浪六 監督 芦原正

京の門跡の庇護を受け政道の非をたゞし、旗本奴の横暴を挫く浪人の物語。

○月に飛ぶ雁（東京映画）

製作 三輪礼二 脚本 若尾徳平
企画 滝村和男 監督 松林宗恵

アルバイト・サンロに勤める二人の女子大学生とその家庭をめぐつて親子二代の世代の葛藤を描く。

○王将一代（新東宝）

第一部

○王将一代

第二部

製作　星野和平　脚本　菊島隆三
原作　北条秀司・伊藤大輔　監督　伊藤大輔
坂田三吉の半生を描く。

○ うちのおばあちゃん　（日　活）

製作　岩井金男　脚本　柳沢類寿
原作　内村直也　監督　春原政久
聡明な祖母の活躍と双生児の孫娘の縁談を中心に描くホーム・ドラマ。

○ 君の名はの子孫たち　（桜ヶ丘プロ）

製作　住田暎介　脚本　伊世亜夫
原作　夢座海二　監督　中川順夫
まち子の息子と綾の娘の恋を中心に喜劇的に描く。「君の名は」の後日物語。

○ 花のゆくえ　（日　活）

製作　高木雅行　脚本　成沢昌茂
原作　阿木翁助　監督　森永健次郎
薄幸な一女性が真実の恋に希望を見出す迄の流転を描くメロドラマ。

瞼の母より
○ 番場の忠太郎　（新東宝）

企画　柴田萬三　脚本　三村伸太郎
原作　長谷川伸　監督　中川信夫
幼い時別れた母を尋ねて流浪する旅烏が料亭の女将となつたその母と再会しながら、境遇の差に隔てられて身を退く物語。

○ 青春怪談　（新東宝）

原作　獅子文六　脚本　舘岡謙之助

企画　安達英太郎　監督　阿部　豊

老若二組の男女のロマンスを通して奇妙な現代の青春の姿を描く。

○青春怪談（日　活）

製作　山本　武　脚本　和田夏十
〃　高木雅行　監督　市川　崑
原作　獅子文六

老若二組の男女のロマンスを通して奇妙な現代の青春の姿を描く。

○一五〇〇米決勝（東映十六ミリ）

企画　芹川一郎　監督　関川秀雄
脚本　蜂屋二郎

一人の小学生が悪条件を克服して、マラソンの対校競技に優勝する迄の懸命な努力と周囲の人々の愛情を描く。

○心に花の咲く日まで（大　映）

「女のひととき」の改題

企画　吉田千恵子　脚本　田中澄江
原作　田中澄江　〃　井手俊郎
監督　佐分利信

郊外の住宅地に住む失業中の若い夫婦とその隣家の男女が織りなす愛情の種々相。

○風雪講道館（大　映）

製作　藤井朝太　脚本　八住利雄
企画　塚口一雄　監督　森　一生
原作　富田常雄

講道館の草創時代を描く。

○麝香屋敷（大　映）

製作　酒井　箴　脚本　八尋不二

企画　高桑義生　監督　田坂勝彦
原作　吉川英治
幕府の圧制に反抗する切支丹の女頭領とこれに対決する剣士の恋の斗争を描く。

○　同
自主改訂版

○　新入社員　（新東宝）
森繁の
「新入社員」改題
企画　安達英三郎　脚本　川内康範
原作　速見達三　監督　渡辺邦男
保険会社の見習社員を主人公としてサラリーマンの哀歓を描く。

○　猿飛佐助　（日活）
浮気道中の巻

○　同　（日活）
忍術修業の巻
製作　水ノ江滝子　脚本　西沢裕
監督　井上梅次，　井上梅次
猿飛佐助が真田十勇士に加わる迄の女難物語と忍術修業を描く喜劇。

○　喧嘩囃子　（宝塚）
弥次喜多漫才道中

○　春色狐御殿　（宝塚）
弥次喜多漫才道中
脚本　倉谷勇　監督　佐伯幸三
親分の代参で伏見稲荷に出掛けた弥次喜多が途中清水の大政小政と間違えられたり、狐に化かされる滑稽を描く、

希望事項集計

○国家及社会　0

○法律　2

大利根の対決（1）白面童子（1）

○宗教　0

○教育　2

白面童子（1）俺も男さ（1）

○風俗　2

白面童子（1）俺も男さ（1）

○性　1

大利根の対決（1）

○残酷醜汚　7

地獄の用心棒（1）白面童子（3）俺も男さ（1）

風雲日月草紙（2）

○希望事項総数　14

○映画審査の部

◎本月の審査映画は次の如くである。

審査番号	題名（会社名）	審査試写日時室	巻数	呎数	製作	企画	原作	脚本	監督	主演
1645	幸福を配達する娘（大映）	2．1 PM．3 大映	10	8,655	藤井朝太	土井逸雄	源氏鶏太	井手俊郎	木村恵吾	若尾文子 菅原謙二
1636	春秋あばれ獅子（東映）	2．4 AM．10 東映	9	7,718		柳川武夫	山手樹一郎	西条照太郎	河野寿一	大友柳太郎 喜多川千鶴
1687	ここに泉あり（中央映画）	2．4 AM．9.30 松竹	18	16.308	岩崎昶 市川喜一			水木洋子	今井正	岸恵子 岡田英次
1682	湯の町椿（日活）	2．5 AM．10 日活	8	7,270	茂木了次			野方一夫	堀池清	若原雅夫 南寿美子
1672	月笛日笛 第二篇白馬空を飛ぶ（東映）	2．6 AM．10.30 東映	5	4,421		近藤経一 大森康正	吉川英治	八木保太郎 結束信二	丸根賛太郎	石井一雄 千原しのぶ

1637	七つの顔の銀次（大映）	2.8 AM.10 大映	10	7,750	酒井箴	辻久一	川口松太郎	犬塚稔	三隅研次	長谷川一夫 高峰三枝子
1707	舞妓三銃士（大映）	2.8 PM.3 大映	7	5,091	酒井箴	辻久一		依田義賢	天野信	花菱アチャコ 小町瑠美子
1657	大岡政談 黄金夜叉（東映）	2.8 PM.6 五反田東洋	5	4,530		マキノ光雄 吉野誠一		結束信二	伊賀山正徳	月形竜之助 月丘千秋
1692	忘れないよ（近江プロ）	2.8 PM.6 五反田東洋	7	5,520		近江俊郎		近江俊郎	近江俊郎	近江俊郎
1660	一寸法師（新東宝）	2.9 AM.10 新東宝	9	7,537		金田良平	江戸川乱歩	館岡謙之助	内川清一郎	三浦光子 和久井勉
1674	越後獅子祭り やくざ若衆（東映）	2.10 AM.10 東映	9	7,591		福島通人	長谷川伸	三村伸太郎 旗一兵	萩原遼	中村錦之助 高千穂ひずる
1663	秋葉の火祭り（日活）	2.10 AM.11.30 日活	9	8,062	浅田健三	八木保太郎		八木保太郎	マキノ雅弘	河津清三郎 北原三枝
1656	明日の幸福（東京映画）	2.10 AM.10 東宝	9	7,823	滝村和男 山崎喜暉		中野実	長瀬喜伴	瑞穂春海	上原謙 木暮実千代

1673	月笛日笛 完結篇千丈原の決斗 (東映)	2.11 AM.10 東映	5	4,518		近藤経一 大森康正	吉川英治	八木保太郎 結束信二	丸根賛太郎	石井一雄 千原しのぶ
1662	お嬢さん先生 (大映)	2.11 AM.10 大映	11	8,357	藤井朝太	中代富士男	獅子文六	島耕二	鈴木重吉	南田洋子 市川和子
1669	隠密若衆 (新東宝)	2.14 AM.10 新東宝	10	8,154		野坂和馬	野村胡堂	松浦健郎 神戸浩	渡辺邦男	若山富三郎 花柳小菊
1623	続天下泰平 (東宝)	2.15 AM.10 東宝	10	7,085	堀江史朗		源氏鶏太	西島大 竜野敏	杉江敏男	三船敏郎 久慈あさみ
1675	花ざかり男一代 (大映)	2.15 AM.10 大映	10	7,818	酒井箴	浅井昭三郎	中倉俊二	犬塚稔	森一生	勝新太郎 矢島ひろ子
1665	坊つちやん記者 (日活)	2.16 AM.10 日活	10	8,660	芦田正蔵		山崎英祐	須崎勝弥	野口博志	小林桂樹 津島恵子
1658	魚河岸の石松シリーズ 石松と女石松 (東映)	2.16 PM.2 東映	7	5,756	三上訓利			笠原良三	小石栄一	河津清三郎 清川虹子
1671	献上博多人形 (宝塚)	2.17 AM.10 東宝	10	7,791	「鬼人島乗込み」改題		佐々木味津三	森川太郎 加味鯨児	志村敏夫	嵐寛寿郎 扇千景

1676	喧嘩奴（松竹）	2.17 PM. 5.30 松竹京都	10	8,630	小倉浩一郎		舘出達朗	柳川真一 安田重夫	福田晴一	高田浩吉 角梨枝子
1619	愛のお荷物（日活）	2.18 AM.10 日活	11	9,917	山本武			柳沢類寿 川島雄三	川島雄三	山村聡 轟夕起子
1652	女給（東映）	2.18 PM.11.30 五反田東洋	11	9,584		藤本真澄 根津昇		猪俣勝人	千葉泰樹	杉葉子 伊藤久哉
1412	血槍富士（東映）	2.19 PM. 12.30 東映京都	9	8,441	大川博	マキノ光雄 玉木潤一郎	井上金太郎	三村伸太郎	内田吐夢	片岡千恵蔵 喜多川千鶴
1677	この世の花 第一部（松竹）	2.22 AM.10 東劇地下	6	5,274	長島豊次郎		北条誠	棚田吾郎 舟橋和郎	穂積利昌	川喜多雄二 淡路恵子
1716	哀しき富士の白雪よ（大映）	2.23 AM.10 大映	10	6,825	藤井朝太	中野繁雄		笠原良三	浜野信彦	市川和子 林成年
1604	ジャズ娘乾杯（宝塚）	2.24 AM.10 東宝	11	9,030				井上梅次 高木史郎	井上梅次	雪村いづみ 伴淳三郎
1691	二代目石松大あばれ（東映）	2.25 PM.5 五反田東洋	7	5,655	三上訓利			笠原良三	小石栄一	堀雄二 田代百合子

1686	爆笑青春列車（新東宝）	2.26 AM.10 新東宝	9	7,520	杉原貞雄			小石明 遊池義雄	斎藤寅次郎	和田孝 筑紫あけみ
1733	君の名はの子孫たち（桜ヶ丘プロ）	2.28 PM. 3 映配	6	5,000	住田暎介		夢座海二	~~中川順夫~~ 伊世亜夫	中川順夫	原千鶴 加藤隆夫
1688	火の驀走（大映）	2.28 PM. 3 大映	10	8,007	藤井朝太	岡田勲	中山正男	須崎勝弥	田中重雄	山本富士子 北原義郎
1644	息子の縁談（東映）	2.28 PM. 8 五反田洋東	10	8,861		マキノ光雄 根津昇	林房雄	八木保太郎 村山俊郎	春原政久	船山汎 久我美子
1653—T	大岡政談 黄金夜叉（東映）	2.14 AM.10 東映								
1652—T	女給（東映）	2.14 AM.10 東映								
1675—T	大映ニュース 第三七四号（大映）	2.15 AM.10 大映								花ざかり男一代

番号	題名	日時	会社	備考
1619-T	愛のお荷物（日活）	2.18 AM.10	日活	
1716-T	大映ニュース第三七三号（大映）	2.18 PM.12.50	大映	哀しき富士の白雪よ
1412-T	血槍富士（東映）	2.19 PM.12.40	東映	
1664-T	坊っちゃん記者（日活）	2.21 AM.11	日活	
1687-T	大映ニュース第三七〇号（大映）	2.13 PM.	大映	七つの顔の銀次
1707-T	大映ニュース第三七一号（大映）	2.13 PM.	大映	舞妓三銃士
1636-T	春秋あばれ獅子（東映）	2.1 AM.10.30	東映	
1656-T	明日の幸福（東京映画）	2.4 PM.4.45	東宝	

1682-T	1660-T	1674-T	1663-T	1699-T	1646-T	1623-T	1162-T
湯の町椿 (日活)	一寸法師 (新東宝)	やくざ若衆 (東映)	秋薬の火祭り (日活)	隠密若衆 (新東宝)	めくら狼 (滝村プロ)	続天下泰平 (東宝)	大映ニュース 第三七二号 (大映)
2.5 AM.10 日活	2. 5 PM. 1.30 新東宝	2. 6 AM. 10.30 東映	2. 8 PM. 2.30 日活	2. 9 AM.10 新東宝	2.10 AM.10 東宝	2.10 AM.10 東宝	2.10 AM.10 大映
							お嬢さん先生

1676-T	喧嘩奴 (松竹)	2.11 AM. 11.50 松竹	
1658-T	石松と女石松 (東映)	2.14 AM.10 東映	
1686-T	爆笑青春列車 (新東宝)	2.21 AM. 11.30 新東宝	
1691-T	二代目石松大あばれ (東映)	2.21 PM. 1 東映	
1688-T	大映ニュース 第三七五号 (大映)	2.25 PM. 12.30 大映	火の暴走
1700-T	長脇差大名 (新東宝)	2.26 AM.10 新東宝	
1591-T	泉へのみち (東宝)	2.26 PM. 12.40 東宝	
1727-T	月に飛ぶ雁 (東京映画)	2.26 PM. 12.40 東宝	

1644-T	息子の縁談（東映）	2.26 PM. 5 東映			
1694-T	飛龍の門（松竹）	2.28 PM. 3 大映			
E-1158	神奈川ニュース NO. 95（神奈川ニュース映協）	2. 1 AM.11 ムービーセンター	1		
E-1164	神奈川ニュース NO. 96（神奈川ニュース映協）	2. 1 AM.11 ムービーセンター	1		
E-1136	踊る虹姫（松竹）	2. 3 PM. 12.30 東劇地下	2	1,765	国際劇場「秋の踊り」の記録 コニカラー
E-1168	美貌のレスラー（入山プロ）	2. 3 AM.12 日経ホール	3	1,700	女子プロレスリングの紹介
E-1175	太平洋戦争（アオイプロ）	2. 7 PM. 1 アオイスタジオ	5	4,850	第二次世界大戦の記録

（27）

E-1021	躍進苫小牧（北日本映画）	2.7 PM.1 協映社	1	720	苫小牧市、色彩
E-1055	私たちの道政 NO.24（北日本映画）	2.7 PM.1 協映社	1	200	北海道政広報
E-1056	市政だより NO.22（北日本映画）	2.7 PM.1 協映社	1	200	北海道札幌市政広報
E-1154	昭和三十年初場所大相撲 NO1（〜）NO4（伊勢プロ）	2.8 PM.4 新理研	2	1,950	相撲記録
E-1146	段々畑の人びと（新理研）	2.8 PM.4 新理研	3	2,680	企画日本土地改良協会 段々畑に働く人々の生活を描いたもの。
E-1157	トラちゃんの冒険（日動映画）	2.10 PM.12.30 近代美術館	2	1,305	漫画
E-1176	神奈川ニュース NO.97（神奈川ニュース映協）	2.15 AM.11 ムービーセンター	1		
E-1174	カネボウと国産羊毛（京都映画）	2.17 PM.12.30 映協	2	2,000	羊毛紡績紹介

E-1180	土佐犬の大相撲（新東京プロ）	2.18 PM.3 新理研	2	1,450	闘犬優勝戦記録
E-1177	伸びゆく四日市市と北伊勢の観光（テレビ21世紀映画）	2.23 PM.3 目黒スタジオ	1	960	四日市の産業、観光地P.R映画
E-1184	タネまく人々（第一映画）	2.23 AM.12 P.P.C	3	2,577	ヤロビ農法啓発、宣伝映画
E-1166	西海国立公園（東京映画）	2.24 AM.12 P.P.C	3	2,714	五島列島を含む西海国立公園観光P.R映画 イーストマン・カラー

P-350	ムービー・タイムズ 第三五〇号（プレミア）	2.3 AM.12 日経ホール			
P-351	ムービー・タイムズ 第三五一号（プレミア）	2.10 AM.12 日経ホール			
P-352	ムービー・タイムズ 第三五二号（プレミア）	2.17 AM.12 日経ホール			
P-353	ムービー・タイムズ 第三五三号（プレミア）	2.24 AM.12 日経ホール			

○審査映画数　　三三本

内訳　松竹　二　東宝　一　大映　七　新東宝　三

東映一〇　その他一〇

○それらの予告篇　　二九本

内訳　松竹　二　東宝　二　大映　六　新東宝　四

東映　八　その他　七

○併映短篇映画等　　一七本

○スポーツニュース　　四本

○新　　版　　ナシ

○映画改訂希望　　二件

◎以上の内改訂希望のあつたものは次の如くである。

○ 舞妓三銃士　（大　映）

飛び出しナイフのナイフが飛び出すところ、青少年に対する悪影響を考慮し削除を希望し実行された。（三呎）

○ 越後獅子祭り
やくざ若衆　（東　映）

丁半賭博の場が相当呎数を以て描写されているが本篇は賭博否定をプロットとしており、その点否定のための材料として、特に短縮等の改訂希望は行わなかつた。

○ 魚河岸の石松シリーズ
二代目石松大あばれ　（東　映）

議会乱斗（委員会であるが）のシーンのうち灰皿をもつて殴るカット切除してもらつた。あまりに誇張にすぎ議会軽視の印象を与えることを恐れたためである。（三、五呎）

○ 魚河岸の石松シリーズ
石松と女石松　（東　映）

完成審査以前にラッシュ試写を行い、風呂場の場面一部切除希望し実行された。（約一〇〇呎）

○ 君の名はの子孫たち　（桜丘プロ）

脚本審査の際附書した事項については、完成映画審査までのところトラブルは起きていないが、今後もし起つた場合には製作者側の責任に於て解決する旨の意志表示があり、これを了承した。

○ 宣伝広告審査の部

○血槍富士（東　映）　スチール（NO・49）一枚

立廻りの表現残酷過度の印象あるため、使用中止方を希望し、実行された。

○ 審査終了した宣材

スチール　一、一三九枚　プレス　四九枚

ポスター　八七枚　撮影所通信その他　四四枚

昭和二十九年度映倫審査概要

○脚本の審査

○受付けた脚本数（改訂版を含む）…………四九一本

○受付けた作品数（再提出された改訂版を含ます）……四二二本

内訳　松竹　六八　東宝　四四　大映　六三
新東宝　四五　東映　一〇七　その他　九五

○審査終了作品数（改訂版を含ます）…………四〇九本

○審査終了脚本数（改訂版を含む）…………四二〇本

内訳　松竹　六六　東宝　四一　大映　六七
新東宝　四九　東映　一〇八　その他　八九

○脚本審査集計

○改訂、削除、注意を希望した数　三六〇件

国家及社会　六七　法律　六六　宗教　三
教育　二九　風俗　一五二　性　一二

残酷醜汚　三一

○映画の審査

○完成劇映画数…………三八七本

内訳　松竹　六五　東宝　三七　大映　六三

新東宝　四二　東映　九八　その他　八二

○予告篇…………三二六本

内訳　松竹　三八　東宝　四一　大映　六七

新東宝　四七　東映　七三　その他　六〇

○併映短篇等　二五六本

○新版　一六本

○スポーツ・ニュース　五二本

○映画カット希望件数　三六本

○宣伝広告の審査

審査終了した宣材数

スチール　一四、〇四三枚　　プレス　四〇一枚

ポスター　六七四枚　　撮影所通信その他　六一三枚

○改訂、注意、使用中止方希望した数

スチール　一七、　　惹句　四、

(註)以上は審査記録六六号に発表したものでありますが、一部訂正部分がありましたので、こゝに再録します。

各社封切記録

封切月日	審査番号	題名	製作社名	
松竹				
2.5	1643	酔いどれ囃子	松竹	
2.12	1633	三人娘 只今婚約中	松竹	
	1687	ここに泉あり	中央映画	
2.22	1676	喧嘩奴	松竹	
東宝				
2.5	1631	八ッつあん初手柄	東宝	
2.12	1656	明日の幸福	東京映画	
2.22	1623	続天下泰平	東宝	
大映				
2.5	1645	幸福を配達する娘	大映	
2.12	1637	七つの顔の銀次	大映	
2.20	1662	お嬢さん先生	大映	
2.26	1675	花ざかり男一代	大映	
	1716	哀しき富士の白雪よ	大映	
新東宝				

2.5	1618	若旦那の御縁談	新東宝	
2.12	1660	一寸法師	新東宝	
2.20	1669	隠密若衆	新東宝	
2.28	1686	爆笑青春列車	新東宝	
東映				
2.1	1548	続姿三四郎	東映	
	1666	月笛日笛 第一篇 月下の若武者	東映	
2.7	1636	春秋あばれ獅子	東映	
	1672	月笛日笛 第二篇 白馬空を飛ぶ	東映	
2.13	1674	やくざ若衆	東映	
	1673	月笛日笛 完結篇 千丈原の決斗	東映	
2.20	1658	石松と女石松	東映	
	1652	女給	東映	
2.27	1412	血槍富士	東映	
	1691	2代目石松大あばれ	東映	
日活				
2.3	1559	警察日記	日活	
2.7	1682	湯の町椿	日活	
2.18	1663	秋葉の火祭り	日活	
2.25	1489	生きとし生けるもの	日活	

映画倫理規程審査記録第六十八号

昭和三十年三月十日発行
発行責任者　池田義信

東京都中央区築地三ノ六
映画倫理規程管理部事務局
電話築地(55)〇六九六
二八〇二番

映画倫理規程審査記録

第69号

69

映画倫理規程

審査記録

30.3.1.～30.3.31.

映画倫理規程管理委員会

目次

○管理部記事

△三月二日、審査室会議に於て次の事項につき、一層慎重を期することに一致し、各社に諒解と協力を求めた。

(イ)イレズミを正義の象徴として描出することは避けたい。

(ロ)所謂堕胎の扱いには、それが母体に与える悪影響及び法を無視して安易に行いうるという印象を与えぬよう考慮し、慎重に扱うよう留意する。

△三月七日、第四回マスコミュニケーション倫理化懇談会、映画、新聞、放送、紙芝居、出版、レコード等各界に於ける倫理規程審査関係者参集して当面の青少年問題に関連し、各業界の自粛態制その他情報の交換を行つた。

△三月十一日、青少年対策実施の具体方策について製作関係者と協議。

△三月十一日、映画倫理規程管理委員会。

△三月十六日、審査室会議に於て、所謂「飛び出しナイフ」について、研究し、次の如き見解を発表し、各社の諒解と協力を求めた。

映画に現れる兇器類の取扱いについては、時にそれが、少年児童の好奇心を誘発する虞れあることを考慮して審査に慎重を期し、又、製作関係についても屡次協力方を希望して来たが、最近特に世上に論議されつゝある「飛び出しナイフ」が、数種の脚本及び映画中に使用されて居り、その描写について種々検討、製作者側に善処して貰つた。

前期の方針は現下の社会風潮より見て依然重要なものと考えられるので、製作関係の一層の研究を期待すると共に審査上も更に慎重を期したい。

△三月十七日、東京都地域婦人連盟青少年部会に列席、同席に於て映倫の青少年対策案については賛意の表明があり、併せてその実施促進方が強く要望された。

△三月二十三日、協力員会議に於て、完成映画審査試写に関する以前からの協力員の申合せ事項を次の如く再確認した。

審査の結果、改訂希望事項があつた場合のこと及びその改訂の時間的余裕を考慮して、

(イ)公開試写は審査試写の翌日以降とする。

(ロ)審査試写管理については協力員が責任を持つ。

(ハ)夜間、休日等時間外の審査は出来るだけ避けるよう、審査予定日と公開試写等の調整については協力員は社内の連絡を緊密にする。

△三月二十四日、第五回マス・コミュニケーション倫理化懇談会「各分野の特殊性によりそれぞれ倫理化の徹底を期するとともに、相互間の連絡を緊密にして文化界の自主的活動としての共同歩調をとること」を申合せ、内閣審議室の田上、滝本両参事官らを招き、特に青少年問題を中心に懇談、その結果「国の施策としてあくまで業界の自主活動を尊重するという方向を確認し、今後も中央青少協と情報交換の疏通をはかるとともに、文化各界に於ける自律的活動を伸長して法的規制による弊害を回避すること」になつた。

△三月三十日、日本興行組合連合会より、映倫の青少年対策促進に関し、次の如き趣旨の要望があつた。

去る三月二十四日開催された「全国興行者大会」に於て、映倫の青少年対策案を重要議題として審議の結果、映倫の行わんとする映画の選定については、その上映に際し全面的に協力することに満場一致賛成をみたので至急実施を図られたい。映画と青少年の問題に関しては業界内部に於て自主的にその解決を図り、各府県に於ける条例等による法制化を招くことなきよう促進方を要望する。

○審査記録

○脚本審査の部

◎本月の審査脚本は次の如くである。

社名	題名	受付日	審査終了日	備考
東映	青春航路 海の若人	二、二三	三、二	
東宝	女子高校生	二、二六	三、二	
大映	鬼斬り若様	二、二八	三、二	
松竹	奥様多忙	二、二八	三、二	
東映	喧嘩奉行	三、一	三、二	
宝塚	旗本やくざ	三、二	三、三	「なりひら小僧」の改題
大映	薔薇いくたびか	三、二	三、三	
東映	十九の花嫁	三、一	三、四	「花嫁」の改題

東映	御存じ快傑黒頭巾 マグナの瞳	三、二	三、四	
松竹	伝七捕物帖 女郎蜘蛛	三、三	三、九	
松竹	僕は横丁の人気者 第一部	三、七	三、九	
松竹	僕は横丁の人気者 第二部	三、七	三、九	
松竹	母性日記	三、七	三、九	
松竹	水郷哀話 娘船頭さん	三、七	三、九	
新東宝	はるやはるアレどろぼうものがたり 春色大盗伝	三、七	三、九	
大映	つばくろ笠	三、一〇	三、一二	
東宝	新鞍馬天狗 夕立の武士	三、九	三、一二	
東宝	パトロールカー 33号車応答なし	三、九	三、一二	
宝塚	弥次喜多漫才道中 腰抜け一家の巻 自主改訂版	三、九	三、一二	改訂第二稿 二、二六終了 「喧嘩雛子」の改題

（ 5 ）

宝塚	弥次喜多漫才道中 化け姫騒動の巻 自主改訂版	三、九	三、一二	改訂第二稿 二、二六終了 「春色狐御殿」の改題
日活	六人の暗殺者	三、四	三、一四	
新東宝	皇太子の花嫁	二、二三	三、一六	
大映	風雪講道館 自主改訂版	三、一四	三、一六	改訂第二稿 第一稿―二、二三終了
東映	サラリーマン 目白三平	三、九	三、一六	
日活	瓢箪ブギ こんな良いこともうないか	三、一五	三、一七	
大映	東京暴力団	三、一五	三、一七	
東映	石狩川	三、一六	三、一八	
東映	まぼろし小僧の冒険 第一篇 飛騨妖星の謎	三、一六	三、一八	
中央映画	姉妹	三、八	三、二二	
富士映画	天下の若君漫遊記 前篇	三、一八	三、二二	

富士映画	天下の若君漫遊記 后篇	三、一八	三、二二	
大映	月を斬る影法師	三、二二	三、二三	
松竹	貝殻と花	三、二四	三、二六	
松竹	浪人吹雪	三、二四	三、二六	
日活	鼠小僧次郎吉	三、二四	三、二八	
日活	次郎長遊侠伝 御ひいき天城鴉	三、二四	三、二八	
日活	あした来る人	三、二四	三、二八	
東京映画	渡り鳥いつ帰る	三、二六	三、二九	
東映	天兵童子 第一部	三、一六	三、三〇	
東映	天兵童子 第二部	三、一六	三、三〇	
東映	天兵童子 第三部	三、一六	三、三〇	

新東宝	緋牡丹記	三、二二	三、三〇
新東宝	歩みる天使	三、二三	三、三〇
東映	まぼろし小僧の冒険 第二篇 疾風千丈ヶ原	三、二三	三、三〇
東映	水戸黄門漫遊記 火牛坂の悪鬼	三、二三	三、三〇

◎新作品　四二本

シナリオ数　四五本（内改訂版三）

内訳

松竹	八	東宝	三	大映	六（内改訂版一）
新東宝	四	東映	一二	日活	五
東京映画	一	宝塚	三（内改訂版二）		
富士映画	二	中央映画	一		

◎ 以上の内、希望事項のあつたものは次の如くである。

○喧嘩奉行　（東　映）

企画　玉木潤一郎　脚本　比佐芳武
原作　陣出達朗　監督　佐々木康

権力者の悪業によつて将軍家の名刀紛失の責を負わされ、悲運に落ちた一家を救う遠山金四郎の活躍を描く。

金四郎がパット諸肌ぬいでみごとな刺青を白洲に誇示するところがあるが、こゝの場合では刺青に対する何らかの批判を補足していたゞきたいと希望した。

○十九の花嫁　（東　映）

「花嫁」の改題

企画　マキノ光雄　脚本　新藤兼人
〃　絲屋寿雄　演出　小石栄一
〃　山田典吾

複雑な出生の一人の女性が周囲の愛情に護られて幸福な結婚に入つて行く過程を描く。

念のため、劇中に現われる「友愛書房」という出版社は事業不振で解散することになつているが、この社名は実在名があり誤解を与えるといけないので、名称変更を希望した。

（国家及社会　1）

○御存じ快傑黒頭巾　マグナの瞳　（東　映）

企画　坂巻辰男　脚本　西条照太郎
原作　高垣眸　監督　佐伯清

勤皇佐幕対立の長崎を舞台に外国の新式銃購入に必要なダイヤモンドの争奪戦をめぐる黒頭巾の活躍を描く物語。

拷問、私刑、折檻等の描写はやゝもすると残酷に陥入る恐れがあると思われるので、演出上の注意を希望した。

（残酷醜汚　2、3、4）

○母性日記　（松竹）

製作　長島豊次郎　監督　佐々木啓祐
脚本　中山隆三

上役の罪を着て自殺した一官吏の妻とその子供達が辿る苦難の道程のうちに描く母性愛の物語。

幼い兄妹を悪周旋人夫婦が殴打、折檻する件りは残虐にわたらぬよう演出上の注意を希望した。（残酷醜汚　4）
シーン一四七、一八二に現われるナイフは飛び出しナイフでなくして頂きたいと希望した。（教育　2）

○パトロールカー 33号車応答なし　（東宝）

製作　田中友幸　脚本　池田一朗
監督　谷口千吉　〃　谷口千吉

パトロールカーがクリスマスの夜巡邏中、遭遇する人生の種々相と兇悪犯人逮捕の冒険を描く。

飛び出しナイフの使用は極力避けるようにして頂きたいと希望した。（教育　2）
少年絞殺死体描写及び「眼をえぐり出す」又「マブタごと……云々」に絡まる描写は残酷醜汚にわたることないよう演出上の注意を希望した。（残酷醜汚　4、3）
ヒロポンに関する件りは、その意図するヒロポン悪影響の効果を適確に描出されんことを期待するが、同場面に於ける少年の足指の股に行う注射の実態描写は残酷にすぎる虞れがあるばかりでなく、ヒロポン注射そのものも好奇心を刺戟すると考えられるので、演出上の善処を希望した。（残酷醜汚4及教育2）

○皇太子の花嫁　（新東宝）

企画　波根康正　原作　金貝省三
原案　伊馬春部　脚本　長谷川公之
〃　河原畝明　監督　小森白

皇太子妃詮衡問題をめぐる婦人記者とカメラマンの特種取材競争を描く。
夢その他の形で皇太子の登場がみられるが十分の敬意を以て描写にあたられたいと希望した。（国家及社会　1）

東宮職、御教育参与、宮内庁長官等、特定の個人を指すことになる人物、その談話等が扱われているが、何れも名誉毀損等の問題にならぬよう注意され、尚、皇太子妃選衡表は皇太子妃候補者として扱われている桂、松平等の家名使用も前記と同じく注意されるよう希望した。（国家及社会　1）

皇太子の綽名を以つて「茶豚」とするのは、いささか行きすぎと考えられるので遠慮されるよう希望した。（国家及社会1）

スリ手口の描写は詳細にわたらぬよう演出上の注意を希望した。（教育　2）

（附記）本篇については作の性質上製作者に於ては脚本を宮内庁に提示し、連絡の結果宮内庁としては特に何等の要望もない旨談話を以て回答を得たとの附言があつた。

○東京暴力団　（大　映）

製作　藤井朝太　脚本　高岩　肇
企画　岡田　熱　監督　鈴木重吉
原作　島田一男

相次ぐ兇悪犯罪で東京を震憾せしめた暴力団の実態を追求する新聞記者の活躍を描く。

フロアショウは限度を超えることのないよう希望した。（風俗　2）

○石狩川　（東　映）

製作　大川　博　原作　本庄陸男
企画　マキノ光雄　脚本　高岩　肇
〃　坪井　与　監督　佐伯　清
〃　吉野誠一

明治維新によつて没落した旧仙台藩の武士達と家族が石狩の原野を開拓する苦斗を描く。

火葬のシーンは残酷醜汚の感が過度にならぬよう演出上の注意を希望した。（残酷醜汚　7）

○天下の若君漫遊記　（富士映画）

前篇　変幻出没の巻

○天下の若君漫遊記

後篇　活殺自在の巻

製作 今村貞雄 監督 丸根賛太郎
脚本 岡田豊

暗愚な大名をそそのかし火薬を密造して天下を覆えさんとする一味の陰謀を暴く、松平長七郎の活躍物語。

賭場の描写及び洞窟内の作業場の描写は、あまり残酷醜汚の感じにならぬよう何れも演出上の注意を希望した。

（法律 1、教育 2、及残酷醜汚 2）

○貝殻と花 （松竹）

製作 小倉武志 脚本 沢村勉
原作 吉屋信子 監督 田畠恒夫

一緒に学校を卒業して共同のアパート生活を始めた三人の若いタイピストを中心に描く恋愛劇。

次の諸点につき訂正の注意を希望した。

特飲街の風景―女達の呼び声や姿態は下品にならぬように。

（風俗 1）

乱子の呼び声は如何にも肉体的であるから一考を要したいと考える。（風俗 1）

「満洲国を平和楽土に」のセリフは満洲国政策を讃美しているかの印象を残すので、「満洲国」だけ削除しては如何かと思う。

（国家及社会 3）

○鼠小僧次郎吉 （日活）

製作 柳川武夫 脚本 永倉新八
原作 山上伊太郎 〃 小林桂三郎
監督 小林桂三郎

荒い浮世の風にもまれてゆく人間次郎吉の悲哀を描く。
奥女中寝所へ忍びこむ件りは猥雑にすぎることのないよう、演出上の注意を希望した。（風俗 1）
風呂場の扱いはたとえ少年にもせよ全裸身描写は避けるよう演出上善処を希望した。（風俗 2）

○次郎長遊侠伝
御ひいき天城鴉 （日活）

製作 浅田健三 脚本 八木保太郎
企画 八木保太郎 監督 マキノ雅弘

天城街道を旅する次郎長一行と島を破つて追われるどもりの博徒をめぐる渡世人の義理人情を描く。

若い女達が渓流で人魚のように裸体でいる個所は肉体露出の限度につき演出上の注意を希望した。（風俗　２）

布団部屋のバクチのシーンは詳細に描写しないよう演出上の注意を希望した。（教育　２）

○　渡り鳥いつ帰る　（東京映画）

原作　永井荷風　企画　佐藤一郎
構成　久保田万太郎　脚本　八住利雄
製作　滝村和男　監督　久松静児

鳩の街の或る特殊飲食店に働く女達と主人夫婦を中心に愛憎の葛藤を描く。

鳩の街の描写は出来るだけ猥雑な感じにならぬよう十分に演出上の注意をしていただきたいと希望した。

次の諸点に関しては猥雑的、挑発的にならぬよう特に注意を希んだ。（風俗　１、２）

1. 街の客引きの行動
2. 看板、ネオン等の文字
3. 室内装飾（裸体画等）
4. 寝室（夜具、夜着、枕等の使用は最少限度でありたい）
5. 部屋にある雑誌や単行本

シーン七、その他で菊子が水を浴びているところに関しては裸体露出の限度につき演出上の十分なる注意を希望した。（風俗　２）

「この間の長襦袢ね、お尻のところがすつかり弱つているから裏地につぎでも当てなきあたないよ」その他の長襦袢に関する民江とまさの会話、風俗上の点で改訂を希望した。（風俗　１）

菊子が盗みを働いたその結末がアイマイであるから、これも然るべく脚本の改訂を希望した。（法律　１）

○　緋牡丹記　（新東宝）

製作　野坂和馬　脚本　池田忠雄
原作　有田　治　監督　野村浩将

戦場の私怨を晴らさんとする元上官に追われる若い実業家の苦斗と恋愛のメロドラマ。

西村（会社々長）がピストルを所持しているが、これは不法所持であることを脚本に補足していただきたいと希望した。

（法律 1）

◎以下三〇本希望事項なし

青春航路
〇海の若人　（東映）

企画 福島通人　原作 鬼怒川公望
〃 小川三喜雄　〃 川崎治雄
脚本 舟橋和郎　監督 瑞穂春海

商船学校を舞台に学生達の友情を描く。

〇女子高校生　（東宝）

製作 本木荘二郎　脚本 京中太郎
監督 青柳信雄　〃 北田一郎

財閥の花嫁探しが学園に投じた波紋を背景に二人の茶目な女子高校生の活躍とロマンスを描く。

〇鬼斬り若様　（大映）

製作 酒井箴　脚本 犬塚稔
企画 浅井昭三郎　監督 安田公義
原作 村上元三

大老の為に幽閉された美女を救出する松平長七郎の活躍を描く。

〇奥様多忙　（松竹）

製作 市川哲夫　脚本 棚田吾郎
原作 源氏鶏太　〃 舟橋和郎

多忙な奥様連が結成した主婦連盟とそれに対抗する夫達の亭主同盟がまき起す悲喜劇を描く。

〇旗本やくざ　（宝塚）

「なりひら小僧」の改題

原作 山中貞雄　監督 志村敏夫
脚本 梶金太郎

過去の秘密を握る悪人達に苦しめられている父子をなりひ

ら小僧とその一党が助ける物語。

○薔薇いくたびか　（大映）

製作　永田雅一　脚本　川口松太郎
企画　土井逸雄　〃　衣笠貞之助
原作　小山いと子　監督　衣笠貞之助

音楽への志を機縁に相知つた男女の辿る恋愛行路を描く。

○伝七捕物帖
女郎蜘蛛　（松竹）

製作　小倉浩一郎　脚本　柳川真一
原作　捕物作家クラブ　〃　岸生朗
監督　福田晴一

伊豆の温泉に保養に来た伝七が大名の奥方暗殺の陰謀を暴き町民の危難を救う物語。

○僕は横丁の人気者　（松竹）
第一部　勝気なゴン兵さん

○僕は横丁の人気者　（松竹）
第二部　フーちゃんの子守歌

製作　小倉武志　脚本　中村定郎
原作　淀橋太郎　〃　尾崎甫
〃　竹田新太郎　監督　尾崎甫
〃　中田龍雄
〃　有吉光也

若いタクシーの運転手の義侠心が貧しい不幸な人々に幸福をもたらす物語。

○水郷哀話
娘船頭さん　（松竹）

企画　福島通人　脚本　伏見晁
製作　保住一之助　監督　萩原徳三

水郷の渡し場の船頭兄妹とその祖父をめぐる人情劇。

○春色大盗伝（はるやはるアレどろぼうものがたり）（新東宝）

製作　松本常保　脚本　八木保太郎
監督　冬島泰三　〃　毛利三四郎

彰義隊事件の頃の江戸を舞台に官軍を相手に活躍する江戸ッ子スリの一団が純真な一人の娘のために改心に立ち返る物語。

○つばくろ笠（大映）

製作　酒井箴　脚本　比佐芳武
企画　高桑義生　監督　牧田行正

あやまつて手にかけた仲間の身代りとなつてその盲の母親に孝養を尽す旅鳥の義侠を描く。

○夕立の武士（東宝）

新鞍馬天狗第三部

製作　大仏次郎　脚本　松浦健郎
〃　潭大防五郎　監督　杉江敏男
原作　大仏次郎

水戸の御落胤擁立を口実に二条城の公金を横領せんとする一味の悪業を懲す鞍馬天狗の活躍を描く。

○弥次喜多漫才道中（宝塚）

腰抜け一家の巻

○弥次喜多漫才道中（宝塚）

化け姫騒動の巻

共に改題自主改訂版　二月二十六日審査終了（六八号参照）

○六人の暗殺者（日活）

製作　佐野博　監督　滝沢英輔
脚本　菊島隆三

土佐浪人の一青年を主人公として坂本竜馬暗殺の真相をめぐる明治維新の暗流を描く。

○風雪講道館　（大映）

自主改訂版

二月二十三日審査終了（六八号参照）

○目白三平　（東映）

サラリーマン

製作　大川博　原作　中村武志
企画　藤本真澄　脚本　井手俊郎
〃　金子正且　監督　千葉泰樹
〃　斎藤安代

国鉄勤務の中年サラリーマンを通じて庶民生活の姿を描く。

○こんな良いこともうないか　（日活）

瓢箪ブギ

製作　茂木了次　脚本　柳沢類寿

就職が決定しないと卒業出来ない三人の大学生と家宝の瓢箪をめぐる就職奇談。

○まぼろし小僧の冒険（東映）

（仮題）第一篇　飛雲妖星の謎

企画　藤川公成　原作　御荘金吾
監督　萩原遼　脚本　御荘金吾

幸村の遺児兄妹を守る真田の残党の活躍物語。

○姉妹　（中央映画）

製作　立野三郎　脚本　新藤兼人
原作　畔柳二美　〃　家城巳代治
監督　家城巳代治

大人しい姉と勝気な妹の愛情を中心に描くホームドラマ。

○月を斬る影法師　（大映）

製作　酒井箴　脚本　八尋不二
企画　浅井昭三郎　監督　三隅研次

陰謀の犠牲となって倒れた亡夫のむじつを雪ぎ悪を倒す白

頭巾の怪人の活躍物語。

○浪人吹雪　（松竹）

製作　高木貢一　脚本　永江勇
原作　吉川英治　監督　倉橋良介

不破数右衛門と浅野匠頭との心をつなぐ美しい情愛を描く。

○あした来る人　（日活）

製作　山本武　脚本　菊島隆三
原作　井上靖　監督　川島雄二

大事業家と若い生物学者をめぐる女性たちを中心に現代の恋愛心理の葛藤を描く。

○大兵童子　（東映）

第一部

○大兵童子　（東映）

第二部

○大兵童子　（東映）

第三部

企画　大森康正　脚本　結束信二
〃　近藤経一　監督　内出好吉
原作　吉川英治

戦国時代の一少年が動乱の世の荒波にもまれながら成長して行く過程を描く。

○夢みる天使　（新東宝）

製作　柴田清一郎　脚本　成沢昌茂
原作　筒井敏介　〃　野上徹夫
監督　小杉勇

不思議な神通力を持った少女の悲喜劇を描く。

○まぼろし小僧の冒険（東映）

（仮題）第二篇　疾風千丈ヶ原

企画　野坂和馬　脚本　池田忠雄

原作　有田　治　監督　野村浩将

第一篇参照

水戸黄門漫遊記　第五話

○　火牛坂の悪鬼　（東映）

企画　玉木潤一郎　脚本　尾形十三雄

監督　伊賀山正徳　〃　浪江　浩

豊臣の残党と諸国遍歴の水戸黄門との対決を描く。

希望事項集計

○国家及社会　5

花嫁（1）　皇太子の花嫁（3）　貝殻と花（1）

○法律　3

天下の若君漫遊記（1）　渡り鳥いつ帰る（1）　緋牡丹記（1）

○宗教　0

○教育　7

喧嘩挙行（1）　母性日記（1）　パトロールカー38号車応答なし（2）

皇太子の花嫁（1）　天下の若君漫遊記（1）　御ひいき天城鴉（1）

○風俗　10

東京暴力団（1）　御ひいき天城鴉（1）　貝殻と花（2）

鼠小僧次郎吉（2）　渡り鳥いつ帰る（4）

○性　0

○残酷醜汚　9

御存じ快傑黒頭巾（3）　母性日記（1）　パトロールカー38号車応答なし（3）

石狩川（1）　天下の若君漫遊記（1）

○合計　34

（20）

○映画審査の部

◎本月の審査映画は次の如くである。

審査番号	題名（会社名）	審査日時試写室	巻数	呎数	製作	企画	原作	脚本	監督	主演
1591	泉へのみち（東宝）	3.3 AM.10 東宝	10	8,243	堀江史朗 宇佐美仁		広津和郎	池田一朗	筧正典	根上淳 有馬稲子
1697	侍ニッポン 新納鶴千代（東映）	3.3 AM.11 東映	9	8,463		星野和平 西原孝	郡司次郎正	小川正	佐々木康	東千代之介 高杉早苗
1678	この世の花 第二部（松竹）	3.4 AM.9.30 東劇地下	7	6,118	長島豊次郎		北条誠	棚田吾郎 舟橋和郎	穂積利昌	川喜多雄二 淡路恵子
1679	この世の花 第三部（松竹）	3.4 AM.9.30 東劇地下	6	4,554	長島豊次郎		北条誠	棚田吾郎 舟橋和郎	穂積利昌	川喜多雄二 淡路恵子
1694	飛驒の門（松竹）	3.5 AM.10 東劇地下	11	9,541	大谷浩通		甲斐克彦	津路嘉郎 岩間鶴夫	岩間鶴夫	大木実 仲原雅二

1700	長脇差大名 (新東宝)	3. 5 PM. 6 新東宝撮	11	8,793		米田治一郎		松浦 健郎 神戸 浩	加戸野五郎	黒川弥太郎 南風 洋子
1681	地獄の用心棒 (日活)	3. 5 AM.10 日活	8	6,534	浅田 健三			浅野 辰雄 古川 卓己	古川 卓己	三国連太郎 河津清三郎
1669	哀愁日記 高原の巻 渦潮の巻 (松竹)	3. 7 PM. 1 東劇地下	15	13,422	小倉 武志		北条 誠	沢村 勉	田畠 恒男	高橋 貞二 草笛 光子
1720	彦左と太助 俺は天下の御意見番 (東映)	3. 9 AM.10 東映	5	4,501		坂巻 辰男		西条照太郎	内出 好吉	月形竜之介 片岡栄二郎
1721	彦左と太助 殴り込み吉田御殿 (東映)	3. 9 AM.10 東映	5	4,325		坂巻 辰男		西条照太郎	内出 好吉	月形竜之介 片岡栄二郎
1714	麝香屋敷 (大映)	3. 9 PM. 1 大映	9	6,950	酒井 箴	高桑 義生	吉川 英治	八尋 不二	田坂 勝彦	長谷川一夫 高峰三枝子
1702	次男坊判官 (大映)	3.10 PM. 3 大映	9	7,547	酒井 箴	浅井昭三郎		衣笠貞之助	加戸 敏	市川 雷蔵 浅茅しのぶ
1655	おふくろ (日活)	3.11 AM.10 日活	11	8,936	坂上 静翁		田中千禾夫	井手 俊郎	久松 静児	望月 優子 木村 功

1690	大番頭小番頭（東宝）	3.12 AM.10 東宝	10	8,433	佐藤一郎		佐々木邦	井手俊郎 舘林一郎	鈴木英夫	池部良 雪村いづみ
1736	俺も男さ（新東宝）	3.12 PM.9.30 新東宝撮	10	7,750		伊藤基彦 竹中香	松崎守毅	松浦健郎	山本嘉次郎	鶴田浩二 筑紫あけみ
1540	麦笛（東宝）	3.14 AM.10 東宝	11	9,677	田中友幸		室生犀星	池田一朗 豊田四郎	豊田四郎	久保明 青山京子
1718	大利根の対決（日活）	3.14 AM.10.30 日活	9	7,269	星野和平 佐野博			伊藤大輔	冬島泰三	島田正吾 辰巳柳太郎
1712	暁の合唱（大映）	3.15 PM.5 大映	10	8,080	藤井朝太	中代富士男	石坂洋次郎	八住利雄	枝川弘	根上淳 香川京子
1741	森繁の新入社員（新東宝）	3.16 AM.10 新東宝	10	8,146		安達英三郎	（原案）速見達三	川内康範	渡辺邦男	森繁久弥 杉葉子
1708	森蘭丸（日活）	3.17 AM.10 日活	10	8,243	高木雅行			八住利雄	小林桂三郎	中村扇雀 宮城野由美子
1703	ママ横をむいてて（松竹）	3.17 AM.10 東劇地下	11	8,900	山口松三郎		中村メイ子	楠田芳子	堀内真直	中村メイコ 石浜朗

(23)

1698	風雲将棋谷（東映）	3.18 PM. 1 東映	10	8,916		大森康正	角田喜久雄	比佐芳武	松田定次	市川右太衛門 喜多川千鶴
1747	弥次喜多漫才道中 化け姫騒動の巻（宝塚）	3.22 AM.10 東宝	5	4,786				倉谷勇	佐伯幸三	ミス・ワカサ 島ひろし
1722	天下を狙う美少年（大映）	3.22 AM.9.30 大映	11	8,350	酒井箴	高桑義生		衣笠貞之助	荒井良平	勝新太郎 瑳峨三智子
1668	路傍の石（松竹）	3.22 AM.10 東劇地下	13	10,524	細谷辰雄		山本有三	池田忠雄	原研吉	坂東亀三郎 山田五十鈴
1648	緑はるかに（日活）	3.22 AM.10.30 日活	10	8,114	水の江瀧子		北条誠	京中太郎	井上梅次	浅丘ルリ子 高田稔
1683	誓の炎（東宝）	3.23 AM.10 東宝	10	8,885	宇佐美仁		白川渥	八住利雄	丸林久信	司葉子 宝田明
1737	一、五〇〇米決勝（東映十六ミリ）	3.23 PM. 5 東映	5	4,300		芹川一郎		蜂屋二郎	関川秀雄	村瀬静 南川直
1752	喧嘩奉行（東映）	3.24 AM.10 東映	9	8,224		玉木潤一郎	陣出達朗	比佐芳武	佐々木康	片岡千恵蔵 高千穂ひづる

1704	銀座の女（日活）	3.24 PM. 7 日活	12	9,799	山田典吾			新藤兼人 高橋二三	吉村公三郎	乙羽信子 日高澄子
1719	妙法院勘八（松竹）	3.25 AM.10 東劇地下	10	8,414	岸本吟一		村上浪六	舘岡謙之助	芦原正	北上弥太郎 紙京子
1728	百面童子 第一篇 ギヤマンの秘密（東映）	3.25 AM.10 東映	5	4,600		田口直也 吉野誠一	北村寿夫	小川正	小沢茂弘	東千代之介 伏見扇太郎
1734	番場の忠太郎（新東宝）	3.26 AM.10 新東宝	9	7,738		柴田万三	長谷川伸	三村伸太郎	中川信夫	山田五十鈴 若山富三郎
1724	百面童子 第二篇 サタンの窟（東映）	3.28 AM. 10.30 東映	5	4,230		田口直也 吉野誠	北村寿夫	小川正	小沢茂弘	東千代之介 伏見扇太郎
1763	姉妹（中央映画）	3.28 AM. 10.30 松竹	10	9,125	立野三郎		畔柳二美	家城巳代治 新藤兼人	家城巳代治	野添ひとみ 中原ひとみ
1640	怪奇黒猫組 第一部 雲霧仙人の巻（永和プロ）	3.29 AM.10 東宝	5	4,499	丹生正		高垣眸	村松道平	沼波功雄	有馬修 林雅紀
1739	風雪講道館（大映）	3.29 PM. 1 大映	11	8,660	藤井朝太	塚口一雄	富田常雄	八住利雄	森一生	鶴田浩二 菅原謙二

1738	心に花の咲く日まで（大映）	3.29 PM 3 大映	14	10,047	文学座	吉田千恵子	田中澄江	田中澄江 井手俊郎	佐分利信	芥川比呂志 淡島千景

1714-4	大映ニュース第三七六号（大映）	3.2 PM. 12.50 大映	騒音風散
1681-T	地獄の用心棒（日活）	3.5 AM.10 日活	
1697-T	新納鶴千代（東映）	3.5 PM. 1.45 東映	
1736-T	俺も男さ（新東宝）	3.5 PM.6 新東宝第一撮	
1669-T	哀愁日記（松竹）	3.5 AM.10 東劇地下	
1720-T	彦佐と太助（東映）	3.7 AM. 11-15 東映	俺は天下の御意見番 共 殴り込み吉田御殿

1712-T	大映ニュース第三七七号（大映）	3.10 PM.3 大映	暁の合唱
1702-T	大映ニュース第三七八号（大映）	3.10 PM.3 大映	次男坊判官
1690-T	大番頭小番頭（東宝）	3.12 AM.10 東宝	
1698-T	風雲将棋谷（東映）	3.12 AM.11.30 東映	
1741-T	森繁の新入社員（新東宝）	3.12 PM.9.30 新東宝第一撮	
1703-T	ママ横をむいてて（松竹）	3.14 AM.10 東宝	
1668-T	路傍の石（松竹）	3.14 AM.10 東宝	
1718-T	大利根の対決（日活）	3.14 AM.10.30 日活	

1685-T	おふくろ（日活）	3.14 AM.10.30 日活	
1604-T	ジャズ娘乾杯（宝塚）	3.15 PM.12.40 東宝	
1715-T	大映ニュース第三八〇号（大映）	3.16 AM.11.30 大映	楊貴妃特報
1708-T	森蘭丸（日活）	3.17 AM.10 日活	
1752-T	喧嘩奉行（東映）	3.19 AM.10.30 東映	
1723-T 1724-T	百面童子 第一、二部（東映）	3.19 AM.10.30 東映	
1734-T	番場の忠太郎（新東宝）	3.19 AM.11.30 新東宝	
1683-T	雪の炎（東宝）	3.22 AM.10 東宝	

1739-T	大映ニュース 第三七九号 (大映)	3.23 PM. 3 大映			風雲講道館
1722-T	大映ニュース 第三八二号 (大映)	3.23 PM. 3 大映			天下を狙う美少年
1704-T	銀座の女 (日活)	3.24 PM. 7 日活			
1756-T	御存じ快傑黒頭巾 マグナの瞳 (東映)	3.28 AM. 10.30 東映			
1740-T	皇太子の花嫁 (新東宝)	3.28 PM. 4.30 新東宝			
1735-T-1	青春怪談 (新東宝)	3.28 PM. 4.30 新東宝			特報
E-1185	神奈川ニュース NO.98 (神奈川ニュース映協)	3.1 AM.11 ムービーセンター	1	500	

E-1183	泳法の研究（プレミア）	3.2 AM.12 プレミア	2	1,500	
E-1124	大地を拓くもの（読売）	3.2 PM.1.30 読売映画	4	3,400	企画、全日本建設技術協会、後援建設省 ○我国建設事業の現況を描く。
E-1115	昭和二十九年度全国争覇競輪（読売）	3.2 PM.1.30 読売映画	1	900	企画、川崎市
E-1188	癌（読売）	3.2 PM.1.30 読売映画	2	1,686	企画、厚生省 ○癌とその治療
E-1088	黒い太陽（読売）	3.2 PM.1.30 読売映画	3	2,512	企画、厚生省 ○性病予防劇知篇
E-1170	新しい郷土（読売）	3.2 PM.1.30 読売映画	3	2,512	企画、農林省 ○農村建設青年隊、農業開発青年隊の実相を描く。
E-1168	みかん（日映）	3.9 PM.1 日映	4	1,650	企画日本密柑工業協同組合 ○みかんの栽培の労苦と罐詰製造過程く描く。（色彩）
E-1172	市政だより NO.23（北日本映画）	3.10 PM.4.30 協映社	1	200	札幌市政ニュース

E-1173	私達の道政 NO.25 (北日本映画)	3.10 PM. 4.30 協映社	4	200	北海道々政ニュース
E-1190	月星ゴム (東亜発声)	3.11 PM. 5 東亜発声	1	200	○月星ゴムPR短篇（イーストマンカラー）
E-1193	神奈川ニュース NO.99 (神奈川ニュース映協)	3.14 AM.10 ムービーセンター	1	600	
E-1189	幸福の使者 (電通)	3.15 AM. 9.30 PPC	2	1,700	企画 西日本相互銀行 ○銀行PR短篇
E-1178	水と人間 (東映十六ミリ)	3.17 PM. 5 東映	1	900	○泉の利用から水道設備に至るまでの人間生活と水との関係を解説する
E-1179	木登り (東映十六ミリ)	3.17 PM. 5 東映	2	1,800	○子供のしつけシリーズ第二回作品
E-1199	天皇賜杯を追って (伊勢プロ)	3.23 PM. 1 新理研	2	1,550	○昭和三十年春場所大相撲記録
E-1195	日活ニュース NO.7 (日活)	3.24 PM. 7 日活	1	208	○青春怪談及花のゆくえ撮影風景

E-1194	宝塚だより（宝塚）	3.26 PM.2.40	東宝	1	293	○宝塚歌劇「虞美人」の予告宣伝（コニカラー）
E-1196	白い機関車（機関車労組）	3.29 PM.3	配映	4	3,520	○雪の機関車を作りコンクールに出品するまでの雪国の子供たちの苦心を描く劇短篇。
E-1203	力道山勝利の記録（伊勢プロ）	3.29 PM.4.30	新理研	3	2,500	○プロレスリング記録。
P-354	ムービー・タイムズ 第三五四号（プレミア）	3.2 PM.12	日経ホール	1		
P-355	ムービー・タイムズ 第三五五号（プレミア）	3.10 AM.11	日経ホール	1		
P-356	ムービー・タイムズ 第三五六号（プレミア）	3.17 AM.11	日経ホール	1		
P-357	ムービー・タイムズ 第三五七号（プレミア）	3.24 AM.11	日経ホール	1		
P-358	ムービー・タイムズ 第三五八号（プレミア）	3.31 AM.11	日経ホール	1		

○審査映画数　三八本

内訳　松竹　七　東宝　四　大映　六　新東宝　四

東映　七　日活　六　その他　四（宝塚一　東映十六ミリ一　永和プロ一　中央一）

○それらの予告篇　二八本

内訳　松竹　三　東宝　二　大映　六　新東宝　五

東映　六　日活　五　その他　一（宝塚一）

○併映短篇映画　二〇本

○スポーツニュース　五本

○新版　ナシ

○映画改訂希望数　一本

◎以上の内改訂希望のあつたものは次の一件である。

○大映ニュース第三八〇号（大映）

湯貴妃が浴槽から出る場面（全裸後姿）を削除希望し実行された。

○宣伝広告審査の部

本月使用中止方を希望したものはなかつた。

○審査終了した宣材

スチル　一、五三三枚　プレス　三二枚

ポスター　六六枚　撮影所通信その他　七枚

各 社 封 切 記 録

封切月日	審査番号	題名	製作社名
松竹			
3.1	1661	新婚教室	松竹
	1677	この世の花1	松竹
3.8	1694	飛龍の門	松竹
	1678 1679	この世の花2 3	松竹
3.15	1669	哀愁日記	松竹
3.21	1703	ママ横を向いてて	松竹
3.30	1668	路傍の石	松竹
東宝			
3.1	1646	めくら狼	滝村プロ
3.8	1591	泉への道	東宝
3.15	1558	不滅の熱球	東宝
3.21	1604	ジャズ娘乾杯	宝塚
3.29	1683	誓の炎	東宝
	E-1125	フランス美術	日映
大映			

(35)

3．4	1688	火の驀走	大映	
	1707	舞妓三銃士	大映	
3．11	1714	麝香屋敷	大映	
3．18	1712	暁の合唱	大映	
3．25	1702	次男坊判官	大映	
新東宝				
3．8	1700	長脇差大名	新東宝	
3．14	1736	俺も男さ	新東宝	
3．21	1741	森繁の新入社員	新東宝	
3．29	1734	番場の忠太郎	新東宝	
東映				
3．6	1644	息子の縁談	東映	
	1653	大岡政談1	東映	
3．13	1697	新納鶴千代	東映	
	1720	彦左と太助1	東映	
3．21	1698	風雲将棋谷	東映	
	1721	彦左と太助2	東映	
3．28	1752	喧嘩奉行	東映	
	1723	百面童子1	東映	

日　　活				
3. 4	1664	坊ちゃん記者	日活	
3.11	1681	地獄の用心棒	日活	
3.18	1619	愛のお荷物	日活	
3.25	1708	森蘭丸	日活	

映画倫理規程審査記録第六十九号

昭和三十年四月十日発行

発行責任者　池田義信

東京都千代田区大手町一ノ三（産経会館）

映画倫理規程管理部事務局

電話丸ノ内（23）六四一七ー九

映画倫理規程審査記録

第70号

70

映画倫理規程

審査記録

30.4.1—30.4.30

映画倫理規程管理委員会

目次

○管理部記事

△四月二日、第六回マスコミュニケーション倫理化懇談会、映画、新聞、放送、レコード、出版、紙芝居、各分野の審査関係者参集して開かれ、現下の諸状勢に鑑み、各分野に於ける倫理水準の自主的徹底を期すると共に、横の連繋を強化して、民間マスコミの共同歩調を整備する方針を確認した。

△四月四日、映倫審査済映画「無痛分娩」（Ｅ－八二二）を事後に内容を改変し「若き人妻の性典」として上野スター劇場に於て上映中を、刑法上の容疑により、警視庁に押収された一件があつた。これは、日赤産院指導の無痛分娩法の解説映画に、全然別個の作品を添加してあり、この部分は、映倫審査を経ていないものであるがあたかも全篇映倫審査を経た如く誤解されるわけである。これは映倫としてまことに困るばかりでなく、かかることから官権の規制を受けるようになることは業界としても遺憾であり、映倫の趣旨を充分に理解し、協力していたゞきたい。

△四月七日、映倫の青少年対策に関する製作配給、興行部門の連絡協議会。

映倫の対策について検討を行い、諒解と意見の一致をみたので、五月を目標に計画を推進することとなつた。

△四月八日、映画倫理規程管理委員会。

前記の如く三部門の協力により五月を目標に計画を推進することを決定した。

△四月十一日　映倫の青少年対策実施について審議方を映連会長に上申し、審議の結果、映倫委員長に実施方が一任された。

△四月十五日　ハワイ本派本願寺教団本部より、僧侶の扱いについて一層留意されたい旨の要望に接した。

これは、海外に輸出された日本映画が、国内の事情や、また歴史を充分に知らない人々に観賞される場合あるいは僧形の人物も同じく僧侶と誤解される恐れがあり、特に輸出の場合のことも考慮に入れて慎重に審査されたいとの主旨である。

これに対しては、今後一層注意する旨を回答した。

△「バルテルミーの大虐殺」の審査問題について、

新外映、泰西映画配給「バルテルミーの大虐殺」は、三月七日審査を行い、ヒロイン、マルゴの女王が全裸後姿で寝所に入るカットにつき、風俗上の点から善処を希望し、また青少年の観賞には好ましくないので、その点も併せ善処方を希望したものであるが、その後双方の連絡の不充分と、四月四日行き違いから、警視庁の介入によって誤解から対立を来した。が、神戸徳太郎、服部知祥両氏の調停乗出しによって映倫は服部氏に、新外映側は神戸氏に、また塩次氏は外画輸入協会の立場として両氏に、それぞれ一任し、両氏の間で接渉が行われた結果十八日円満解決した。

△四月二十六日　マスコミュニケーション倫理懇談会、警視庁中田少年課長を招き、当

局の対処方針等の説明を聴き、質疑応答が行われた。

又五月の青少年保護育成運動対策協議と共にマスコミ各分野の情報交換を行い、この懇談会の規約を審議決定した。

△四月三十日　青少年映画委員会発足に関する打合せ、製作、配給、興行各部門の代表（青少年映画委員会に業界委員として参加を予定される人々）と映画選定実施に関する業界態制の打合せを行つた。

青少年映画委員会の運営指定の実施方法等に関しては、この席上意見の一致を見た。

△委員異動

須田鐘太委員の急逝により武田昌夫氏（大映）が委嘱就任された。（二十二日）

○審査記録

○脚本審査の部

◎本月の審査脚本は次の如くである。

社名	題名	受付日	審査終了日	備考
東京映画	若夫婦なやまし日記	三、三〇	四、一	風流滑稽映画 キッス饅頭の改題
東宝	おえんさん	三、一五	四、二	
東映	阿修羅四天王	三、二九	四、二	
東映	青龍街の狼	三、三〇	四、二	
東京映画	赤いカンナの花咲けば 第一部	三、三〇	四、二	
東京映画	赤いカンナの花咲けば 第二部	三、三〇	四、二	
大映	綱渡り見世物侍	四、二	四、五	
大映	幻の馬	四、五	四、七	

新東宝	母の曲	四、七	四、九	
新東宝	悪魔の囁き	四、七	四、九	
新東宝	ノンちゃん雲に乗る	四、七	四、九	
東映	飛燕空手打ち	四、七	四、一三	
新芸術プロ	歌まつり満月狸合戦	四、一一	四、一三	
東映	飛燕空手打ち 第二篇 青春の斗魂	四、一一	四、一三	
東映	飛燕空手打ち 完結篇 月下の龍虎	四、一一	四、一三	
大映	五十円横町	四、一二	四、一三	
東宝	芸者小夏 第二部 帯解く小夏	四、一二	四、一三	
日活	木曽の風来坊	四、五	四、一五	「喧嘩祭」の改題
日活	失われた大空	四、五	四、一五	

新東宝	のんき裁判	四、一三	四、一六	
新東宝	たそがれ酒場	四、一三	四、一六	
新東宝	男一匹	四、一三	四、一六	
松竹	新婚白書	四、四	四、一八	
東映	地獄から来た男	四、一三	四、一八	
東映	あばれ纏千両肌	四、一三	四、一八	
松竹	愛情会議	四、一五	四、一八	
松竹	獄門帳	四、一五	四、一八	
日活	木曽の風来坊 改訂版	四、一四	四、一九	第一稿 四、一五終了
新東宝	リオの情熱	四、一六	四、二〇	「リオの花嫁」の改題
東映	閻太郎変化	四、一九	四、二〇	

大映	藤十郎の恋	四、一九	四、二〇
大映	踊り子行状記	四、一九	四、二〇
松竹	俠居玄蕃	四、二〇	四、二五
大映	花をさす指	四、二二	四、二五
富士映画	歌くらべ三羽烏	四、一二	四、二六
東映	中野源治の冒険 第一部	四、二五	四、二六
東映	中野源治の冒険 第二部	四、二五	四、二六
東映	中野源治の冒険 第三部	四、二五	四、二六
宝塚	疾風の晴太郎 第一部	四、二〇	四、二七
宝塚	疾風の晴太郎 第二部	四、二〇	四、二七
大映	娘の縁談	四、二五	四、二七

新東宝	しいのみ学園	四、一六	四、二八
日活	少年死刑囚	四、二二	四、二八
新東宝	下郎の首	四、二五	四、二八

◎新作品　　四三本

シナリオ数　　四四本（内改訂版一）

内訳　松竹　四　東宝　二　大映　七

新東宝　九　東映　一一　日活　四（内改訂版一）

東京映画　三　宝塚　二　富士映画　一

新芸術プロ　一

◎　以上の内、希望事項のあつたものは次の如くである。

○　若夫婦
　　なやまし日記　　（東京映画）

　　風流滑稽映画
　　キッス饅頭　の改題

製作　篠　勝三　脚本　木村英一
原作　有崎勉　〃　新井一
監督　田尻繁

アナウンサーと観光バスのガイドガールのラヴコメデイ

キッス饅頭というのは風俗上余り好ましくないので題名にこれを使用することだけは止めて欲しいと希望し、これは会社側で諒承し改題された。（風俗　1）

家族風呂へ咲山とサツコが一緒に入浴するシーンは、この脚本のままでは風俗上好ましくないので適当に改訂していただきたい、（風俗　1）

又、肉体露出の限度についても演出上十分注意して欲しいと希望した。（風俗　2）

サツコの肉体に関する台詞は、猥雑な感じにならぬよう、演出上十分注意して欲しいことを希望した。（風俗　1）

○　阿修羅四天王　　（東　映）

企画　大森康正　脚本　結束信二
原作　住吉山声　監督　河野寿一

旗本奴の悪業を懲す町奴の仁侠と勧善懲悪の物語。

全篇稍々殺伐に流れる傾みがあるので、その点然るべく改訂して欲しいと希望した。（国家及社会　4）

少年次郎吉が浪人の小柄で手を桜の幹に突き刺される件は、残酷にならぬよう演出上の注意を希望した。（残酷醜汚　4）

○　青竜街の狼　　（東　映）

企画　玉木潤一郎　脚本　高岩肇
〃　依田一郎　監督　松田定次

自分と同じ境遇の孤児を守つて暗黒街の顔役に挑戦する上海帰りの一青年の冒険を描く。

台詞で「国警本部」と云う呼称が使用されているが、現制度上からは「警察庁」とするのが正しいので、念の為注意し改訂された。（法律　1）

フロア・ショウについては、限度を超えぬよう演出上の注意を希望した。（風俗　2）

兇器としてのナイフは、出来得る限り飛び出しナイフを使用することのないよう演出上の配慮を希望した。（教育　2）

○ 赤いカンナの花咲けば　（東京映画）

第一部

企画　新井一　製作　三輪礼二
〃　目黒賢太郎　監督　小田基義
脚本　清水信夫

終戦時のどさくさに満州で別れた母親を一つのボタンを手掛りとして尋ねる少女がラジオの歌謡コンクールが機縁となつて母親に再会する物語。

花売娘と靴みがきが年少者でありながら堂々と営業するところは、法律無視の感があるので、適宜改訂して欲しいと希望した。（法律　1）

○ 飛燕空手打ち　（東映）

企画　光川仁朗　脚本　熊谷久虎
原作　牧野吉晴　監督　石原均

空手が日本に紹介された頃、暴力団の妨害に屈せず空手道に精進する学生達の姿を描く。

現代の話と誤解されないよう、もう少し時代色をはつきり出していただきたいと希望した。（教育　2）

○ 歌まつり満月狸合戦　（新東宝）

製作　福島通人　脚本　中田龍雄
〃　杉原貞雄　監督　斎藤寅次郎

狸王国のお家騒動を描く世相諷刺劇。

主婦連合会の会員をからかう感じは、同会が実在の団体である
から誤解のないよう仮空の団体名にしてもらつた。
(国家及社会　2)

○　五十円横町　（大映）

製作　藤井朝太　原作　中野繁雄
企画　久保寺生郎　〃　原田光夫
脚本　井手俊郎　監督　佐伯幸三

母に捨てられた子と子に捨てられた母との愛情を中心に横丁の人々の人情を描く。

通りで川本巡査が純子と個人的なことについて話をする場面は、川本がパトロール勤務中であるので、何らかの考慮をして欲しいと希望した。（法律　1）

○　芸者小夏　（東宝）

第二部　帯解く小夏

製作　佐藤一郎　脚本　宮内義治
原作　舟橋聖一　監督　青柳信雄
脚本　梅田晴夫

入浴場面の描写（風俗　2）、寝室描写（風俗　2）、ホテルの一室に於ける愛欲描写（風俗　2）、共に演出上の注意を希望した。

尚題名「芸者小夏第二部帯解く小夏」中帯解く小夏という字句は、この場合稍々煽情的であるとも考えられるので双方で十分善処の方法を考えたいと談合した結果、改題の予定であることが申添えられた。

○　木曾の風来坊　（日活）

「喧嘩祭」の改題

製作　柳川武夫　脚本　八尋不二
原作　長谷川伸　監督　小林桂三郎

親友に嫁つた昔の恋人の為に悪親分を懲す旅鳥の物語。

バクチをやつているシーンは、いずれも詳細な描写を避けるよう演出上の注意を希望した。（法律　1、教育　2）

弥之助とおたねが結ばれるシーンは、風俗上の点で演出上の注意を希望した。（風俗 1）

○ 木曽の風来坊 （日活）

自主改訂版

前稿同様バクチの場面がしばしば出てくるが、出来るだけ簡略に描写されるよう演出上の注意を希望した。（法律1、教育2）

弥之助が仁義を切るところも、出来るだけ簡略に描写されるよう演出上の注意を希望した。（教育 2）

弥之助がお新と関係するところ及びおたねと関係を結ぶところは、風俗上の点を考慮して演出上の注意が欲しいと希望した。

（風俗 1）

○ のんき裁判 （新東宝）

製作 安達英三郎 脚本 川内康範
原作 森山蕃 〃 渡辺邦男
監督 渡辺邦男

裁判の形式を使って芸能会の人気者がくり拡げる喜劇、放送番組の映画化。

本篇はその題材上、法廷侮辱その誤解を受ける恐れが全くないとは云えないので、その点留意し、適宜の方法により善処して欲しいと希望した。（法律 1）

○ たそがれ酒場 （新東宝）

製作 栄田清一郎 監督 内田吐夢
脚本 灘千造

場末の安酒場に集散する人間群像がくり拡げる八時間の人生縮図。

ストリップの表現と、やくざ同志が匁刀を使って対立する件は、演出上注意して欲しいと希望した。（風俗 2、残酷醜汚 7）

○ 男一匹 （新東宝）

製作 広川聡 脚本 小川正
原作 白井喬二 〃 鏡二郎
監督 並木鏡太郎

商人と結託して私利をはかる悪役人の不正を暴く仲間の活躍物語。

料亭つる源の離れの寝室描写は演出上注意して欲しいと希望した。（風俗　1）

ラストの立廻りは過度にならないよう、且つ脇坂先生と金さんの件の描写が人命軽視の印象を与えないよう注意して欲しいと希望した。（法律　1、国家及社会2）

○　地獄から来た男　（東　映）

企画　マキノ光雄　原作　北原武夫
〃　藤本真澄　脚本　沢村　勉
監督　鈴木英夫

殺人犯の逃避行と死を描く。

殺人手段は出来るだけ簡略に描写されるよう演出上の注意を希望した。（法律　1、残酷醜汚　7）

俊夫と波子の刹那的な愛欲描写に中心を置くと、全体として風俗上好ましくないものとなる恐れもあるので、その点十分に注意して欲しいと希望した。（風俗　1及2）

萩原の声で「貧乏人は死んでもえゝちゆうのか、この人が死んだらお前らの責任やぞ！」とあるのは、警官に対して少しく行き過ぎの言葉であると思われるので、適当に改訂して欲しいと希望した。（法律　1）

晃治が猫を投げつけたり、しめ殺したりするシーンは、過度に残酷な描写を避けるよう演出上の注意を希望した。（残酷醜汚4）

○　闇太郎変化　（東　映）

企画　田口直也　脚本　岸　松雄
原作　角田喜久雄　監督　佐々木康

邪教一味の正体を暴く北町奉行と名与力の活躍を描く。

怪奇残酷趣味の濃い作品であるが、以下の点で演出上の注意を希望した。

1. 落し穴での屍体の描写（残酷醜汚　7）
2. 教祖に祭り上げられている醜女の描写（残酷醜汚　7）
3. 左膳の狂態描写（残酷醜汚　7）
4. 道之助が骸骨と添寝する件の描写（残酷醜汚　7）

又、阿片猫の描写は「阿片」とはつきり判らないように演出上注意していたゞきたいと希望した。（法律1及2）

○俠星玄蕃　（松竹）

製作　高木貢一　監督　芦原正
脚本　小川正

槍術家俠星玄蕃と赤穂浪士をめぐる義理人情を描く。

賭博場の表現は賭博を魅力的に描かないように演出されるよう希望した。（国家及社会　1、法律　1、教育　2）

○歌くらべ三羽烏　（富士映画）

企画、製作、
脚本、監督、　近江俊郎

美しいデパートの売子と歌の上手な三人の青年が強引団を退治する喜劇。

喜劇であるが、なかに出てくる王、陳らの強引団が中華の実業家若くは中国人と国籍が明らかにされているのは、外国人誹ぼうになる恐れもあり、国際感情を考慮して国籍名を不明にしておくなどの配慮が欲しいと希望した。（国家及社会　3）

○少年死刑囚　（日活）

製作　児井英生　脚本　片岡薫
原作　中山義秀　〃　佐治乾
構成　八木保太郎　監督　吉村廉

不幸な環境から肉身を殺し死刑を宣告された少年の苦悩を描く。
本篇が写実性に富んだ性質であることを考え、殺人現場の描写は度を超えて残酷な効果をもたらすことのないよう演出上十分の注意を希望した。（法律　1イ）
又、殺人現場写真の取扱いについても、同様に注意して欲しいと希望した。（法律　1イ）
入浴場面は男性のみであるが全裸の扱いは品位を失することのないように演出上の注意を希望した。（風俗　2）

○下郎の首　（新東宝）

製作　津田勝二　監督　伊藤大輔
脚本　伊藤大輔

主家の仇を討ちながら主人に裏切られて仇の一味に殺された忠僕の悲闘を描く。

斬りおとされた人差指というのは、後段敵を狙う上の証拠のひとつであり必要な描写であることはわかるが、残酷感があつては困るので刺戟的でないよう演出上の注意を希望した。（残酷醜汚 7）

二、三ケ所ある殺し場も過度に刺戟的残酷な印象を出さないよう配慮して欲しいと希望した。（残酷醜汚 7）

◎ 以下二五本希望事項なし

○ おえんさん （東宝）

製作 田中友幸 脚本 西島大
原作 中野実 監督 本多猪四郎

女手一つで育て上げた息子の結婚問題に直面した錦鯉仲買商の女主人の淋しさを描く。

○ 赤いカンナの花咲けば 第二部 （東京映画）

第一部を参照

○ 綱渡り見世物侍 （大映）

製作 酒井箴 原作 陣出達朗
企画 高桑義生 脚本 賀集院太郎

大名の若殿と瓜二つの曲芸師がお家騒動にまき込まれて忠臣と協力し悪臣を倒す物語。

○ 幻の馬 （大映）

製作 永田雅一 脚本 長谷川公之
企画 塚口一雄 〃 島耕二
監督 島耕二

一匹の馬が貧しい姉弟に育てられ、悲運に屈せずダービーで優勝する迄の物語。

（15）

○母の曲　（新東宝）

製作　柴田萬三　脚本　笠原良三
原作　吉屋信子　監督　小石栄一

自らの無教養を恥じて一人娘の幸福の為に身を退く母親の献身的な愛情を描く。

○悪魔の囁き　（新東宝）

製作　金田良平　脚本　川内康範
原作　植草甚一　監督　内川清一郎

慈善家を装いながら無線機を利用して兇悪な誘拐殺人を重ねる男と犯罪の渦中にまき込まれた若い博物館員の冒険を描く。

○ノンちゃん雲に乗る　（新東宝）

製作　熊谷久虎　脚本　倉田文人
〃　中田博二　〃　村山節子
原作　石井桃子　監督　倉田文人

木から落ちて気を失った女の子の幻想を通じて童心の世界を描く。

○飛燕空手打ち　（東映）

第二篇　青春の斗魂

○飛燕空手打ち　（東映）

完結篇　月下の龍虎

第一部参照

○失われた大空　（日活）

製作　高木雅行　脚本　古川卓巳
監督　古川卓巳　〃　五島福江

太平洋戦争末期のある飛行場を舞台として予科練の少年達と一人の教官の悲劇を描く。

（）新婚白書（松竹）

製作　山口松三郎　脚本　斎藤宗一
原作　中野実　監督　堀内真直

家を建てる為緊縮生活を始めた若いカメラマンの新婚夫婦をめぐる喜劇。

（）あばれ纒千両肌（東映）

企画　福島通人　脚本　舟橋和郎
原作　中田龍雄　監督　萩原遼

加賀鳶と町火消の対立を背景に加賀鳶の頭役を父に持つ若い火消（野狐三次）を中心として恋と喧嘩、意地と人情の達引を描く。

（）愛情会議（松竹）

製作　長島豊次郎　脚本　富田義朗
原作　久生十蘭　監督　萩山輝男

接収解除になった大邸宅の持主一家をめぐる悲喜劇。

（）獄門帳（松竹）

製作　岸本吟一　脚本　井手雅人
原作　沙羅双樹　監督　大曽根辰保

江戸の大火を背景に主殺しの罪で処刑にされようとする若い武士とその無実を確信する牢奉行を中心に歪んだ社会の生んだ悲劇と人間信頼の美しさを描く。

（）リオの情熱（新東宝）

「リオの花嫁」の改題

製作　佐野宏　脚本　長瀬喜伴
監督　瑞穂春海

父に逢いに南米に来たスチュワーデスと富豪になっているはずの貧しい父親をめぐる人情とロマンスを描く。

○藤十郎の恋　（大映）

製作　永田雅一　脚本　依田義賢
企画　辻　久一　監督　森　一生
原作　菊池　寛

芸の工夫に行詰つた名優のいつわりの恋とその対象となつた人妻の悲劇を描く。

○踊り子行状記　（大映）

製作　酒井　箴　脚本　西条照太郎
企画　高桑義生　〃　犬塚　稔
原作　直木三十五　監督　安田公義

二人の若い武士の友情と踊り子との恋を描く。

○花をさす指　（大映）

製作　藤井朝太　脚本　八住利雄
企画　中代富士男　監督　田中重雄

一緒に学窓を出て、さまざまの人生行路を辿る三人の少女の友情物語。

○中野源治の冒険　（東映）
第一篇　ダイヤモンドの秘密

○中野源治の冒険　（東映）
第二篇　深夜の戦

○中野源治の冒険　（東映）
第三篇（完結篇）地下砲台の恐怖

企画　坪井　与　原作　山川惣治
〃　松崎啓次　脚本　八木沢武孝
監督　津田不二夫

麻薬密売団による殺人事件の渦中に捲込まれた若い紙芝居画家とその仲間の冒険を描く。

○疾風の晴太郎　（宝塚）
第一部

○疾風の晴太郎　（宝塚）
第二部
脚本　県沢二郎　監督　佐藤幸也
〃　加味鯨児
〃　宝　兵庫
ゆきすりに救った男に託された子供を危難をおかしてその母親に届ける旅烏の義侠を描く。

○娘の縁談　（大映）
製作　藤井朝太　脚本　木村恵吾
企画　中代富士男　〃　斎村和彦
原作　林　房雄　監督　木村恵吾
結婚適齢期の娘二人とアマチュアレスラーのロマンスを中心に描く現代風俗図。

○しいのみ学園　（新東宝）
製作　永島一朗　脚本　清水　宏
原作　山本三郎　監督　清水　宏
二児を小児マヒに侵された教授夫妻が小児マヒの子供達の為に私財を投じて学園を設立する物語。

希望事項集計

○国家及社会　5

阿修羅四天王（1）　満月狸合戦（1）　男一匹（1）

歌くらべ三羽烏（1）　俵星玄蕃（1）

○法律　13

青龍街の狼（1）　赤いカンナの花咲けば一部（1）　五十円横町（1）

木曽の風来坊（1）　のんき裁判（1）　男一匹（1）

地獄から来た男（2）　木曽の風来坊改訂版（1）　闇太郎変化（1）

俵星玄蕃（1）　少年死刑囚（2）

○宗教　0

○教育　6

青龍街の狼（1）　飛燕空手打ち（1）　木曽の風来坊（1）

木曽の風来坊改訂版（2）　俵星玄蕃（1）

○風俗　14

若夫婦なやまし日記（4）　青龍街の狼（1）　芸者小夏（3）

木曽の風来坊（1）　たそがれ酒場（1）　男一匹（1）

地獄から来た男（1）　木曽の風来坊改訂版（1）　少年死刑囚（1）

○性　0

○残酷醜汚　10

阿修羅四天王（1）　たそがれ酒場（1）　地獄から来た男（2）

闇太郎変化（4）　下郎の首（2）

○合計　48

○映画審査の部

◎本月の審査映画は次の如くである。

審査番号	題名（会社名）	審査日時 試写室	巻	呎	製作	企画	原作	脚本	監督	主演
1756	御存じ怪傑黒頭巾 マグナの謎（東映）	4.1 AM.11 東映	8	7,500		坂巻辰男	高垣眸	西条照太郎	佐伯清	大友柳太朗 喜多川千鶴
1740	皇太子の花嫁（新東宝）	4.2 PM.9 新東宝撮	9	8,299	波根康正		伊馬春部（案） 河原敏明（案） 金貝省三	長谷川公之	小森白	島崎雪子 和田孝
1727	月に飛ぶ雁（東京映画）	4.4 AM.10 東宝	10	8,630	三輪礼二	瀧村和男		若尾徳平	松林宗恵	若尾文子 安西郷子
1762	娘船頭さん（松竹）	4.5 AM.10 東劇地下	9	7,677	保住一之助	福島通人		伏見晁	萩原徳三	美空ひばり 片山明彦
1641	怪奇黒猫組 第二部白光飛球の巻（永和プロ）	4.5 PM.1 東宝	5	3,962	丹生正		高垣眸	村松道平	沼波功雄	有馬修 林雅紀

1725	1726	1759	1748	1758	1449	1751	1760
百面童子 第三篇バテレンの宴 (東映)	百面童子 第四篇イスラムの女王 (東映)	浮色大盗伝 (新東宝)	風雲日月草紙 (松竹)	十九の花嫁 (東映)	蝶々夫人 (東宝・伊・リッツォーリ・ガローネ・プロ)	鬼斬り若様 (大映)	僕は横町の人気者 第一部陽気な[illegible]さん (松竹)
4.6 AM.10 東映	4.6 AM.10 東映	4.9 AM.10 新東宝	4.9 PM.1 松竹	4.10 PM.7.30 五反田東洋	4.12 PM.7 東宝	4.13 AM.10 大映	4.13 AM.10 東劇地下
5	5	10	10	8	14	9	6
4,480	4,406	7,951	7,981	7,131	10,252	7,460	4,920
		松本常保	石田清一		(総指揮)G・ハッツノート 川喜多長政 森岩雄	酒井箴	小倉武志
田口直也 吉野誠一	田口直也 吉野誠一			根津昇	(天然色)	浅井昭三郎	
北村寿夫	北村寿夫		三上於菟吉			村上元三	淀橋太郎 竹田新太郎 中田竜雄 有吉光也
小川正	小川正	八木保太郎 毛利三四郎	伊藤大輔(構成) 森田竜男	新藤兼人	カルミネ・ガッローネ 森岩雄	犬塚稔	中村定郎 尾崎甫
小沢茂弘	小沢茂弘	冬島泰三	酒井辰雄	小石栄一	カルミネ・ガッローネ	安田公義	尾崎甫
東千代之介 伏見扇太郎	東千代之介 伏見扇太郎	中村扇雀 嵯峨三智子	大谷友右衛門 近衛十四郎	波島進 天路圭子	八千草薫 ニコシ・フイラクリディ	市川雷蔵 八潮悠子	大木実 淡路恵子

1803	1743	1684	1744	1755	1757	1735	1742
僕は横町の人気者 第二部ァーちゃんの子守唄 （松竹）	青春怪談 （日活）	男ありて （東宝）	猿飛佐助 （日活）	旗本やくざ （宝塚）	女郎蜘蛛 （松竹）	青春怪談 （新東宝）	青春航路 海の若人 （東映）
4.13 AM.10 東劇地下	4.13 PM.11 日活	4.14 AM.10 東宝	4.15 AM.10 日活	4.15 AM.10 東宝	4.15 AM.10 京都撮	4.16 AM.10 新東宝	4.17 PM.11 五反田東洋
6	12	12	11	9	11	11	10
4,583	10,410	9,829	8,717	7,646	9,423	9,330	8,383
小倉武志	山本武 高木雅行	御大防五郎	水の江滝子		小倉浩一郎	安達英三郎	
							坪井与 福島通人 小川三喜雄
淀橋太郎 竹田新太郎 中田竜雄 有吉光也	獅子文六			山中貞雄	野村胡堂 城昌幸 陣出達朗 土師清二	獅子文六	
中村定郎 尾崎甫	和田夏十	菊島隆三	西沢裕 井上梅次	梶金太郎	柳川真一 岸生朗	舘岡謙之助	舟橋和郎
尾崎甫	市川崑	丸山誠治	井上梅次	志村敏夫	福田晴一	阿部豊	瑞穂春海
大木実 淡路恵子	山村聡 北原三枝	志村喬 三船敏郎	フランキー堺 市村俊幸	嵐寛寿郎 中川晴彦	高田浩吉 草笛光子	上原謙 高峰三枝子	中村錦之助 船山汎

1771	まぼろし小僧の冒険 第一篇平家部落の黄金 (東映)	4.18 AM.10 東映	5	4,661		藤川公成	御荘金吾	御荘金吾	萩原遼	伏見扇太郎 植木基晴
1781	まぼろし小僧の冒険 第二篇天狗ケ池の激斗 (東映)	4.18 AM.10 東映	5	4,474		藤川公成	御荘金吾	御荘金吾	萩原遼	伏見扇太郎 植木基晴
1642	怪奇黒猫組 第三部黒猫変化の巻 (永和プロ)	4.18 AM.10 東宝	5	4,841	丹生正		高垣眸	村松道平	沼波功雄	有馬修 林雅紀
1731	花のゆくえ (日活)	4.19 PM.2.10 日活	11	8,878	高木雅行		阿木翁助	成沢昌茂	森永健次郎	津島恵子 新珠三千代
1786	貝殻と花 (松竹)	4.21 AM.10 東劇地下	11	9,449	小倉武志		吉屋信子	沢村勉	田島恒男	紙京子 有馬稲子
1696	ゴジラの逆襲 (東宝)	4.21 AM.10 東宝	9	7,842	田中友幸		香山滋	村田武雄 日高繁明	小田基義	小泉博 千秋実
1754	薔薇いくたびか (大映)	4,22 PM.9 大映	15	12,170	永田雅一	土井逸雄	小山いと子	川口松太郎 衣笠貞之助	衣笠貞之助	根上淳 若尾文子
1717	落日の血斗 (日活)	4.28 AM.11 日活	10	7,741	芦田正蔵			井田探 鈴木清太郎	野口博志	坂東好太郎 宮城千賀子

1715	楊貴妃（大映）	4.23 AM.10 大映	12	8,804	永田雅一 ランラン・ショウ	（天然色）		陶秦 川口松太郎 依田義賢 成沢昌茂	溝口健二	京マチ子 森雅之
1818	のんき裁判（新東宝）	4.23 PM.7 新東宝撮	10	8,221	（総指揮）服部知祥	安達英三郎	森山藩 他	川内康範 渡辺邦男	渡辺邦男	河津清三郎 藤田進
1789	阿修羅四天王（東映）	4.24 AM.10.30 東映	9	8,149		大森康正	住吉山声	結束信二	河野寿一	市川右太衛門 東千代之介
1556	亡命記（松竹）	4.25 PM.6 大船撮	14	12,586	山口松三郎		白藤茂	椎名利夫	野村芳太郎	佐田啓二 岸恵子
1746	弥次喜多漫才道中 腰抜一家の巻（宝塚）	4.27 AM.10 東宝	5	4,292				倉谷勇	佐伯幸三	ミスワカサ 島ひろし
1778	月を斬る影法師（大映）	4.27 AM.10 大映	8	6,727	酒井箴	浅井昭三郎		八尋不二	三隅研次	勝新太郎 長谷川裕見子
1749	制服の乙女たち（東宝）	4.28 AM.10 東宝	9	7,715	本木荘二郎			京中太郎 北田一郎	青柳信雄	雪村いづみ 青山京子
1784	天城鴉（日活）	4.28 AM.10 日活	10	8,662	浅田健三	八木保太郎		八木保太郎	マキノ雅弘	河津清三郎 森繁久弥

（25）

1767	つばくろ笠（大映）	4.29 AM.10 大映	11	8,811	酒井 箴	高桑 義生		比佐 芳武	田坂 勝彦	長谷川一夫 山根 寿子
1790	青竜街の狼（東映）	4.29 PM.8 五反田東洋	10	8,388		玉木潤一郎 依田 一郎		高岩 肇	松田 定次	片岡千恵蔵 三浦 光子
1806	歌まつり満月狸合戦（新東宝）	4.30 AM.10 新東宝	10	8,382	福島 通人 杉原 貞雄			中田 竜雄	斎藤寅次郎	美空ひばり 野村いづみ
1780	緋牡丹記（新東宝）	4.30 PM.1 新東宝	11	8,894	野坂 和馬		有田 治	池田 忠雄 田岡 敬一	野村 浩将	佐野 周二 花柳 小菊

1727-T	月に飛ぶ雁（東京映画）	4.2 PM.12.30 東宝	
1671-T	献上博多人形（宝塚）	4.2 PM.12.30 東宝	
1540-T	愛笛（東宝）	4.2 PM.12.30 東宝	

1759-T	1738-T	1724-T 1725-T	1753-T	1696-T	1754-T	1757-T	1748-T
春色大盗伝 （新東宝）	大映ニュース 第三八一号 （大映）	百面童子 第三、四篇 （東映）	十九の花嫁 （東映）	ゴジラの逆襲 （東宝）	大映ニュース 第三八四号 （大映）	女郎蜘蛛 （松竹）	青春怪談 （日活）
4．2 PM．9 新東宝撮	4．4 AM.10 東宝	4．5 AM． 10.30 東映	4．5 AM． 10.30 東映	4．6 PM． 12.45 東宝	4．7 PM． 12.30 大映	4．8 PM.12 松竹	4．8 PM．5 日活
	心に花の咲く日まで			特報 附 麦笛予告	薔薇いくたびか		

1785-T	青春怪談（新東宝）	4.9 AM.10 新東宝	
1742-T	海の若人（東映）	4.9 PM.4.30 東映	
1751-T	大映ニュース第三八三号（大映）	4.12 PM.12.30 大映	鬼斬り若様
1449-T	蝶々夫人（東宝・リッツォーリ・ガローネ）	4.12 PM.7 東宝	
1781-T	花のゆくえ（日活）	4.15 AM.10 日活	
1556-T	亡命記（松竹）	4.15 AM.10 東宝	
1786-T	貝殻と花（松竹）	4.16 AM.12.10 松竹	
1696-T	ゴジラの逆襲（東宝）	4.16 PM.12.40 東宝	

1715-T	大映ニュース 第三八五号 （大映）	4.16 PM.2.40 大映	薔薇いくたびか
1754-T-2	大映ニュース 第三八六号 （大映）	4.16 PM.2.40 大映	楊貴妃
1771-T 1781-T	まぼろし小僧の冒険 第一、二篇 （東映）	4.18 AM.10 東映	
1789-T	阿修羅四天王 （東映）	4.18 AM.10 東映	
1744-T	猿飛佐助 （日活）	4.19 PM.2.10 日活	
1780-T	緋牡丹記 （新東宝）	4.20 AM.11 新東宝	
1813-T	のんき裁判 （新東宝）	4.20 AM.11 新東宝	
1684-T	男ありて （東宝）	4.21 AM.10 東宝	

1790-T	青龍街の狼（東映）	4.21 PM. 1.30 東映	特報
1784-T	天城鴉（日活）	4.23 AM.10 日活	
1648-T	緑はるかに（日活）	4.23 AM.10 日活	
1556-T	亡命記（松竹）	4.23 AM.10 大映	
1806-T	歌まつり満月狸合戦（新東宝）	4.23 AM.11 新東宝	
1790-T-2	青龍街の狼（東映）	4.24 AM. 10.30 東映	
1767-T	大映ニュース第三八七号（大映）	4.26 PM. 12.30 大映	つばくろ笠
1778-T	大映ニュース第三九〇号（大映）	4.27 AM.10 大映	月を斬る影法師

E-120	神奈川ニュース 第一〇〇号 (神奈川ニュース映協)	4.5 AM.10 ムービーセンター	1	600	
E-1167	ロマンの香り (インターナショナル映画)	4.5 PM.3 M.G.M	1	930	企画、バヤリーズ・オレンジ・ジャパン・リミテッド バヤリーズオレンジの宣伝(天然色)
E-1202	子らすこやかに (神奈川ニュース映協)	4.7 PM.1 新理研	1	960	神奈川県に於ける児童福祉施設の紹介
E-1188	関門国道 (日映)	4.16 AM.11 日映	1	1,055	企画 建設省
E-1207	神奈川ニュース 第一〇一号 (神奈川ニュース映協)	4.19 AM.11 ムービーセンター	1	600	
E-1206	並木の下に (東日本映画)	4.20 PM.6 FPC	4	3,810	孤児と病身の母に代って働く女の子との友情を中心とした短篇劇。
E-1211	日本美をもとめて (中井プロ)	4.23 AM.10 大映	3	2,700	アメリカ青年の日本芸術探訪記 (註)製作は「フィルム東京」

(31)

E-1212	緑の楽園（新世紀プロ）	4.26 PM.1 新理研	4	3.480	悪いボスの乗取りをしりぞけて子供の楽園をつくる童話劇"（読）製作、新世紀プロ、日本映画（株）所有

P-859	ムービー・タイムズ第三五九号（プレミア）	4.7 AM.11 日経ホール	1
P-860	ムービー・タイムズ第三六〇号（プレミア）	4.14 AM.11 日経ホール	1
P-861	ムービー・タイムズ第三六一号（プレミア）	4.21 AM.11 日経ホール	1
P-862	ムービー・タイムズ第三六二号（プレミア）	4.27 PM.3.15 日経ホール	1

（32）

○都在映画数　　四一本

内訳　松竹七　東宝四　大映五　新東宝六

東映九　日活五　その他五（宝塚二　東京一　永和プロ二）

○それらの予告篇　　三五本

内訳　松竹四　東宝五　大映七　新東宝五

東映七　日活五　その他二（宝塚一　東京一）

○併映短篇映画等　　八本

○スポーツニュース　　四本

○新版　　ナシ

○映画改訂希望数　　ナシ

○宣伝広告審査の部

渡り鳥いつ帰る（東京映画）スチール一枚

特飲店の一室の乱れた蒲団の上で、女給と客が抱擁する場面は、風俗上挑発的なので、使用中止方を希望した。

○審査終了した宣材

スチール　一、三八三枚　プレス　四八枚

ポスター　五五枚　撮影所通信その他　六枚

各社封切記録

封切月日	審査番号	題名	製作社名
松竹			
4.5	1719	妙法院勘八	松竹
4.11	1762	娘船頭さん	松竹
	1768	姉妹	中央映画
4.19	1760	僕は横丁の人気者	松竹
	1757	女郎蜘蛛	松竹
4.26	1786	貝殻と花	松竹
東宝			
4.3	1690	大番頭小番頭	東宝
4.12	1671	献上博多人形	宝塚
4.19	1727	月に飛ぶ雁	東京映画
4.24	1696	ゴジラの逆襲	東宝
	1746	弥次喜多漫才道中 化け姫騒動	宝塚
大映			
4.1	1739	風雲講道館	大映
4.8	1722	天下を狙う美少年	大映

4.14	1738	心に花の咲く日まで	大　映	
4.19	1751	鬼　斬　り　若　様	大　映	
4.24	1754	薔薇いくたびか	大　映	
新　東　宝				
4.5	1740	皇太子の花嫁	新東宝	
4.12	1759	春　色　大　盗　伝	新東宝	
4.19	1785	青　春　怪　談	新東宝	
4.24	1818	の　ん　き　裁　判	新東宝	
東　映				
4.5	1756	快　傑　黒　頭　巾	東　映	
	1724	百　面　童　子　2	東　映	
4.13	1758	十　九　の　花　嫁	東　映	
	1725	百　面　童　子　3	東　映	
4.19	1742	海　の　若　人	東　映	
4.26	1789	阿修羅四天王	東　映	
	1771	まぼろし小僧の冒険(1)	東　映	
日　活				
4.1	1704	銀　座　の　女	日　活	
4.10	1665	お　ふ　く　ろ	日　活	

4.10	1718	大利根の対決	日　活	
4.19	1743	青　春　怪　談	日　活	
4.24	1781	花のゆくえ	日　活	

映画倫理規程審査記録第七〇号

昭和三十年五月十日発行

発行責任者　池田義信

東京都千代田区大手町一ノ三（産経会館）

映画倫理規程管理部事務局

電話丸ノ内(23)六四一七ー九

映画倫理規程審査記録

第71号

71

映画倫理規程

審査記録

30.5.1～30.5.31

映画倫理規程管理委員会

目次

○管理部記事

△青少年対策実施

―青少年に対する映画の指定と推薦について―

映画倫理規程管理委員会は、現在映画が青少年生活に密接なつながりを持ち大きな影響をこれに及ばしていると考えられるので、この問題につき特に「映画と青少年問題対策研究会」を設け研究を行つて来たが、その結論として今回青少年の観覧に適当でない映画を「成人向」として指定し、一方青少年や家族向の作品として推薦し得るものはこれを選出して広く一般に公表することとなつた。

具体的には、脚本審査に当つては、五月五日受付分より、完成映画は六月一週封切作品より実施することとなつた。

その要旨は次の如くである。

「成人向映画

現在の日本映画には、成年層の娯楽を満たす為製作されるものも多く、中には映画倫理規程の立場から見ると、成人の観賞には良好であつても、青少年の心身が未成熟である点を考えた場合その観賞に適さない作品もあるので、一般に製作配給される全映画の中で

1. 民主主義の原則に背馳する思想行動の誘致

2. その他社会通念としての公序良俗に反する行動の教唆
3. 暴力の容認又は讃美
4. 性的成長の順調な過程の阻害
5. その他健全な人間育成を妨げる刺戟

の諸点に関し誤解を生ずる虞れのある作品は、これを成人のみの観賞を望みたい「成人向映画」として指定する。

対象年令はおおむね満十八才を以て限度とする。

二、推薦

公開される全作品のうち、青少年の生活向上の為特に

1. 美に対する感覚を洗錬し、情操を高めるもの
2. 社会の良識と倫理観念の養成に役立つもの
3. 正しい知識と教養を深めるもの
4. 人間的愛情を豊かに育てるもの
5. 明るい娯楽作品として優れたもの

の一に該当するものは、特に青少年に観賞させたい作品として推薦する。適当な観賞指導が行われれば良い効果を期待出来る作品も推薦の処置をとることがある。

対象年令については作品により適宜考慮する。

三、青少年映画委員会

「指定」「推薦」の基準に該当すると思われる作品の選出は、映倫管理委員会の委嘱によつて、現在の映倫専門審査員が行うが、この仕事について管理委員会と協力して助言を与え諮問に応える事を目的として青少年映画委員会を設ける。

同委員会は、映倫管理委員長が学識経験者及び映画業界各職能部門より委嘱した二七名の委員によつて構成され、委員全員の互選により、委員長一名、副委員長一名を置きその目的のため会議を開く。委員会の運営には映倫管理部事務局が当る。

四　指定及び推薦の結果

○公　表

映倫管理委員会は指定及び推薦の結果を出来得る限り迅速広範囲に徹底せしめるため該当作品の製作配給会社、日本興行組合連合会及び関係団体機関と協力、これを興行関係及び一般に公表する。新聞広告、放送等も出来得る限りこの公表に利用し、興行場前の表示その他指定及び推薦の事実の周知徹底に必要な方法をとる。

○推薦作品の利用

推薦作品については出来る限り広範囲の青少年層がこれを観賞し得るよう興行館の自主動員、学校及び各種団体の動員を勧奨する。

△青少年映画委員会、発足、五月四日。

右により、左記の如く、青少年映画委員を委嘱し、五月四日第一回委員会が開かれた。

さきに決定の映倫の「映画指定及び推薦要領」「青少年映画委員会要項」を審議諒承し、続いて委員長、副委員長、常任委員を互選し、委員会は発足した。

尚、例会は毎月第四金曜日、常任委員会は第二、第四金曜日の他随時一回計三回に開かれることとなつた。

○青少年映画委員会委員名簿　（敬称略・順不同）

委員長　高島　巌（中央児童福祉審議会委員）
副委員長 常任委員　関野嘉雄（映画教育研究家）
常任委員　志賀八千代（地婦連青少年部長）
〃　落合矯一（新宿高等学校長）
〃　林　文三郎（新東宝製作本部付）
〃　手塚栄一（日本興行組合連合会常任委員）
委　員　伊藤　昇（中央青少年問題協議会専門委員）
〃　織戸勝雄（東京都教育庁青少年教育課長）
〃　児玉　省（日本女子大学心理学教授）
〃　佐々木利視（東京家庭裁判所判事）
〃　平出　禾（最高検察庁検事）
〃　宮川まき（母の会連合会々長）

委　員　野口　彰（愛宕中学校長）
〃　山口友吉（番町小学校長）
〃　塩沢常信（日本PTA全国協議会々長）
〃　高橋忠男（松竹映画製作本部事務局企画課長）
〃　堀江史朗（東宝製作本部付）
〃　武田昌夫（大映製作事務本部事務課長）
〃　高橋　勇（東映企画本部事務局長）
〃　大野　求（松竹営業本部事務局長）
〃　久我　進（東宝営業本部興行部劇場課長）
〃　加賀四郎（大映営業調整部長）
〃　武田俊一（新東宝営業調整部長）
〃　今田智憲（東映営業本部営業課長）

△青少年対策実施、青少年映画委員会発足に当り、服部映連会長、渡辺映倫委員長より、
それぞれ次の如くメッセージが発表された。

○映画と青少年対策の発足に当つて

日本映画連合会
会長　服部知祥

去る昭和二十四年、映画倫理規程の制定に当つて、映画の年若き観客に与える影響の問題は、夙に我々の深く関心を抱く所であつたのであります。規程条項の中にも、この点は明らかに記されているのでありますが、今日わが業界に於て製作される映画は、世界各国の実状と同様に、その観客層が老幼年令の別なき一般大衆である所に、所謂青少年対策としての映画問題の核心があり、何らかの具体的善処が要請されていたのであります。茲にわが業界がその社会的責任を果すべく屢次検討の結果、映倫による映画選定という自主的具体案を作成し、記念すべき五月五日を期してこれが実施に入らんとすることは、たゞに映画の有する社会的機能の大いなる発展というに止らず、亦その裏付けとなる映画業界への期待とその使命の愈々重大なるを痛感するのであります。この対策の成功によつて映画がいよいよ大衆の愛情と信用を獲得し、以て益々日本文化に寄与する所大となれば、それはひとり映画業界の喜びたるに止るものではないのであります。

映画選定事業の出発

映画倫理規程管理委員会
委員長　渡辺鉄蔵

映画の社会的影響力については、マスコミュニケーション各分野の中でも特に大きく注目せられ、殊にこれが年少観客に与える教育効果については現下の世論が重要なる一課題として提出している所であります。わが映画業界が自主的見地からこの対策を取り上げ、ここに過去六年に亘る映倫の業績を基礎として、青少年対策として映画選定の事業に着手することは、まことに映画界がその文化的使命を認識し、世論の期待に応えんとする行動としてこの際最も社会の注目する所でありましょう。幸いにこの意義ある事業の発足に当り、社会各方面の学識経験者を網羅せる「青少年映画委員会」が諮問機関として結成され、委員諸氏の有せらるる広大なる社会的視野が、映画選定の具体面に反映されることになり、管理委員会としてもこの有力なる背景を得て更に一層の確信を以て事業の遂行に当り得るのであります。

委員諸氏の御努力と共に一般社会各層のこの事業に対する御協力御支援を衷心よりお願致す次第であります。

△五月九日、協力員会議。

指定及び推薦の具体的基準について研究を行った。

△五月十一日、協力員会議。
右に引続き研究を行い、尚、青少年対策実施に当り、撮影所等関係各方面と充分なる諒解と協力が得られるよう、懇談の機会を持つようつとめることを申合せた。
△五月十一日、NHK放送討論会「出版物と映画の青少年への影響」に渡辺委員長講師として出席した。この内容は十五日午後一時より放送された。
△五月十三日、映画倫理規程管理委員会。
指定及び推薦の具体的基準について検討を行い、映倫委案を決定、これを青少年映画委員会に諮問することとなつた。
△五月十三日、青少年映画委員会。常任委員会。
前期諮問について検討を行い、これを諒承の上、次回青少年映画委員会にはかることとした。
△五月十五日、東京都学生映画連盟主催「映画と青少年」座談会に列席。
映倫の青少年対策について説明し、質疑に応答した。
△五月十七日「母の会」神田支部主催「青少年保護育成について」座談会に列席。
映倫の青少年対策実施につき説明し、質疑応答あり、参会者からは、これに対する賛意と期待が表明された。
△五月十八日、協力員会議。
△五月十九日、東京都青少年委員協議会より映画の青少年に与える影響につき一層の留意自粛方の要望を受けた。
△五月二十六日、東京都防犯協会、東京母の会より、五月六日大会の決議を添え、前記

△同様要望書を受けた。

△五月十八日、協力員会議。

△五月十九日、東京都青少年委員協議会より、映画の青少年に与える影響につき一層留意自粛方要望書（五月一日付）を受けた。

△五月二十四日、興連より、青少年映画委員に興連選出委員の増員方希望が寄せられた。

△五月二十六日、東京都防犯協会、東京母の会より、五月六日大会決議を添え、前記同様要望書を受けた。

△五月二十六日、内閣官房長官より、中央青少年問題協議会の「青少年に有害なる出版物映画等対策専門委員会」の答申を添え、今後一層の自粛活動、尽力方要請が寄せられた。（十九日付）

△五月三十日、日本興行組合連合会より、成人向指定作品の館前表示につき、全国一率に左の如き表示文を掲示することに決定した旨報告があった。

8寸

尺

今週の映画は成人向映画で御座いますから
十八才未満の方は御観覧を御遠慮下さい。
（保護者御同伴の方は差支え御座いません）

△五月三十日、映倫管理規程管理委員会。
審査状況、前記審議事項報告を検討確認。
青少年映画委員会推薦「ノンちゃん雲に乗る」（新東宝）を決定承認。

「渡り鳥いつ帰る」「若夫婦なやまし日記」成人向指定決定承認。

△五月三十日　青少年映審委員会

映倫委の指定及び推薦の具体的基準についての案を常任委の報告に基き検討し、諒承の上、映倫委に答申。

△各撮影所に於て次の如く青少年対策に関する実施要領、選定の具体的基準につき懇談し隔意なき意見の交換を行つた。

○十六日　東宝撮影所
○十九日　松竹京都撮影所
○十九日　東映京都撮影所
○二十一日　日活撮影所
○二十一日　大映東京撮影所

○二十三日　独立プロダクション関係
○二十五日　新東宝撮影所
○二十六日　独立プロダクション関係
○三十一日　東映東京撮影所

○審査記録

○脚本審査の部

◎本月の審査脚本は次の如くである。

社名	題名	受付日	審査終了日	備考
松竹	源太あばれ笠	四、二〇	五、四	
東映	天保六道銭 平戸の海賊	四、二六	五、四	
東宝	むつつり右門捕物帖 鬼面屋敷	四、二七	五、四	
東宝	題名未定（黒沢作品）	四、二八	五、四	
大映	講道館四天王	五、四	五、六	
日活	青空の仲間	五、二	五、九	
松竹	お勝手の花嫁	五、四	五、九	
松竹	燃ゆる限り	五、四	五、九	

宝塚	海の小扇太	五、四	五、九	
東映	母水仙	五、四	五、九	
東映	源義経	五、四	五、九	
東映	終電車の死美人	五、四	五、九	
東映	虚無僧系図	五、四	五、九	
近代映協	狼 自主改訂版	三、三	五、一一	改訂第二稿 二九、九、一〇審査終了
大映	娘の縁談 自主改訂版	五、九	五、一一	改訂第二稿 三〇、四、二五審査終了
東映	弥太郎笠	五、九	五、一三	
新東宝	りやんこの弥太郎	五、四	五、一四	
東映	ふり袖侠艶録	五、一八	五、一九	
新東宝	森繁のやりくり社員	五、一一	五、一八	

新東宝	森繁のやりくり社員 自主改訂版	五、一八	五、二〇	改訂第二稿
東映十六ミリ	トランペット少年	五、一四	五、二四	
日活	地獄の接吻	四、二七	五、九	
〃	同 自主改訂版	五、一六	五、二四	改訂第二稿
新東宝	清水の三ン下奴	五、四	五、二五	
東宝	仮題 新人恐るべし	五、一八	五、二五	
東宝	夫婦善哉（めおとぜんざい） 自主改訂版	五、一八	五、二五	改訂第二稿 二九、七、三〇審査終了
東映	怪談 牡丹燈籠	五、一九	五、二五	
新芸術プロ	たけくらべ	五、二〇	五、二五	
東映	忍術三四郎	五、二五	五、二六	
松竹	君一人	五、一三	五、二七	

松竹	青銅の基督	五、一三	五、二七	
松竹	由起子	五、一四	五、二七	
松竹	オリーブ地帯	五、一四	五、二七	
松竹	振袖剣法	五、一四	五、二七	
松竹	初恋	五、二一	五、二七	
松竹	虚無僧道中記 新日本膝栗毛	五、二一	五、二七	
日活	三つの顔	五、二七	五、三〇	
宝塚	女の学校 自主改訂版	五、二七	五、三〇	改訂第二稿 一、三一審査終了、

◎新作品　三二本
シナリオ数　三八本（内改訂版六）
内訳
松竹　一〇、東宝　四、（内改訂版一）大映　二、（内改訂版一）
新東宝　四、（内改訂版一）、東映　九、日活　四、（内改訂版一）
宝塚　二、（内改訂版一）、近代映協　一、（改訂版）
新芸術プロ　一、東映一六ミリ　一、

◎以上の内、希望事項のあつたものは次の如くである。

○天保六道銭　（東映）

平戸の海賊

企画　田口直也　脚本　棚田吾郎
原作　村上元三　監督　佐伯清

江戸末期の社会相を背景に平戸藩の死活を握つてこれを屈服せしめる一町人の活躍を描く。

お組の家の一室で、男女が一夜を過した朝の描写については、劣情を刺戟することのないよう、演出上の注意を希望した。（風俗　2）

本篇は悪と悪との対立抗争を骨子としているので、一方の悪は敗北者として否定されても、他方勝利者としての悪は無批判に肯定されているかの如き誤解を招くおそれがあるので、演出上、その他を通じ、この点遺憾のないよう十分の工夫を講ぜられるよう希望した。（法律　1）

○題未定　黒沢作品　（東宝）

製作　本木荘二郎　脚本　黒沢明
脚本　橋本忍　監督　黒沢明
〃　小国英雄

水爆恐怖症にとりつかれた老人とその一家をめぐる悲喜劇を描く。

家庭裁判所参与員の仕事の性質について、一部誤解を招くふしがあると思われるので、正確を期せられるよう改正方を希望した。（法律　2）

○青空の仲間　（日活）

製作　高木雅行　脚本　品田喜一
原作　獅子文六　監督　堀池清

煤煙渦巻く都会に働く青年達の歓喜と悲哀を通じてその庶民生活を描く。

玉ノ井の情景が出たり、待合の奥座敷で代議士が芸者をくどいたり、その離室に艶かしく布団が敷かれてあつたりする点、風俗上やゝ気になるので、演出上十分の注意をして欲しいと希望した。（風俗　1）

お春の科白で「まあ汚らわしい、芸者たなんて……」は、芸者という職業に対する侮蔑を感じさせるので、改訂を希望した。（国家社会　1）

○　燃ゆる限り　（松竹）

製作　山口松三郎　脚本　柳井隆雄
原作　佐多稲子　監督　原研吉

貧しき中にも温かい愛情に満ちた二つの家庭を背景に若い人々の恋愛行路を描く。

私服刑事による家宅捜索の件りは、令状を提示しており、違法の疑いはないが、容疑の内容がアイマイである点然るべく一考を煩わしたいと希望した。（国家社会　1）（法律　1）

○　海の小扇太　（宝塚）

原作　林房雄　脚本　伏見晁
監督　志村敏夫　脚本　志村敏夫

悪人の叔父に計られて城を乗取られた若君が海賊の手をかりて破邪の戦を遂げる活劇物語。

海賊頭目の娘、小波の裸体描写に関しては、身体露出の限度を超えることのないよう演出上の注意を希望した。（風俗　2）

善が悪に対し、先手をとつて斬つて捨てているが、これらは形の上でも正当防衛的なものでありたく、演出上留意を希望した。（法律　1）

女奴隷に関する描写は醜汚にわたることのないよう、演出上の注意を希望した。（残酷醜汚　5）

○　終電車の死美人　（東映）

企画　依田一郎　脚本　白石五郎
〃　吉野誠一　〃　森田新
〃　小川三喜雄　監督　小林恒夫

終電車の車内で発見された女の死体に端を発した事件の真相を追求する警視庁の活動を描く。

国電内の殺人現場及び解剖室での屍体の扱い（残酷醜汚　7）

並びに劇場でのストリップまがいの踊りは何れも演出上の注意を希望した。（風俗　2）

○虚無僧系図　（東映）

企画　坂巻辰男　脚本　八尋不二
原作　吉川英治　監督　河野寿一

幕府の失政を衝いて起つた虚無僧達とその渦中にまきこまれた悲運の男女の恋を描く。

全体として暴力行使と、その讃美肯定の傾向にわたらぬよう希望、特に暴力讃美の台詞は改訂して欲しいと希望した。
（国家社会　4）

殺陣立廻りの描写はなるべく短く刺戟的でない印象に止めて欲しいと希望した。（残酷醜汚　7）

○弥太郎笠　（東映）

企画　玉木潤一郎　脚本　浪江浩
原作　子母沢寛　〃　中山文夫
監督　松田定次

親分を討たれ四散した一家の繩張りを悪親分の手から取り返す旅鳥の仁侠と恋を描く。

やくざの仁義とばくちの場面は、やくざ讃美の印象を与えぬ為出来る丈簡略に描写されるよう、演出上の注意を希望した。
（国家社会　2）

全体としてやくざを否定する面がなく、主役の弥太郎がやくざという自分の立場に少しも懐疑的でないのは、やくざ讃美となる危険が十分であり、この意味でやくざ否定の面を強調する何かを脚本に加えるよう改訂を希望した。（国家社会　2）

森繁の
○やりくり社員　（新東宝）
自主改訂版

（第一稿本希望事項なし）

女社長カンナ女史の歌う「情熱のカンナ」は、歌詞だけではそれほどには思えなくても、その歌い方では変なふくみをにおわせ得ると思われるので、その点演出上の注意を希望した。
（風俗　1）

又、この歌を後のシーンで、スポンサーの野村が「ワイセツだ、ワイセツだ」と云うのはさきの注意に関連させて思わせぶりになり過ぎるので、せいぜい「つやつぽすぎる」の程度にして欲

しいと希望した。（風俗 1）

料亭たぬきの座敷での男女の口説は逸脱のないよう演出上注意して欲しいと希望した。（風俗 1）

○ 地獄の接吻 （日活）

製作 浅田健三 脚本 高岩肇
監督 野口博志

造幣局から拐帯された無検印の紙幣を狙うギャング団による兇悪犯罪の真相究明に活躍する私立探偵の冒険を描く。

佐川が持つていて、屢々投げナイフになつたり、人を刺したりするナイフは、青少年への影響を考慮して飛び出しナイフでなくやつて欲しいと希望した。（教育 2）

又、このナイフが人を刺す描写は、残酷な印象を過度に与えないよう演出上の注意を希望した。（残酷醜汚 7）

番号の入つていない印刷未了の一千万円の紙幣が造幣局から盗出されることになつているが、この事件の犯人の身分を警部が、大蔵省造幣局技術部長云々と具体的に説明する件は、当該官名が個人をも直接暗示し、かつ誹謗する心配なしとしないので、たゞどこの造幣局ともわからないままのフイクションの程度にとゞめるよう配慮していたゞきたいと希望した。（国家社会 1）

ギャング団が逆吊りにしてリンチをする描写は、演出上残酷過度にならぬよう希望した。（残酷醜汚 3）

○ 地獄の接吻 （日活）

自主改訂版

前稿でも希望した通り、造幣局を特定化するのは好ましくないので、台詞に残つている「大阪の造幣局」の地名は除いて頂きたいと希望した。（国家及社会 1）

探偵一平が、由美の胸から番号札をとり出す件は、演出上刺戟的煽情的でないようにして欲しいと希望した。（風俗 1）

乱斗やリンチは、演出上刺戟的でないようにして欲しいと希望した。（残酷醜汚 3、7）

大学病院が出てくるが、これは犯罪に関係している背景として特定な大学を指示しないよう注意して欲しいと希望した。（国家及社会 1）

○夫婦善哉（めおとぜんざい）　（東宝）

自主改訂版

第一稿二九、七、三〇審査終了

柳吉のセリフ「えらい床急ぎや、体がもちまへんがな」は訂正を希望した。（風俗 1）

○忍術三四郎　（東映）

企画　坪井与　原作　関川周

・斎藤安代　脚本　小川正

監督　小沢茂弘

透明人間の実験材料にされた青年が恋人を苦しめる悪代likely士一味を懲す物語。

冒頭「この男売り物十萬円也」の三四郎を買おうとする人間が、殴り込みに使おうとする街の紳士であり、タタキの相棒にしようとする強盗犯であり、色眼を使う中年の好色マダムであるのは、導入部であるだけに作品全体に非常に不健全な印象を与えるおそれがあると思われるので、構成上の再考を希望した。（教育 2）

バーの中でユダ老人が三四郎に麻薬入りの煙草を吸わせるのは、コカインのようなものを端的に想わせるのでやめて欲しいと希望した。（法律 1㈡）

ユダ老人の科白で、忍術の効力に関し「・・・この世の中に不可能と云う事はなくなりやしないか、憎い奴を殺すことも出来る、銀行を襲つて思うだけ金も盗める、美しい女の寝室にだつて安々と忍び込める・・・」とあるが「憎い奴・・・」以下は具体的に過ぎるので、訂正を希望した。（教育 2）

黒矢の寝室で、黒矢が得体の知れない若い下品な姿とねているとあるところ風俗上の点で演出上の注意を希望し（風俗 1）

監禁された沙癸が雑誌のきれはしに通信文を記し、これが廻り廻つて郵便配達夫によつて配達されるが、これはやはり若干の体裁を整えていないと、あまりに現実を無視することになるので、再考を希望した。（法律 1）

拘引状は正しくは逮捕状であるので、訂正を希望した。（法律 2）

○オリーブ地帯　（松竹）

製作　小倉浩一郎　脚本　馬場当

原作　井上靖　監督　田畠恒男

密輸事件を追求する新聞記者の恋愛劇。

西尾のセリフで密輸の相手が中国人と云う事になつているが、国際感情を考慮して、特定国人にしない方がいいと思われるので改訂を希望した　（国家社会　3）

○新日本膝栗毛　（松竹）

虚無僧道中記

製作　杉山茂樹　脚本　鈴木兵吾
原作　福田蘭童　〃　中山隆三
監督　穂積利昌

修業の為東海道を西に上る若い虚無僧と奔家を飛出した将軍の姫君の恋を中心に描く道中記。

女湯脱衣場覗きの件りは、聊か煽情にすぎると考えられるので、演出上、その他の工夫による注意を希望した。（風俗　1）

○三つの顔　（日活）

製作　坂上静翁　脚本　井上梅次
監督　井上梅次　〃　舛田利雄

五年後の再会を約して別れた三人の復員軍人の運命の変転を描く。

[illegible]川と健一郎の対立格斗は、後半殊に少しく刺戟的に過ぎると思われるので、演出上の注意を希望した　（残酷醜汚　7）

朝の描写では、健一郎のみ寝ていることとし、相手の娼婦は脚本にもあるように已に起きて床をはなれていることとし、また枕その他前夜同衾したことを想像させるようなあとを描写しないよう演出上の注意を希望し、従つて又、そのあとにある「女起きてシュミーズのまま」とあるのは、あまりしどけない格好でないように希望した　（風俗　2）

志賀と国江の寝室は、同衾のように思われるが、たとえ夫婦であつても、別々の寝床にあるようにして欲しいと希望した。（風俗　2）

バー「ルル」の客の描写で「ボックスで女の胸に手を入れようとしてさわぐ男女」とあるのは、環境描写として必要欠くべからざるものでないと思われるので、改訂若くは、煽情的にならないような演出上の注意を希望した。（風俗　1）

◎以下二二本希望事項なし

八州遊侠伝

○源太あばれ笠　（松竹）

製作　小倉浩一郎　脚本　鈴木兵吾
〃　石田清一　〃　安田重夫
原作　村上元三　監督　岩間鶴夫

代官の悪事を探る為下総の遊侠対立の渦中に潜入した若い旗本の冒険と恋を描く。

むっつり右門捕物帖
○鬼面屋敷　（東宝）

製作　竹井諒　脚本　山本嘉次郎
原作　佐々木味津三　〃　加藤泰
監督　山本嘉次郎

大久保家の黄金の秘密をめぐる殺人事件を解決するむっつり右門捕物帖。

○講道館四天王　（大映）

製作　藤井朝太　脚本　松浦健郎
企画　久保寺生郎　監督　枝川弘

柔道と柔術の対立を背景に二人の若い柔道家の友情と恋を描く。

○お勝手の花嫁　（松竹）

製作　小梶正治　脚本　木下恵介
監督　川頭義郎

落選代議士の家族のむき出しの人間性に悩まされる女中の恋愛を描く諷刺喜劇。

○母水仙　（東映）

企画　坪井与　脚本　笠原良三
〃　原伸光　監督　伊賀山正徳
原作　三好一光

芸者の身をかこちつつ父なき子を育てる母の愛情を描く。

○源義経　（東映）

製作 大川 博 原作 村上元三
企画 マキノ光雄 脚本 八尋不二
〃 藤本真澄 監督 萩原 遼
〃 大森康正

牛若丸が鞍馬山の生活を終えて奥州に下るまでを描く義経物語。

○ 狼 （近代映協）

自主改訂版

二九年九月一〇日審査終了（六二号参照）

但、製作社は当初日活であつたが、今回近代映協に変つた。

○ 娘の縁談 （大映）

自主改訂版

四月二五日審査終了（七〇号参照）

○ りやんこの彌太郎 （新東宝）

「青春やくざ第一話 りやんこの弥太郎」の改題
「青空やくざ第一話」の傍題を製作者側が自主的に取下げたもの

製作 マキノ雅弘 脚本 八木保太郎
〃 松本常保 監督 マキノ雅弘
原作 子母沢寛

桐生と足利の織り子の奪い合いを背景に悪親分の手から機織り娘を守る旅烏の活躍物語。

○ 森繁の やりくり社員 （新東宝）

製作 安達英三郎 脚本 川内康範
原作 邇見達三 監督 渡辺邦男

やりくり名人の会社員が競争会社をやつつけて社運を挽回するユーモラスな物語。

（第二稿本には希望事項あり、参照の事）

○ふり袖侠艶録　（東　映）

企画　福島通人　脚本　中田龍雄
原作　旗　一兵　監督　佐々木康

「鏡山」物語に於けるお初の活躍を描く。

○トランペット少年　（東映十六ミリ部）

企画　芹川一郎　脚本　片岡　薫
監督　関川秀雄

音楽の先生が音楽によつて悪童を訓育する物語。

○清水の三ン下奴　（新東宝）

「次郎長外伝
　清水の三ン下奴」の改題

「次郎長外伝」の傍題を製作者側が自主的に取り下げたもの。

製作　永田貞雄　脚本　小川三郎
企画　岡村繁雄　〃　中川明徳
原作　山田信一　監督　冬島泰三

黒駒の勝蔵との喧嘩を背景に次郎長の三ン下奴二人の喜劇的行動を描く。

○仮題
新人恐るべし　（東　宝）

製作　本木荘二郎　脚本　京　中太郎
原作　北町一郎　〃　北田一郎

新入社員三人組が社内を粛正して恋を得る明朗サラリーマン物語。

○怪談
牡丹燈籠　（東　映）

企画　大森康正　脚本　野淵　昶
監督　野淵　昶

「牡丹燈籠」の物語に取材して、身分をこえた恋の勝利を描く。

○ たけくらべ （新芸術プロ）

製作 福島通人 原作 樋口一葉
〃 杉原貞雄 脚本 八住利雄
〃 旗一兵 監督 五所平之助

色里近い下町に育つた思想期の少女の哀歓を描く。

○ 君一人 （松竹）

製作 久保光三 脚本 木下恵介
監督 木下恵介

上京して都会の荒波に翻弄される若い男女の一日を描く。

○ 青銅の基督 （松竹）

総指揮 高村潔 監修 新村出
〃 大谷隆三 脚本 斎藤良輔
原作 長与善郎 監督 渋谷実

きりしたん迫害を背景に踏絵を作つた長崎の若い南蛮鋳物師の悲劇を描く。

○ 由起子 （松竹）

製作 小林清 企画 望月利雄
〃 伊藤武郎 〃 立野三郎
脚本 井手俊郎 監督 今井正

薄倖な一女性の恋愛航路を描く。

○ 振袖剣法 （松竹）

製作 高木貢一 脚本 八尋不二
監督 酒井辰雄

無法に父を殺されながら身分が低い為不当な圧迫を受けた田宮坊太郎が艱難の後悪人を懲す物語。

○ 初恋 （松竹）

製作 久保光三 脚本 木下恵介
監督 木下恵介 〃 松山善三

地方の小都市を舞台に、商家の若い未亡人と帰郷したその初恋の人の恋愛葛藤を描く。

○ 女の学校 （宝塚）

自主改訂版

一月三一日審査終了（六七号参照）

希望事項集計

○国家及社会　0

地獄の接吻（1）　靑空の仲間（1）　燃ゆる限り（1）

虚無僧系図（1）　弥太郎笠（2）　地獄の接吻改訂版（2）

オリーブ地帯（1）

○法律　7

天保六道銭（1）　「黒沢作品」（1）　燃ゆる限り（1）

海の小扇太（1）　忍術三四郎（3）

○宗教　0

○教育　3

地獄の接吻（1）　忍術三四郎（2）

○風俗　14

天保六道銭（1）　靑空の仲間（1）　海の小扇太（1）

終電車の死美人（1）　やりくり社員改訂版（3）　地獄の接吻改訂版（1）

夫婦善哉改訂版（1）　忍術三四郎（1）　新日本膝栗毛（1）

三つの顔（3）

○性　0

○残酷醜汚　3

地獄の接吻（2）　海の小扇太（1）　終電車の死美人（1）

虚無僧系図（1）　地獄の接吻改訂版（2）　三つの顔（1）

○合計　41

○映画審査の部

◎本月の審査映画は次の如くである。

審査番号	題名（会社名）	審査時日 試写室	巻数	呎数	製作	企画	原作	脚本	監督	主演
1782	水戸黄門漫遊記 火牛坂の悪鬼（東映）	5.2 AM.10 東映	8	7,868		玉木潤一郎		尾形十三雄 浪江浩	伊賀山正徳	月形竜之介 千原しのぶ
1764	サラリーマン 目白三平（東映）	5.2 PM.1 東映	11	8,066	大川博	藤本真澄 金子正且 斎藤安代	中村武志	井手俊郎	千葉泰樹	笠智衆 望月優子
1750	奥様多忙（松竹）	5.6 AM.10 東劇地下	10	7,998	市川哲夫		源氏鶏太	棚田吾郎 舟橋和郎	穂積利昌	水原真知子 大坂志郎
1799	飛燕空手打ち（東映）	5.8 AM.10.30 東映	6	4,507		光川仁郎	牧野吉晴	浄明寺花子	石原均	伊沢一郎 月丘千秋
1758	六人の暗殺者（日活）	5.9 AM.10 日活	11	9,667	佐野博			菊島隆三	滝沢英輔	島田正吾 辰巳柳太郎

1814	1808	1787	1804	1800	1798	1780	1769
あばれ纏千両肌 (東 映)	歌くらべ三羽烏 (富士 映画)	浪人吹雪 (松 竹)	飛燕空手打ち 第二部 青春の斗魂 (東 映)	母の曲 (新 東 宝)	若夫婦なやまし日記 (東京 映画)	うちのおばあちゃん (日 活)	おえんさん (東 宝)
5.18 AM.10 東 映	5.17 PM. 2.30 五反田東洋	5.16 AM.10 東劇地下	5.16 AM.10 東 映	5.14 AM.10 新 東 宝	5.13 AM.10 東京映画	5.12 AM.10 日 活	5.11 AM.10 東 宝
8	8	7	6	12	5	10	11
7,585	7,086	6,010	5,184	8,868	4,171	8,698	8,890
	近江 俊郎	高木 貢一		柴田 万三	篠 勝三	岩井 金男	田中 友幸
福島 通人	近江 俊郎		光川 仁郎				
(原案) 中田 竜雄		吉川 英治	牧野 吉晴	吉屋 信子	有崎 勉	内村 直也	中野 実
舟橋 和郎	近江 俊郎	氷江 勇	浄明寺花子	笠原 良三	木村 英一 新井 一	柳沢 類寿	西島 大
萩原 遼	近江 俊郎	倉橋 良介	石原 均	小石 栄一	田尻 繁	春原 政久	本多猪四郎
中村錦之助 高千穂ひづる	近江 俊郎 小畑 実	北上弥太郎 高木 悠子	波島 進 紗里まゆみ	三益 愛子 安西 郷子	柳家金語楼 木匠マユリ	田村 秋子 北原 三枝	水谷八重子 小泉 博

1711	美わしき歳月（松竹）	5.18 PM. 6,30 大船	13	11,240	久保光三			松山善三	小林正樹	久我美子 木村功
1821	陽太郎変化（東映）	5.19 PM. 3 京都	9	8,227		田口直也	角田喜久雄	岸松雄	佐々木康	東千代之介 喜多川千鶴
1768	東京暴力団（大映）	5.20 PM. 1 大映	10	7,617	藤井朝太	岡田熱	島田一男	高岩肇	鈴木重吉	菅原謙二 矢島ひろ子
1704	綱渡り見世物侍（大映）	5.21 AM.10 大映	10	7,437	酒井箴	高桑義生	陣出達朗	賀集院太郎	加戸敏	市川雷蔵 水原真知子
1811	男一匹（新東宝）	5.21 PM. 1	10	7,654	広川聰		白井喬二	小川正 鏡二郎	並木鏡太郎	若山富三郎 花柳小菊
1761	母性日記（松竹）	5.23 AM.10 東劇地下	11	9,306	長島豊次郎			中山隆三	佐々木啓祐	市川春代 諸角啓二郎
1805	飛燕空手打ち 完結篇 月下の竜虎（東映）	5.23 PM. 6.30 五反田東洋	6	4,880		光川仁郎	牧野吉晴	浄明寺花子	石原均	波島進 藤里まゆみ
1795	新婚白書（松竹）	5.24 AM.10 東劇地下	10	7,728	山口松三郎		中野実	斉藤宗一	堀内真直	川喜多雄二 宮城野由美子

1773	天兵童子 第一篇波濤の若武者（東映）	5.25 AM.10 東映	5	4,397		大森康正 近藤径一	吉川英治	結束信二	内出好吉	伏見扇太郎 千原しのぶ
1774	天兵童子 第二篇高松城の密使（東映）	5.25 AM.10 東映	5	4,716		大森康正 近藤径一	吉川英治	結束信二	内出好吉	伏見扇太郎 千原しのぶ
1775	天兵童子 完結篇 日の丸初陣（東映）	5,25 AM.10 東映	5	4,709		大森康正 近藤径一	吉川英治	結束信二	内出好吉	伏見扇太郎 千原しのぶ
1785	あした来る人（日活）	5.25 PM.11 日活	12	10,360	山本武		井上靖	菊島隆三	川島雄三	山村聰 月丘夢路
1765	パトロールカー 33号車応答なし（東宝）	5.26 AM.10 東宝	10	8,279	田中友幸			池田一朗 谷口千吉	谷口千吉	池部良 司葉子
1802	ノンちゃん雲に乗る（新東宝）	5.27 AM.10 新東宝	10	7,566	熊谷久虎 中田博二		石井桃子	倉田文人 村山節子	倉田文人	鰐淵晴子 原節子
1801	悪魔の囁き（新東宝）	5.28 PM, 6 新東宝撮影所	9	8,187	金田良平		（原案）植草甚一	川内康範	内川清一郎	上原謙 角梨枝子
1788	渡り鳥いつ帰る（東京映画）	5.28 PM. 6.30 東京映画	13	11,556	滝村和男	佐藤一郎	永井荷風（構成）久保田万太郎	八住利雄	久松静児	高峰秀子 森繁久弥

1695–T	1790–T	1782–T	1749–T
修禅寺物語（松竹）	飛燕空手打ち（東映）	火牛坂の悪鬼（東映）	制服の乙女たち（東宝）
5．6 AM.10 東劇地下	5．2 PM．1 東　映	5．2 AM.10 東　映	5．2 PM. 12.30 東　宝
イーストマン・カラー			

1831	1830	1829
正義の快男児 中野源治の冒険 第二篇　深夜の戦慄 （東映）	正義の快男児 中野源治の冒険 第一篇ダイヤモンドの 秘密（東映）	娘の縁談 （大映）
5.31 AM.10 東　映	5.30 AM.10 東　映	5.30 AM.10 大　映
5	5	10
4,724	4,578	7,518
		藤井朝太
坪井与 松崎啓次	坪井与 松崎啓次	
山川惣治	山川惣治	林房雄
八木沢武孝	八木沢武孝	木村恵吾 高村和彦
津田不二夫	津田不二夫	木村恵吾
船山汎 天路圭子	船山汎 天路圭子	南田洋子 菅原謙二

(29)

1711-T	1769-T	1768-T	1755-T	1717-T	1800-T	1766-T	1780-T
美わしき歳月（松竹）	おえんさん（東宝）	大映ニュース第三八八号（大映）	旗本やくざ（宝塚）	落日の血斗（日活）	母の曲（新東宝）	目白三平（東映）	うちのおばあちゃん（日活）
5.16 AM.10 東劇地下	5.14 PM. 12.40 東宝	5.14 PM. 12.30 大映	5. 9 PM. 12.40 東宝	5. 9 AM.10 日活	5. 9 AM. 11.40 新東宝	5. 7 AM. 10.30 東映	5. 7 AM. 9.30 日活
		東京暴力団					

（30）

1801-T	1829-T	1830-T	1794-T	1785-T	1758-T	1814-T	1811-T
悪魔の囁き (新東宝)	大映ニュース 第三八九号 (大映)	中野源治の冒険 (東映)	大映ニュース 第三九五号 (大映)	あした来る人 (日活)	六人の暗殺者 (日活)	あばれ纏千両肌 (東映)	男一匹 (新東宝)
5.23 AM. 11.50 新東宝	5.23 AM.10 東映	5.23 AM.10 東映	5.21 AM.10 大映	5.19 AM.10 日活	5.19 AM.10 日活	5.16 AM.10 東映	5.16 AM. 11.50 新東宝
	娘の縁談		綱渡り見世物侍				

(31)

1765-T	38号車応答なし（東宝）	6.23 PM.12.40 東宝	
1821-T	闇太郎変化（東映）	5.24 AM.10 東劇地下	
1718-T	女中ッ子（日活）	5.27 PM.5 日活	特報
1705-T	春の夜の出来事（日活）	5.27 PM.5 日活	
1822-T	源太あばれ笠（松竹）	5.30 AM.10 大映	
1788-T-1	渡り鳥いつ帰る（東京映画）	5.31 PM.12.40 東宝	特報
1788-T-2	渡り鳥いつ帰る（東京映画）	5.31 PM.12.40 東宝	

E-1214	神奈川ニュース 第一〇二号（神奈川ニュース映協）	5. 2 AM.11 ムービーセンター	1	600	神奈川県広報
E-1215	日活ニュース NO.8（日活）	5. 7 AM. 9.30 日活	1	161	撮影風景等
E-1108	市政だより NO.24（北日本映画）	5. 9 PM. 1 協映社	1	200	札幌市政広報
E-1198	私達の道政 NO.2（北日本映画）	5. 9 PM. 1 協映社	1	200	北海道々政広報
E-1208	私達の道政 特報（北日本映画）	5. 9 PM. 1 協映社	1	200	北海道々政広報（田中知事三選）
E-1107	美しい彫刻 母型と活字（大阪日々）	5.10 AM. 9.30 日映	2	1,300	企画 提供 モトヤ商店
E-1218	恐喝の罠（池田プロ）	5.10 PM. 6.30 五反田東洋	5	3,934	製作担当、ヒロポン撲滅運動推進委員会 後援・覚せい剤問題対策中央本部、中央青少年問題協議会、その他
E-1217	柔道の王座（国映・大洋）	5.12 PM. 5.15 PPC	2	1,800	昭和三十年度全日本柔道選手権大会の記録

E-1229	E-1218	E-1228	E-1220	E-1225	E-1238-1	E-1237	E-1227
一九五四年日本のうたごえ（共同映画）	レヴュー誕生（松竹）	九州の電力（新理研）	神奈川ニュース第一〇三号（神奈川ニュース映協）	広重（北欧映画）	昭和三十年夏場所大相撲速報NO．1（伊勢プロ）	祖国への歌（東亜発声）	ダイヤ族（東亜発声）
5.14 PM. 1 共同映画	5.16 AM. 9 東劇地下	5.16 PM. 3 新理研	5.17 AM.11 ムービーセンター	5.17 PM.12 NCC	5.19 AM. 9.30 新理研	5.20 PM. 2 東亜発声	5.20 PM. 2 東亜発声
3	1	2	1	4	1	1	3
2,500	972	1,901	600	4,084	600	912	2,226
一九五四年「日本のうたごえ」大会の記録	「東京踊り」の記録 シネマスコープ、イーストマンカラー	企画、九州電力株式会社	神奈川県広報	企画、東京都教育委員会 第一部、浮世絵群像 第二部、広重の旅	相撲記録	原智恵子ピアノ独奏、昭和八年製作	ボルネオに住むダイヤ族の生態記録 昭和八年製作「バンザ」の改編版

E-1288 - 2	昭和三十年夏場所大相撲速報NO.2（伊勢プロ）	5.23 AM. 9.30 新理研	1	600	相撲記録
E-1285	ピジョンで五十三次（新理研）	5.23 AM. 9.30 新理研	1	750	企画・新三菱重工業（株） スクーター宣伝
E-1280	えんそく（東映十六ミリ）	5.27 AM.10 東映	2	1,750	決議の尊重遵守を説く教育劇短篇
E-1288 - 3	昭和三十年夏場所大相撲速報NO.3（伊勢プロ）	5.28 PM. 9.30 新理研	1	600	相撲記録
E-1224	無限の瞳（成城高校生徒会）	5.30 PM. 1 東映	2	1,700	原爆症再発で倒れた学友をめぐつて生徒会の学生たちの友情を描く（十六ミリ版）
E-1288 - 4	昭和三十年夏場所大相撲速報NO.4（伊勢プロ）	5.31 AM. 9.30 新理研	1	600	相撲記録
E-1240	神奈川ニュース第一〇四号（神奈川ニュース映協）	5.31 AM.11 ムービーセンター	1	600	神奈川県広報
E-1242	九十九里 1953 早大稲門シナリオ研	5.31 AM. 4.30 共同映画	2	1,250	一九五三年に於ける米軍の漁場使用に対する漁民の声を描く（十六ミリ版）

P-366	P-365	P-364	P-363
ムービー・タイムズ 第三六六号 (プレミア)	ムービー・タイムズ 第三六五号 (プレミア)	ムービー・タイムズ 第三六四号 (プレミア)	ムービー・タイムズ 第三六三号 (プレミア)
5.25 PM. 3.30 日経ホール	5.18 AM.11 日経ホール	5. 4 PM. 3.15 日経ホール	5. 4 PM. 3.15 日経ホール

(36)

○審査映画数　　三二本
内訳　松竹五、東宝二、大映三、新東宝四、
東映一二、日活三、その他三（東京二　富士一）、
○それらの予告篇　二七本
内訳　松竹三、東宝三、大映三、新東宝三、
東映六、日活六、その他三（東京二　宝塚一）、
○併映短篇映画等　二四本
内新版　二本
○スポーツ・ニュース　四本
○映画改訂希望数　七

◎以上の内改訂希望のあつたものは次の如くである。

○旗本やくざ　（宝塚）

予告篇

立廻りの時、入れ墨がバストでフラッシュ、バックするが、カット、カットが短かいので、特に短縮等の改訂希望は行わなかつたが、本篇に於て長く出るような場合は再考慮しなければならない旨製作者へ通知して善処を希望し、賛意を得た。

○悪魔の罠　（池田プロ）

飛び出しナイフのナイフが飛び出すところ二ケ所、青少年に対する悪影響を考慮して削除を希望し実行された。

（一呎一一コマ）

○一九五四年　日本のうたごえ　（共同映画）

合唱中明瞭には聴きとれないが、「アメ公帰れ」というところは、輸出の場合の国際感情を考慮して抹消を希望、実行された。

○歌くらべ三羽烏　（富士映画）

中国人まがいの人物が喜劇的な悪役として登場するが、日本人には了解出来ても輸出等の場合外国人軽視の印象を与えるおそれがないとはいえないので、その場合には誤解を招かぬような処理をされたいと希望し諒解を得た。

○男一匹　（新東宝）

最后の立廻りが少し長過ぎて、残酷感はないが過度に暴力肯定の印象を与えかねないので、少しく短縮して欲しいと希望し実行された。（九呎）

○若夫婦なやまし日記　（東京映画）

主人が先に入つている風呂へ、新婚早々の奥さんが入ろうとするところは風俗上好ましくないので削除を希望し実行された。（一二呎）

○天兵童子　（東映）

完結篇　日の丸初陣

斬られた眉間の血糊の描写は、やゝ刺戟的であり、かつ前后の雰囲気も考慮して、このカットの短縮を希望し、実行された。（三呎）

○渡り鳥いつ帰る　（東京映画）

栄子の部屋の蒲団のあるシーンは、寝乱れた感じのものであるので風俗上の点で削除を希望し、又温泉マークの一室で、伝吉がズボンをはき終つたところは、栄子がそこに寝ていることでもあり、同様削除を希望し実行された。（二四、五呎）

附記　脚本審査の際特飲街「鳩の町」であることを出来るだけ出さないよう希望し、製作者の諒承を得たものであるが、本篇のはじめに「鳩の町」の看板が出て来るなどあつたが、この場合これに対し批判も加えられて居り、特に削除等希望はしなかつた。

○九十九里　一九五三　（早大稲門シナリオ研究会）

漁師の女の裸体、風俗上の点から削除を希望し実行された。（八呎）

○宣伝広告審査の部

本月の審査に於て希望事項はなかった。

○審査終了した宣材

スチール　一、一三八枚　プレス　三九枚

ポスター　五六枚　撮影所通信その他　六枚

○映画選定記録

○成人向指定

題名（社名）	決定	理由
若夫婦なやまし日記（東京映画）	5.30	若夫婦の誇張した生活情景を描きその点この映画は成人向作品として製作されたものであると判定した。
渡り鳥いつ帰る（東京映画）	5.30	特飲街を背景とした愛情の世界を描くもので、この映画は成人向映画であると判定する。

○青少年映画委員会推薦

ノンちゃん雲に乗る（新東宝）	5.30	青少年に対し美しい現実の夢と正しい心のもち方を明るくたのしく与えるものとしてすぐれたものと考える。

各　社　封　切　記　録

封切月日	審査番号	題　名	製作会社	
松　竹				
5. 3	1556	亡命記	松竹	
5.11	1748	風雲日月双紙	松竹	
5.18	1750	奥様多忙	松竹	
	1787	浪人吹雪	松竹	
5.24	1711	美わしき歳月	松竹	
	1803	僕は横丁の人気者 2	松竹	
東　宝				
5. 3	1540	麦笛	東宝	
5.10	1684	男ありて	東宝	
5.18	1755	旗本やくざ	宝塚	
	1640	怪奇黒猫組 1	永和プロ	関西封切
5.25	1749	制服の乙女たち	東宝	
5.31	1765	38号車応答なし	東宝	
	1640	怪奇黒猫組	永和プロ	
大　映				

5. 3	1715	楊貴妃	大映	
5.15	1767	つばくろ笠	大映	
5.25	1768	東京暴力団	大映	
新東宝				
5. 3	1806	歌まつり 満月狸合戦	新芸術プロ	
5.10	1780	緋牡丹記	新東宝	
5.15	1800	母の曲	新東宝	
5.24	1811	男一匹	新東宝	
5.31	1801	悪魔の囁き	新東宝	
東映				
5. 3	1790	青龍街の狼	東映	
	1781	まぼろし小僧の冒険2	東映	
5.10	1782	火牛坂の悪鬼	東映	
	1790	飛燕空手打ち	東映	
5.18	1764	サラリーマン 目白三平	東映	
	1804	飛燕空手打ち2	東映	
5.25	1814	あばれ纏千両肌	東映	
	1805	飛燕空手打ち3	東映	
5.31	1821	閻太郎変化	東映	

5.31	1880	中野源治の冒険 I	東映	
日活				
5.8	1784	天城鴉	日活	
	1744	猿飛佐助	日活	
5.8	1648	緑はるかに	日活	
5.15	1730	うちのおばあちやん	日活	
5.22	1717	落日の血闘	日活	
5.29	1785	あした来る人	日活	
	1692	忘れないよ	近江プロ	

映画倫理規程審査記録第七一号

昭和三十年六月十日発行

発行責任者　池田義信

東京都千代田区大手町一ノ三（産経会館）

映画倫理規程管理部事務局

電話丸ノ内（28）六四一七－九番

映画倫理規程審査記録

第72号

72

映画倫理規程

審査記録

30.6.1～30.6.30

映画倫理規程管理委員会

目次

○管理部記事

△六月一日、協力員会議

九月四日発足した青少年対策実施に基く、具体的な映画選定は完成映画の場合六月一週封切作品より始められるが、映画選定の結果「推薦」若しくは「成人向」指定が確定した場合、管理部から直ちに連絡すると共に、協力員に於ても会社部内への速報伝達に努め、又特に「成人向」指定作品の場合は、一般試写招待状などには出来るだけ、その旨明記するよう努めることを申し合せた。

△六月八日、協力員会議

△六月十日、映画倫理規程管理委員会

青少年映画委員会推薦「トランペット少年」（東映十六ミリ映画部）を決定承認、又「木曾の風来坊」（日活）及び「弥太郎笠」（東映）の成人向指定を決定承認した。

最近に於ける少女誘拐事件が、その動機として映画「悪魔の囁き」を観賞し、これに影響されたものの如く新聞紙上に報道された件につき検討を行つたが、犯行少年が過去に犯罪を犯した経験もある模様であり、これらの点も含めた詳細が調査されねばならないとの結論を得、事務局は充分な関心をもつて調査に当り、青少年対策について誤解のないよう一層PRに努めるよう要望があつた。

△六月十五日、協力員会議

大阪府教育委員会の映画選定実施、東京都の条例制定の気運、神奈川県の青少年保護育成条例適用解釈等、青少年を対象とした地方当局の動きについて報告し、これらに関する情報の交換を行つた。

△六月二十二日、協力員会議

△六月二十二日、各県知事宛文書を以つて映倫の青少年対策に協賛を求めた。

△六月二十四日、映画倫理規程管理委員会

前記地方当局の動きについての事務局の照会、調査の結果を報告、併せてこれらの動きに対処し、二十日各県知事宛文書をもつて映倫の青少年対策に協賛を求めたこと等の報告を行つた。

これらの動きに対しては、映倫が重大な関心を持つてＰＲに努めると共に既定の方針に従つて映画選定の実をあげるべく一層の努力を続けることを確認した。

△六月二十四日、青少年映画委員会

推薦の基本方針につき協議し、推薦選定は出来るだけ巾広く選ぶこととし、併せて観賞の便宜としての対象年令は出来る限り具体的に示す方針を決定した。

△各撮影所に於て次の如く青少年対策に関する実施要領、審査の具体的基準等につき懇談し隔意なき意見の交換を行つた。

○六月一日　大映京都撮影所

○六月二日　宝塚映画製作所

○六月十六日　松竹大船撮影所

△六月二十一日、明治小学校講堂に於ける江東区青年団主催の「映画の青少年に与える影響について」の講演会に、主催者側の依頼により講師として事務局より一名出席し、映倫の青少年対策を中心としてＰＲを行つた。

△六月二十九日、第九回マスコミ倫理懇談会に列席

各マスコミ分野の倫理考査関係代表が集合し、当面の諸情勢に関する協議を行い、新聞紙上に報道された「東京都青少年育成条例」制定のニュースにつき、東京都民生局長富田滋氏を招き、その説明を聞いた。

富田局長の言明によれば、「現在、一部に条例制定を希望するとの声もあるので、各県の条例を研究はしているが、中央青少協の方針があくまで各界の自主活動を尊重する立前であり、条例そのものもいろいろ否定的な影響を虞れねばならぬのでその制定はよほど慎重を要する。従つて現在ではまだ原案もないし、制定の可否も決つていない状態である。今後マスコミ倫理懇談会とも充分意見を交換し、研究したいと思う」と述べ、出席者一同からも現在進行中の各界青少年対策につき、種々率直な意見と説明を開陳、同局長もその趣旨を諒承したが、マスコミ倫理懇談会としては、更に重大な関心を以てその動向を注視しつゝ、各業界自身の青少年対策を強力に推進することを申合せた。

△青少年映画委員会委員委嘱

新たに一名増員、大沢賴史氏（興連）が委嘱された（六月二十四日）

○審査記録

○脚本審査の部

◎本月の審査脚本は次の如くである。

社名	題名	受付日	審査終了日	備考
松竹	お嬢さんの求婚	五、二六	六、一	
東映	御存じ快傑黒頭巾 第二話 新選組追撃	五、三一	六、一	
大映	花の二十八人衆	五、三〇	六、四	
松竹	絵島生島	六、一	六、四	
大映	母笛子笛	六、二	六、四	
新東宝	アツカマ氏とオヤカマ氏	六、一	六、六	
新東宝	美女決闘	六、一	六、六	
日活	おしゆん捕物一番手柄	六、四	六、六	

大映	銭形平次捕物控 どくろ駕籠	六、四	六、六	
日活	沙羅の花の峠	六、四	六、六	
まどかグループ 新世紀	花ひらく	六、二	六、七	
東宝	旅がらす	六、七	六、八	「三日月直次郎」の改題
東映	まぼろし小僧の冒険 第三篇 仁王坂の追撃	六、八	六、一三	
東映	まぼろし小僧の冒険 完結篇 たつまきの決戦	六、八	六、一三	
新東宝	花真珠	六、一〇	六、一五	
東映	旗本退屈男 謎の伏魔殿	六、一三	六、一五	
松竹	愛の一家	六、一三	六、一六	
松竹	お役者小僧 江戸千両幟	六、一三	六、一六	
日活	力道山物語	六、一四	六、一六	

東映	多羅尾伴内シリーズ 第八話 復讐の七仮面	六、八	六、一八	
東映	美女と龍神	六、一五	六、一八	「鳴神」の改題
東宝	くちづけ	六、一五	六、二〇	
東映	暴力街	六、一八	六、二〇	「顔役は俺だ」の改題
東京映画	船場の娘	六、一八	六、二二	
東映	魚河岸の石松第八話 第一部	六、二〇	六、二二	
日活	白浪若衆 江戸怪盗伝	六、二二	六、二四	
東宝	初恋三人息子	六、二二	六、二九	「初恋三銃士」の改題
日活	大岡政談 人肌蝙蝠	六、二七	六、二九	
東映	紅顔の若武者 織田信長	六、二七	六、二九	
大映	かんかん虫は唄う	六、二七	六、二九	

東映	魚河岸の石松第八話 第二部	六、二七	六、二九

◎新作品　三一本

シナリオ数　三一本

内訳　松竹　四、　東宝　三、　大映　四、

新東宝　三、　東映　一〇、　日活　五、

東京映画　一、　まどかグループ　一、　新世紀　一、

◎以上の内、希望事項のあつたものは次の如くである。

○　花の二十八人衆　（大　映）

製作　酒井　箴　脚本　賀集院太郎
企画　浅井昭三郎　監督　斎藤寅次郎

幕末、東征軍の密偵と清水次郎長一家が絡む時代喜劇。

船着場で「ひうん丸」という船名の船が出るが、これは「紫雲丸」を喜劇化したものの如くであり、遭難事件に対する国民の哀悼精神に反する恐れがあるので、改訂を希望した。（国家及社会　3）

○　絵　島　生　島　（松　竹）

総指揮　高村　潔　原作　舟橋聖一
製作　白井和夫　脚本　柳井隆雄
製作補佐　高木貢一　監督　大庭秀雄

権勢をめぐる大奥の葛藤を背景に奥女中と歌舞伎役者の悲恋を描く。

宮路の台詞に「今夜」とあるのは、この場合性的連想を招く怖れがあり、削除を希望した。（風俗　1）

宮路と半四郎が芝居茶屋で酒を酌み交した揚句、宮路が「……あちらの部屋では、今頃……絵島様も云々」と言うのは叙景と前后を照合し卑猥な感じを与えかねないので「絵島様も云々」以下を削除されるよう希望した。（風俗　1）

○　美　女　決　闘　（新　東　宝）

製作　伊藤基彦　脚本　村山俊郎
原作　南条三郎　監督　冬島泰三

徳川家に亡ぼされた一族の女性達が結束してこれと対抗する悲劇。

裸女三十数人が岩風呂に入るところは、淫猥にわたらぬよう演出上の注意を希望した。（風俗　2）

○　旅　が　ら　す　（東　宝）

「三日月直次郎」の改題

原作　長谷川　伸　監督　稲垣　浩
脚本　稲垣　浩

やくざの喧嘩で殺された男から臨終に託された妻子を守つて流浪する旅鳥の純愛とやくざ渡世の悲哀を描く。

賭場の描写は雰囲気描写の程度を超えぬよう演出上の注意を希望した。（法律　1）

「…おッ母アに聞いてみな坊やが寝ちまつたらおじちやんがお父ッちやんに化けるのかつて……」という台詞は、聊か猥褻に響く恐れがあるので、適宜善処されるよう希望した。（風俗1）

○　まぼろし小僧の冒険　（東　映）

第三篇　仁王坂の追撃

企画　藤川公成　脚本　御荘金吾
原作　御荘金吾　監督　小杉　勇

幸村の遺児兄妹を守る真田の残党の活躍物語。

数ケ所の立廻りがあるが、従来まゝみられるような死者の断末魔を強調して残酷な印象を与えるしぐさを避け、所謂劍の舞踊の如きものの程度にとゞめられるよう希望した。（残酷醜汚7）

竹丸が志賀六に「…… ようし、望みどうり叩ッ殺してやる！」とあるのは、主人公側の重要人物の台詞だけに暴力肯定の感があるので「望みどおりしてやる」といつたようにしていたゞきたいと希望した。（国家及社会　4）

○　まぼろし小僧の冒険　（東　映）

第四篇　たつまきの決戦

同　前

立廻りに関しては第三篇と同様の希望をした。（残酷醜汚　7）

豊臣の残党が結集して行動を起す段は、前篇との間に距がありすぎ、この行動のうらずけがかなり印象薄になつて、単なる集団暴力の肯定となつては少年物丈けに心配であり、何らかの配慮があつてこの行動に納得出来るようにして欲しいと希望した。（国家及社会　4）

海野六郎、八千代の両親が巻末で殺されるのは、話の筋の上では仕方ないと思われるが、残酷感のないよう特に注意して欲しいと希望した。（残酷醜汚　7）

○ 旗本退屈男　（東　映）

謎の伏魔殿

企画　大森康正　脚本　高岩肇
原作　佐々木味津三　監督　佐々木康

南蛮船から奪った財宝の秘密を守るため所司代を根城として殺人を重ねる一味の悪業を暴く旗本退屈男の活躍を描く。

死体描写三ケ所は何れも醜汚にわたることのないよう演出上の留意を希望した。（残酷醜汚　7）
幽斎が女に挑む描写は痴情に失することのないよう演出上の注意を希望した。（風俗　1）

○ 力道山物語　（日　活）

製作　古賀政男　脚本　雑賀緊明
〃　茂木了次　監督　森永健次郎

力道山の波乱ある半生の中に、人生の哀歓と勝負の世界の厳しさを描く。

この映画は特に少年観客をも対象にすると考えられるので、その点も考慮して次のようなことを注意して欲しいと希望した。
全体からみて、前半、鬼涌山という協会相撲とりが、仇役とは云え少し誇張にすぎる印象がみえ、協会側を誤解せしめかねない心配もあるので、鬼涌山の演技に関しては演出上注意して欲しい。（国家及社会　1）
チャンコ頭の台詞のなかの「女郎買いの費用」とあるのは少年を考慮して止めて欲しい（教育　2）
背景として「十二、三才の少年達が数人レスリングの真似事をしている」とあるのは、世上その流行が問題視されているだけに、こゝでは必ずなくてはならぬものではないと考えられるので止めて欲しい。（教育　2）

○ くちづけ　（東　宝）

製作　藤本真澄　監督　筧正典
〃　成瀬巳喜男　〃　鈴木英夫
原作　石坂洋次郎　〃　成瀬巳喜男
脚本　松山善三

若い女性をヒロインとする三つのエピソードを描くオムニバス映画。

「二人きりになると・・抱きつくことばっかりで」「・・・男と女でこもつてれや抱きつくほかに能がねえ・・・」「ちやんと一緒になる前に抱きついたこと・・・」等は、中老夫婦又は老母の台詞ではあるが、その扱いについては品位を失することのないよう、演出上の留意を希望した。（風俗 1）

「・・・嫁さんと婿さんは結婚したらどう云う事をするか・・・」は猥褻に響く恐れがあるので適宜改訂等の方法による善処を希望した。（風俗 1）

○暴力街（東映）

「顔役は俺だ」の改題

企画 根津昇 脚本 井手雅人

〃 本田延三郎 〃 瀬川昌治

監督 小林恒夫

市政と結託して勢力を張る顔役の世界の腐敗に踏み込んだ若いやくざ者の悲劇。

全体的にみて市政と顔役の結びつきが十分批判的にあつかわれているといえない心配がある。つまり大滝組はつぶされたが、あとになお榊組があり、市長との結托が想像されるところから、市政への暗黒面はなお肯定されたままに終っており、この暗黒面に対して批判の目をむけているのは長谷川刑事ただ一人のような印象を受けるが、この大滝事件のみならず、市政全体にむかって検察側が目をつけているような印象を与えるよう、適宜改訂をされるよう希望した。又、「一小都市」という舞台が特定の都市の印象を与えないよう、特に注意を希望した。（法律 1、国家及社会 1）

○船場の娘（東京映画）

製作 若槻繁 脚本 若尾徳平

〃 三輪礼二 監督 杉江敏男

原作 織田作之助

母の辿った悲恋の道をくり返すことなく新しい時代の大阪船場の娘が強く自らの恋愛に生きる物語。

秀吉が身上話をする中で「・・・金持ちは弁護士を頼んだり、検事に渡りをつけたりして無罪になつたり・・・」とあるが、「検事に渡りをつけたりして」は誤解を招く恐れがあると思われるので再考を希望した。（法律 1）

○ 魚河岸の石松　第八話　（東　映）

第一部

企画　依田一郎　脚本　笠原良三

原作　宮本幹也　監督　小石栄一

構成　小石栄一

佐渡ケ島を背景とする二代目石松の女難物語。

真室川音頭の替え歌については、慎重に選択して欲しい旨希望した。（風俗 1）

舞台で斬られて倒れた臨時俳優キノキンが、女座長の次郎長の下から見上げる所は、猥褻にならぬよう演出上の注意を希望した。（風俗 1）

興行主が座長に云う台詞「バタフライを落つことしてもらうんだな」とあるのは、余り具体的にすぎるので削除を希望した。（風俗 1）

「貞操の危機」「テイソウのキャ」「テイソウ」などの言葉があるが、前后の関係から具体的であるので訂正を希望した。（風俗 1）

「あちらにお部屋が出来ますわよ」「ふふふ、すまんね」という対話は、具体的なイメージを出さぬよう演出上の注意を希望した。（風俗 1）

料亭の一室で好色な客二人が「一皮むいてみんことにや、チーンエイジヤーのほんとの味は出んからね」と対話する所、「ほんとの味云々」は露骨なイメージを連想さす恐れがあるので訂正を希望した。（風俗 1）

暗黒な場面で芦屋夫人になにかされると云う時の石松の台詞、「そんな所へ手を出して・・・タ、助けてくれ」の中「手を出して」は具体的すぎて露骨な連想を呼ぶと考えられるので削除を希望した。（風俗 1）

○ 白浪若衆　江戸怪盗伝　（日　活）

製作　西原孝　脚本　浅野辰雄

原作　並木行夫　監督　小林桂三郎

悪人に奪われた主家の宝刀を尋ねるお娘吉三の苦心を中心に三人吉三の活躍を描く。

賭場の描写は雰囲気を伝える程度にとゞめられるよう、演出上の注意を希望した。（教育　2）

長襦袢姿の娘を責める描写は残酷猟奇趣味に堕することのないよう、演出上の注意を希望した。（残酷醜汚　4）

大岡政談

○ 人肌蝙蝠　（日活）

製作　柳川武夫　脚本　八尋不二
原作　陣出達朗　監督　野口博志

箱根の湯治場に起つた殺人事件の謎を解く大岡越前守の活動を描く。

箱根に取材されている関係上風呂場が数ケ所出てくるが、男女共その裸体描写は注意して欲しく、特に風呂場内での女同志の立廻りは、このまゝでは裸体の問題で描写が困難となる恐れがあり、一方が全裸らしく思われるが、この方を何んとか処置して演出上注意されるのが望ましく、背景を風呂場外へ移す等、その他適宜な方法によつて善処されるよう希望した。

（風俗　2）

○ 魚河岸の石松第八話　（東映）

第二部

企画　依田一郎　脚本　笠原良三
原作　宮本幹也　監督　小石栄一
構成　小石栄一

東海地方を背景とする二代目石松の女難物語。

山中で半裸の山窩娘が同じ山窩の若者に押し倒されている所は猥褻の感のないよう、演出上その形に注意して欲しいと希望した。（風俗　1）

山窩の娘が石松の前で半裸体となり挑発的に踊る所は、猥雑の感のないよう表現して欲しいと希望した。（風俗　1）

人権尊重の建前から山窩の表現は侮蔑的に描かないよう留意されるよう希望した。（国家及社会　1）

石松が偽親分の前でする仁義は喜劇的表現でカモフラージユして、やくざ讃美に見えないよう表現されたいと希望した。
（国家及社会　2）

鉄火場のサイコロは強調して表現しないよう希望した。
（国家及社会　2）

◎ 以下一六本希望事項なし

○ お嬢さんの求婚 （松竹）

製作 大谷浩通 監督 尾崎甫
脚本 椎名利夫

親孝行で内気な青年と勝気な隣家の娘が結ばれる迄の迂余曲折のうちに人間の善意と愛情を描く。

○ 新選組追撃 （東映）

御存じ快傑黒頭巾 第二話

企画 坂巻辰男 脚本 西条照太郎
原作 高垣眸 監督 内出好吉

新選組の追撃を種々の変装で逃れながら軍用金を護送する勤皇方の浪士黒頭巾の活躍物語。

○ 母笛子笛 （大映）

製作 藤井朝太 原作 安藤日出男
企画 中代富士男 〃 村野鉄太郎
脚本 舟橋和郎 監督 斎村和彦

身分違いの為娘を残して婚家を追われた未亡人が献身的な母性愛によって再び幸福を得る迄の物語。

○ アツカマ氏とオヤカマ氏 （新東宝）

製作 藤本真澄 構成 永米重明
〃 金子正且 脚本 笠原良三
原作 岡部冬彦 監督 千葉泰樹

やかまし屋の課長を中心にスクーターセールスマンの一群の哀歓を漫画的に描く。

○ おしゆん捕物帖 （日活）

「おしゆん捕物一番手柄」の改題

製作 芦田正蔵 脚本 小国英雄
原作 久生十蘭 監督 滝沢英輔

江戸を騒がせた女の髪切り事件を岡つ引の娘が病中の父に代つて解決する物語。

○どくろ駕籠（大映）

製作 酒井箴 脚本 比佐芳武
企画 高桑義生 監督 田坂勝彦
原作 野村胡堂

大名の閨門をめぐる葛藤から生じた相次ぐ殺人事件を解決する銭形平次の活躍物語。

○沙羅の花の峠（日活）

製作 高木雅行 脚本 山村聰
原作 三好十郎 監督 山村聰

若い女子学生を中心にキャンプ旅行に出た青年達が通り合せた無医村で急性盲腸炎の少年を救う物語。

○花ひらく（まどかグループ 新世紀映画）

製作 若山一夫 脚本 瓜生忠夫
〃 木村正男 〃 柳沢類寿
原作 伊藤整 〃 魚住大二
監督 藤原杉雄

スランプに陥つてわずらわしい家庭から姿を消した劇作家を中心に描く現代風俗図。

○花真珠（新東宝）

原作 川口松太郎 監督 阿部豊
脚本 大木弘二

旧皇族の異母姉妹と且つてその農場の技師であつた復員青年をめぐる恋愛メロドラマ。

○愛の一家（松竹）

製作　保住一之助　監督　萩原徳三
脚本　光畑碩郎
失業した父を中心に愛に結ばれた一家が孤児を救う物語。

お役者小僧

○江戸千両幟　（松竹）

製作　市川哲夫　脚本　犬塚稔
〃　小倉浩一郎　〃　安田重夫
原作　子母沢寛　監督　福田晴一
悪旗本の権力と横暴によって狙われた愛人の行方を尋ねる怪盗物語を人気役者と蘭法の名医の友情を配して描く。

多羅尾伴内シリーズ　第八話

○復讐の七仮面　（東映）

企画　玉木潤一郎　脚本　比佐芳武
原作　比佐芳武　監督　松田定次
ギャングの秘密結社による相次ぐ犯罪を七つの変装を利用して探索これを解決する私立探偵の手柄話。

○美女と竜神　（東映）

「鳴神」の改題

企画　絲屋寿雄　脚本　新藤兼人
〃　山田典吾　監督　吉村公三郎
〃　大森康正
歌舞伎の「鳴神」を素材とする王朝時代の諷刺劇。

○初恋三人息子　（東宝）

「初恋三銃士」の改題

製作　本木荘二郎　監督　青柳信雄
脚本　井上梅次
孤独な父親と三人の息子の恋愛を描く下町人情劇。

○紅顔の若武者
織田信長　（東映）

企画　マキノ光雄　脚本　結束信二
〃　小川三喜雄　監督　河野寿一
原作　山岡荘八

織田信長の豪快俊敏な青年時代の風貌を描く。

○かんかん虫は唄う　（大映）

製作　酒井箴　脚本　犬塚稔
企画　浅井昭三郎　〃　吉田哲郎
原作　吉川英治　監督　三隅研次

かんかん虫の少年が孤児達のために悪徳ボスを懲す物語。

○希望事項集計

○国家及社会 8
花の二十八人衆（1）
まぼろし小僧の冒険 第三篇（1）
まぼろし小僧の冒険 第四篇（1）
力道山物語（1）
暴力街（1）
魚河岸の石松 第八話 第二部（3）

○法律 3
旅がらす（1）
暴力街（1）
船場の娘（1）

○宗教 0

○教育 2
力道山物語（2）
江戸怪盗伝（1）

○風俗 17
絵島生島（2）
美女決斗（1）
旅がらす（1）
謎の伏魔殿（1）
くちづけ（2）
魚河岸の石松 第八話 第一部（7）
人肌蝙蝠（1）
魚河岸の石松 第八話 第二部（2）

○性 0

○残酷醜汚 5
まぼろし小僧の冒険 第三篇（1）
まぼろし小僧の冒険 第四篇（2）
謎の伏魔殿（1）
江戸怪盗伝（1）

○合計 35

○映画審査の部

◎本月の審査映画は次の如くである。

審査番号	題名（会社名）	審査日時試写室	巻	呎	製作	企画	原作	脚本	監督	主演
1705	春の夜の出来事（日活）	6・2 AM.10 日活	10	8,409	山本武（「恋愛武者修業」の改題）		尾崎浩（原案）	河夢吉 中平康	西河克巳	若原雅夫 芦川いづみ
1706	続宮本武蔵 一乗寺の決斗（東宝）	6・3 AM.10 東宝	12	9,808	瀧村和男（イーストマンカラー）		吉川英治	若尾徳平 稲垣浩	稲垣浩	三船敏郎 八千草薫
1855	トランペット少年（東映十六ミリ）	6・3 AM.10 東映	5	4,580		芹川一郎	田中研（原案）	片岡薫	関川秀雄	内藤武敏 日野道雄
1833	天保六道銭 平戸の海賊（東映）	6・4 AM.11 東映	10	8,680		田口直也	村上元三	棚田吾郎	佐伯清	大友柳太朗 月形竜之介
1822	八州遊侠伝 源太あばれ笠（松竹）	6，4 PM. 4.30 京都撮影所地下	12	10,108	小倉浩一郎 石田清一		村上元三	鈴木兵吾 安田重夫	岩間鶴夫	高田浩吉 淡島千景

1764	夕立の武士（東宝）	6.6 AM.10 東宝	10	8,626	大仏次郎 渾大防五郎		大仏次郎	松浦健郎	杉江敏男	小堀明男 北川町子
1838	次郎長外伝 清水の三ン下奴（新東宝）	6.7 PM.6 五反田東洋	9	7,262	永田貞雄 （六、二四改修版審査）	岡村繁雄	山田信一（原案）	小川三郎 中川明徳	冬島泰三	北上弥太郎 宮城千賀子
1839	りゃんこの弥太郎（新東宝）	6.8 AM.10 新東宝	10	8,477	マキノ雅弘 松本常保		子母沢寛	八木保太郎 毛利三四郎	マキノ雅弘	河津清三郎 水原真知子
1797	木曾の風来坊（日活）	6.8 AM.10 日活	10	8,262	柳川武夫		長谷川伸	八尋不二	小林桂三郎	坂東好太郎 坂東鶴之助
1848	弥太郎笠（東映）	6.8 PM.6 東映	10	8,834		玉木潤一郎	子母沢寛	浪江浩 中山文夫	松田定次	片岡千恵蔵 高千穂ひづる
1515	狼（近代映協）	6.9 AM.9.30 東劇地下	14	10,788	絲屋寿雄 山田典吾 能登節雄			新藤兼人	新藤兼人	乙羽信子 高杉早苗
1820	藤十郎の恋（大映）	6.10 AM.10 大映	10	7,715	永田雅一	辻久一	菊池寛	依田義賢	森一生	長谷川一夫 京マチ子
1812	たそがれ酒場（新東宝）	6.10 PM.6 新東宝	10	8,706	柴田清一郎			灘千造	内田吐夢	津島恵子 野添ひとみ

1832	中野源治の冒険 完結篇地下砲台の恐怖（東映）	6.12 AM.9 五反田東洋	5	4,674		坪井与 松崎啓次	山川惣治	八木沢武孝	津田不二夫	船山汎 天路圭子
1857	ふり袖侠艶録（東映）	6.13 AM.10 東映	9	8,204		福島通人	旗一兵	中田龍雄	佐々木康	美空ひばり 東千代之介
1823	元禄名槍伝 豪快一代男（松竹）	6.13 AM.10 松竹	7	5,683	高木貢一			小川正	芦原正	近衛十四郎 由美あづさ
1807	五十円横町（大映）	6.13 AM.10 大映	11	8,413	藤井朝太	久保寺生郎	中野繁雄 原田光夫（原案）	井手俊郎	佐伯幸三	三益愛子 高松英郎
1776	天下の若君漫遊記 前篇 変幻出没の巻（富士映画）	6.13 PM.5.30 五反田東洋	8	6,452	今村貞雄			岡田豊	丸根賛太郎	明智三郎 千秋実
1777	天下の若君漫遊記 后篇 風雲高倉城の決戦（富士映画）	6.13 PM.5.30 五反田東洋	6	4,284	今村貞雄			岡田豊	丸根賛太郎	明智三郎 千秋実
1840	母水仙（東映）	6.14 AM.10 東映	10	8,100		坪井与 原仲光	三好一光	笠原良三	伊賀山正徳	三浦光子 東宮秀樹
1815	愛情会議（松竹）	6.14 AM.10 松竹	10	8,527	長島豊次郎		久生十蘭	富田義朗	萩山輝男	大木実 浅茅しのぶ

	1819	1849	1834	1821	1818	1816	1843	1693
	踊り子行状記（大映）	森繁のやりくり社員（新東宝）	鬼面屋敷（東宝）	虹の谷（新理研）	しいのみ学園（新東宝）	獄門帳（松竹）	終電車の死美人（東映）	東京←→香港 蜜月旅行（松竹）
	6.14 PM. 1 大映	6.15 AM.10 新東宝	6.16 AM.10 東宝	6.16 PM. 5 新理研	6.16 PM. 5 新東宝撮	6.17 PM.11 松竹京都	6.18 PM. 12.45 五反田東洋	6.20 AM. 11.30 松竹
	10	10	10	12	11	14	9	11
	7,915	8,265	7,679	9,700	8,987	11.700	8,202	9,340
	酒井箴	安達英三郎	竹井諒	（総指揮）中崎敏	永島一朗	岸本吟一		山口松三郎（「何日父親再来」の改題）
	高桑義生			浅田健三 松崎啓次 小山誠治			依田一郎 吉野誠一	
	直木三十五		佐々木味津三	小山勝清	山本三郎	沙羅双樹	朝日新聞 警視庁担当記者	
	西条照太郎 犬塚稔	川内康範	山本嘉次郎 加藤泰	八木保太郎	清水宏	井手雅人	白石五郎 森田新	野村芳太郎
	安田公義	渡辺邦男	山本嘉次郎	吉村廉 古賀聖人	清水宏	大曾根辰保	小林恒夫	野村芳太郎
	市川雷蔵 山本富士子	森繁久弥 杉葉子	嵐寛寿郎 榎本健一	左幸子 月田昌也	香川京子 河原崎建三	鶴田浩二 香川京子	堀雄二 南原伸二	佐田啓二 有馬稲子

1791	1605	1718	1844	1842	1863	1826	1828
赤いカチの花咲けば（東京映画）	修禅寺物語（松竹）	女中ッ子（日活）	虚無僧系図（東映）	海の小扇太（宝塚）	お嬢さんの求婚（松竹）	少年死刑囚（日活）	下郎の首（新東宝）
6.22 AM.10 東宝	6.22 AM.10 松竹	6.22 PM.11 日活	6.23 AM.10 東映	6.25 PM.7 東宝	6.28 PM. 10.10	6.28 PM.11 日活	6.30 AM.10 新東宝
7.8	11	14	8	10	7	12	11
7,184	9,441	12.791	7,622	8,225	5,473	9,330	8,787
三輪 礼二 新井 一	高村 潔 （イーストマン・カラー）	芦田 正蔵		高井 重徳	大谷 浩通	児井 英生	津田 勝二
三輪 礼二 目黒寶太郎			坂巻 辰男				
	岡本 綺堂	由起しげ子	吉川 英治	林 房雄		中山 義秀	
清水 信夫	八住 利雄	田坂 具隆 須崎 勝弥	八尋 不二	伏見 晁 志村 敏夫	椎名 利夫	片岡 薫 佐治 乾	伊藤 大輔
小田 基義	中村 登	田坂 具隆	河野 寿一	志村 敏夫	尾崎 甫	吉村 廉	伊藤 大輔
三条 美紀 松島トモ子	高橋 貞二 淡島 千景	左 幸子 伊庭 輝夫	市川右太衛門 花柳 小菊	中村 扇雀 沖 諒太郎	川喜多雄二 藤乃 高子	牧 真介 田中 絹代	田崎 潤 瑳峨三智子

1845	講道館四天王（大映）	6.30 PM.1 大映	10	8,056	藤井朝太	久保寺生郎		松浦健郎	枝川弘	菅原謙二 峰幸子

1778-T	天兵童子 第一篇波濤の若武者（東映）	6.4 AM.11 東映	
1848-T	弥太郎笠（東映）	6.6 AM.10.30 東映	
1764-T	夕立の武士（東宝）	6.6 AM.10 東宝	
1820-T	大映ニュース 第三九一号（大映）	6.6 PM.2.30 大映	藤十郎の恋
1889-T	りやんこの弥太郎（新東宝）	6.7 AM.11.30 新東宝	
1838-T	清水の三ン下奴（新東宝）	6.7 PM.6 五反田東洋	

1797-T	木曾の風来坊（日活）	6.8 AM.10 日活	
1706-T	続宮本武蔵 一乗寺決斗（東宝）	6.8 PM.12.40 東宝	イーストマン・カラー
1515-T	狼（近代映協）	6.9 AM.9.30 東劇地下	
1798-T	大映ニュース第三九三号（大映）	6.10 AM.10 大映	幻の馬（イーストマン・カラー）
1812-T	たそがれ酒場（新東宝）	6.10 PM.5 新東宝撮	
1848-T	終電車の死美人（東映）	6.18 AM.10 東映	
1816-T	獄門帳（松竹）	6.18 AM.10 松竹	
1776-T	天下の若君漫遊記（富士映画）	6.18 PM.5.30 五反田東洋	

1807-T	大映ニュース第三九二号（大映）	6.14 PM. 1 大映	五十円横町
1849-T	森繁のやりくり社員（新東宝）	6.15 AM.10 新東宝	
1834-T	鬼面屋敷（東宝）	6.16 AM.10 東宝	
1713-T-2	女中ッ子（日活）	6.16 PM. 12.20 日活	
1819-T	大映ニュース第四〇〇号（大映）	6.17 PM. 12.30 大映	踊り子行状記
1840-T	母水仙（東映）	6.17 PM. 12.45 東映	
1857-T	ふり袖侠艶録（東映）	6.17 PM. 12.45 東映	
1695-T	修禅寺物語（松竹）	6.17 PM. 2 松竹	イーストマンカラー

1844-T	1842-T	1698-T	1818-T	1826-T	1845-T	1878-T	1791-T
虚無僧系図（東映）	海の小扇太（宝塚）	東京↔香港 蜜月旅行（松竹）	しいのみ学園（新東宝）	少年死刑囚（日活）	大映ニュース 第三九四号（大映）	復讐の七仮面（東映）	赤いカンナの花咲けば（東京映画）
6.20 AM. 10.30 東映	6.20 PM. 12.40 東宝	6.20 AM. 11.15 松竹	6.20 PM. 2.50 新東宝	6.24 AM. 11.30 日活	6.25 PM. 2.30 大映	6.28 AM.10 東映	6.29 PM. 12.40 東宝
					講道館四天王	特報	

E-1226	水上の対決（プレミア）	6.2 AM.11 日経ホール	2	1,708	プロレスリング
E-1281	月のかんさつ（東映十六ミリ）	6.3 AM.10 東映	1	324（16ミリ）	科学教材映画
E-1238	絵で見る日本経済（電通）	6.4 AM.10.30 電通映画	1	200	企画、日本銀行貯蓄推進部・貯蓄増強中央委員会 貯蓄奨励
E-1246	北海道の林業（産経新聞）	6.11 AM.11.30 産経ホール	2	2,000	北海道の林業紹介
E-1245	神奈川ニュース第一〇五号（神奈川ニュース映協）	6.14 PM.1.30 ムービーセンター	1	600	神奈川県広報
E-1244	激斗する人魚（創造プロ）	6.20 AM.10.30 東映	3	2,220	女子プロレスリングの練習風景と水上試合を描く
E-1248	観音さまお誕生（国映）	6.27 PM.7 PPC	2	1,600	霊山観音建立と参詣の子供をめぐる短篇劇

E-1205	太陽の子供たち（読売映画）	6.28 PM.1 日経ホール	8	2,400	企画、法務省 村の一少女の人身売買をめぐる人権擁護活動を描く
P-367	ムービー・タイムズ 第三六七号（プレミア）	6.2 AM.11 日経ホール			スポーツニュース
P-368	ムービー・タイムズ 第三六八号（プレミア）	6.8 AM.11 日経ホール			〃
P-369	ムービー・タイムズ 第三六九号（プレミア）	6.15 AM.11 日経ホール			〃
P-370	ムービー・タイムズ 第三七〇号（プレミア）	6.22 AM.10.30 日経ホール			〃
P-371	ムービー・タイムズ 第三七一号（プレミア）	6.20 AM.10.15 日経ホール			〃

S-200	少年太閤記（東映教育映画部）	6.21 AM.11 東映	5	4,500	新書太閤記第一篇流転日吉丸（二八、五、製作審査番号九七〇）の改題改編
S-199	紅孔雀（東映）	6.30 AM.10 東映	11	9,084	総集版 二九〜三〇、製作審査番号一五八八、一五八九、一六〇一、一六二二、一六二三、五部作の改編

○審査映画数　　　　三八本

内訳　松竹七、東宝三、大映四、新東宝六、

東映七、日活四、その他七（富士二、宝塚一、東京一、新理研一、近代映協一、東映十六ミリ一、）

○それらの予告篇　　三〇本

内訳　松竹三、東宝三、大映五、新東宝五、

東映七、日活三、その他四（富士一、宝塚一、東京一、近代映協一、）

○併映短篇映画等　　八本

○スポーツ・ニュース　五本

○新　版　　　二本

○映画改訂希望数　　四

◎以上の内改訂希望のあつたものは次の如くである。

○八州遊侠伝 源太あばれ笠（松竹）

笞刑、婦女の射殺、立廻り等四ケ所、過度に残酷感がある部分の削除を希望し実行された。（八五呎）

○彌太郎笠（東映）

松井田の虎太郎が殺害されるシーンは過度に残酷な感じがあるので削除を希望し、実行された。（四呎）

○天下の若君漫遊記 后篇 風雲高倉城の決戦（富士映画）

賭場の描写の一部、削除を希望し、実行された。（二一駒）

○芸者小夏 ひとり寝る夜の小夏 予告篇（東宝）

旦那の佐久間が夏子を抱擁する場面の一部削除を希望し実行された。

○下郎の首（新東宝）

オール・ラッシュを内審し、最後の河原の立廻りで、一同が最后のとゞめをさす部分は残酷にすぎるので、やめてもらうよう希望し、実行された。

○たそがれ酒場（新東宝）

不良同志の対立で、一方が威嚇的に相手の手の甲にフォークを突き刺す動作は、演出処理で残酷感をさ程与えないよう留意されてあるので、そのままとした。

○母水仙（東映）

みち子が旦那に挑まれる場面、カメラがパンでなめる時、一瞬布団と枕一つが見えるが、すぐ消えるし、枕も一つにしてあつて、瞬間なので猥雑感の起る間がないと思われ、特に削除等の希望はしなかつた。

但し、今後はかゝる布団や枕を配した描写は、なるべくひかえるよう徹底して欲しいと希望した。

又、心中のところも、薬品名は不明であり、死顔もきたなくなく、且つこれは死亡でなく仮死なので残酷醜汚その他の感をいだかせる恐れはないものとした。

○宣伝広告審査の部

本月の審査に於て希望事項はなかつた。

○審査終了した宣材

スチール	一、六九三枚	プレス	五二枚
ポスター	九七枚	撮影所通信その他	一二枚

◎ 映画選定記録

○ 成人向指定

題名	決定日	理由
木曽の風来坊（日活）	6. 8	やくざの生態を中心として全篇が描かれている点よりしてこの映画を成人向と判定する。
弥太郎笠（東映）	6. 8	やくざの生態を中心として全篇が描かれている点よりしてこの映画を成人向と判定する。
元禄名槍伝 豪快一代男（松竹）	6.13	賭場の詳細な描写があり、これが青少年に対する影響を顧慮して成人向作品と判定する。
次郎長外伝 清水の三ン下奴（新東宝）	6.24	稍々喜劇的に扱われてはいるが、やくざの生態を中心として全篇が描かれている点よりして、この映画を成人向と判定する。

註＝選定事情

1 元禄名槍伝
豪快一代男（松竹）

賭場が三回出る。賭博と賭博者の刺青を含む描写が、大写接写で描写されて居り、これをカットすれば意味が通じなくなるので、カットしないで、成人向指定とすることに製作社と意見の一致を見た。従つて成人向ならば、この賭場の描写は削除する必要のない程度と認めたものである。

2　次郎長外伝

清水の三ン下奴　（新東宝）

六月七日審査の時は、指定基準の観点から見ると、万全とは云い得ない多少の滓が残つていたが、この映画の脚本提出が五月五日以前になされている点等を考慮して、成人向指定とはせず、将来一段の研究が望ましい旨希望するに止めたが同月二十四日の自主改修版に於ては、「やくざ讃美」的な浪曲が、追加挿入されていて、全般的に「やくざ調」が濃厚になつたので、製作者側の了解を得た上成人向指定とした。尚これに伴い、当初の「次郎長外伝」という傍題を復活させることにも意見の一致を見た。

○ 青少年映画委員会推薦

題名	決定日	理由
トランペット少年（東映十六ミリ映画部）	6.8	情操を高め、人間的愛情を豊かに育てる明るい娯楽作品として広く青少年観客に推薦する。
青い大陸（東和映画提供、伊、デルフイヌス映画作品）	6.14	ゆたかな知識と教養を高める健実な自然映画として推薦する。色彩による海中撮影の技術的成功も特に考慮した。
虹の谷（新理研）	6.16	豊かな動物愛、人間的愛情を以つて全篇が貫かれ、且つ山間住民の勤労事情に関する知識を深めるに資すると共に、劇映画としての動きの面白さにも十分なるものが認められる。特に高学年向に好個の明るい娯楽作品として推薦する。
しいのみ学園（新東宝）	6.17	人間的愛情を広く豊かに育てる作品としてすすめたい。小学校五、六年以上に特にすすめたいものである。
ファンタジア（大映配給・米ウオルトデイズニープロ）	6.23	美に対する感覚をひろく洗錬し情操をたかめるものとしてすすめたい。ことに色彩感覚と音楽とに対する高度な技功と演出とをもたかく評価したいと思う。
女中ッ子（日活）	6.24	少年と女中との素朴な愛情を描いたものとして、とくに十五六才以上の青少年にこれをひろくすすめたい。

各 社 封 切 記 録

封切月日	審査番号	題名	製作会社	
松竹				
6.1	1795	新婚白書	松竹	
6.7	1822	源太あばれ笠	松竹	
6.15	1761	母性日記	松竹	
6.21	1816	獄門帳	松竹	
6.29	1603	東京←→香港蜜月旅行	松竹	
	1823	豪快一代男	松竹	
東宝				
6.7	1769	おえんさん	東宝	
6.14	1764	夕立の武士	東宝	
	1641 1642	怪奇黒猫組 2 3	永和プロ	
6.21	1788	渡り鳥いつ帰る	東京映画	
	1747	弥次喜多漫才道中 腰抜け一家の巻	宝塚	
6.28	1842	海の小扇太	宝塚	
大映				
6.1	1829	娘の縁談	大映	

6、8	1778	月を斬る影法師	大映	
6.15	1820	藤十郎の恋	大映	
6.22	1807	五十円横丁	大映	
6.26	1819	踊り子行状記	大映	
新東宝				
6.7	1802	ノンチヤン雲に乗る	新東宝	
6.13	1830	りやんこの弥太郎	新東宝	
6.19	1812	たそがれ酒場	新東宝	
6.28	1818	しいのみ学園	新東宝	
東映				
6.7	1833	天保六道銭	東映	
	1831	中野源治の冒険 2	東映	
6.13	1848	弥太郎笠	東映	
	1832	中野源治の冒険 3	東映	
6.21	1843	終電車の死美人	東映	
	1773	天兵童子 1	東映	
6.28	1844	虚無僧系図	東映	
	1774	天兵童子 2	東映	
日活				

6・6	1758	六人の暗殺者	日活	
6.14	1705	春の夜の出来事	日活	
6.19	1797	木曾の風来坊	日活	
6.26	1713	女中ッ子	日活	

映画倫理規程審査記録第七二号

昭和三十年七月十日発行

発行責任者　池　田　義　信

東京都千代田区大手町一ノ三（産経会館）

映画倫理規程管理部事務局

電話丸ノ内(23)六四一七ー九番

映画倫理規程審査記録

第73号

73

映画倫理規程

審査記録

30.7.1～30.7.31

映画倫理規程管理委員会

目次

○管理部記事

△映画倫理規程管理委員会七月八日

審査状況、映画選定状況を検討確認。

△青少年向推薦、成人向指定映画の表示弘報について。

選定の結果は、その都度迅速に各都道府県の関係当局部面、新聞、ラジオ等報道関係利用関係団体等に通報し、有効適切な利用を図られるよう努力しているが事務局の調査した範囲では、相当有効に利用し適切な動員が図られている。

映画館の館前表示については、日本興行組合連合会の協力によって、傘下各上映館に表示がなされているが、なお一般への周知通報の手段としては、製作配給面の宣伝広告に、これを明示することが必要で、且つ最適であると、六月二十七日興連よりその実施につき関係部面へ勧奨要望があつた。また七月二十五日、中央青少年問題協議会より山形県下に於ては、館前表示等が充分に実施されていないから中央に於て指示等処方を願いたいと同県青少協七月八日付要望を副え、弘報表示の徹底について勧奨があつた。

△未審査外国映画の審査要望について、

七月四日、中央青少年問題協議会より、神奈川県児童福祉審議会から青少年対策としての映画選定を映倫が実施したことは世論に応えること大なるものがあるが、外国映画の審査制度が充分に確立されていないことは、この効果を減殺するばかりでなく影響も看過出来ないので、関係方面へ中央から勧奨されたいと意見具申 要望があつたと、その実現方につき勧奨があつた。神奈川県児童福祉審議会より映倫宛にも同様趣旨の要望が七月十四日あつた。

△映画倫理規程管理委員会七月二十九日

審査状況、映画選定状況につき検討確認、

前記二項の要望及、地方の動き等につき検討協議を行い、

未審査外画の問題については関連方面と促進するよう決議、

又映画選定結果の迅速なる一般への周知徹底については、地方当局に於ては、なお映倫の活動を不十分なりとして独自の活動を行わんとする傾向もあり、一層弘報に努力すると共に、製作配給、宣伝関係にも一般への迅速なる周知徹底方法を講ぜられるよう要望することを決議した。

△青少年映画委員会七月二十九日

指定及推薦結果の弘報、迅速なる一般への周知徹底方法、地方並びに世論のこれに対する要望等について検討を行い、これについては、委員会の強固な活動を実現し、各都道府県への連絡を徹底させ、青少年映画委員会の活動を充分認識されるようにすると共に成人向指定映画については、これを一般に周知させる方法として各都道府県の各機関に連絡すると共に製作、配給、宣伝関係方面に対しても一般周知方の徹底を要望することを決議した。

推薦映画については、各団体等へ製作配給方面と連絡をとり、一刻もはやく徹底をはかり、青少年の観覧を一人でも多く動員する方法を講ずることを決議した。

推薦試写の方法について協議し、推薦決定は、少くも五人以上の委員によつて行われるよう、委員の出席、試写時刻の調整勘案に事務局は努力することとした。

△シナリオ作家協会と青少年対策実施、具体的基準について懇談七月六日

△東京都青少年委員協議会に列席七月九日

青少年対策実施とその状況について説明。

△第十回マスコミュニケーション倫理懇談会列席七月十一日

地方条例について懇談意見交換。

△東京都教育委員会「青少年に良い映画のお知らせ」打合に列席、七月二十一日

青少年映画委員会等五団体の青少年向推薦映画を都教委弘報として八月よりラジオ、新聞その他に発表されることとなつた。

△協力員会議。

六日、十四日、二十一日、二十七日開催し、週間の審査状況について意見を交換。

△「青少年対策実施報告」現在までの同問題径緯を集約し、七月末関係方面へ広く提出した。

○審査記録

○脚本審査の部

◎本月の審査脚本は次の如くである。

社名	題名	受付日	審査終了日	備考
東京映画	愛の歴史	六、二九	七、二	
東映	夕焼け童子 第一篇 出羽の小天狗	六、二九	七、四	
東映	夕焼け童子 第二篇 暁の槍騎隊	六、二九	七、四	「第二篇 暁の槍騎兵」の改題
大映	新平家物語	七、四	七、六	
大映	浅草の鬼	七、四	七、六	
東宝	姿なき目撃者	七、四	七、六	「誰かゞ地獄へ急いでる」の改題
松竹	かりそめの暦 第一部 たそがれの過失	六、二九	七、一一	
松竹	かりそめの暦 第二部 幸福の岸	六、二九	七、一一	

松竹	花嫁はどこにいる	七・一	七・一一	
松竹	泉	七・六	七・一一	
松竹	荒木又右衛門	七・六	七・一一	
新東宝	身代り紋三 地獄屋敷	七・六	七・一一	「身代り紋三」の改題
新東宝	風雲三条河原	七・六	七・一一	「人斬り以蔵」の改題
東映	幻術影法師	七・六	七・一一	
東映	幻術影法師 第二篇 快剣士梵天丸	七・六	七・一一	
新東宝	我が名はペテン師	七・八	七・一一	
日活	銀座二十四帖	七・一一	七・一二	
日活	月夜の傘	七・一一	七・一二	
東映	力闘空手打ち	七・一一	七・二〇	

東映	力闘空手打ち 第二篇 挑戦鬼	七、一一	七、二〇	
東映	力闘空手打ち 第三篇 復讐の対決	七、一一	七、二〇	
大映	新女性問答	七、一八	七、二〇	
東映	牢獄の花嫁	七、二〇	七、二二	
大映	お父さんはお人好し	七、二〇	七、二三	
大映	婦系図 湯島の白梅	七、二〇	七、二三	
東宝	潮騒	七、二〇	七、二七	
東宝	哀しき母	七、二〇	七、二七	
東映	だんまり又平 飛燕闘双	七、二二	七、二七	
新東宝	三等社員と女秘書	七、二五	七、二七	
日活	自分の穴の中で	七、二五	七、二八	

（6）

◎新作品――三〇本

シナリオ数――三〇本

内訳

松竹　五、　東宝　三、　大映　五、

新東宝　四、　東映　九、　日活　三、

東京映画　一、

◎以上の内、希望事項のあったものは次の如くである。

○愛の歴史（東京映画）

企画 本木荘二郎 脚本 須崎勝弥
製作 山崎喜暉 〃 山本嘉次郎
原作 山村黎次郎 監督 山本嘉次郎

野戦看護婦と兵士の間に芽生えた恋が戦后の社会に辿る変転の姿を描く。

手錠をはめられている犯人に対して警官の一人がいきなり警棒で頭をなぐりつけ昏倒させると云うところがあるが、この警官の行為は異常であり、改訂を希望した。（法律 1）

○浅草の鬼（大映）

製作 藤井朝太 脚本 井手雅人
企画 塚口一雄 〃 瀬川昌治
原作 浜本浩 監督 松林宗恵

浅草の舞台俳優を中心にその恋愛と人情の葛藤を描く。

お新がスリを働きながら何んの制裁も受けず、又何んの批判もないのは困ると思われるので改訂を希望した。（法律 1）

○姿なき目撃者（東宝）

製作 田中友幸 脚本 日高繁明
原作 渡辺啓介 監督 日高繁明

不行跡の証拠を撮られた悪女が、その少年を殺害しようと企むスリラア物。

カメラ狂の少年を強いてヌード写真への関心を煽り立て、ひいてはヌード撮影をせしめる件りは異常でもあり、又、相手が少年でもある点、教育上、又、性風俗の点からしても好ましくないと思われるので、全面的に改訂を希望した。
（教育 2、性 3、風俗 1）

女が少年をして他人の姦通の証拠となる写真をぬすみ撮りさせる件りは、これまた少年相手のことであるので穏当でない。たとえ物語の展開上止むを得ざるにしても、未成年少年が脅迫、強要の結果、心ならずも強要者の計画に参加せざるを得ないような

風にして欲しいと希望した。（教育 2）

舞踊教師と情婦らしき女との描写は情慾的なものに至らぬよう演出上留意して欲しいと希望した。（性 1）

少年の春の目覚めを思わせる描写は本篇の性質上からは聊か異常なものが感じられる。無邪気な一少年として取扱われるよう演出上の善処を希望した。（教育 2）

○ かりそめの唇 （松竹）

一部 たそがれの過失

○ かりそめの唇 （松竹）

二部 幸福の岸

製作 長島豊次郎 脚本 馬場当

原作 北条誠 監督 番匠義彰

若いジャーナリストと多くの女性群を中心に描く恋愛葛藤図。

正妻がありながら妾をもつことを無批判に、当然のことのように扱うのはどうかと思われる。即ち、志津と云う妾になっている本人の自己卑下は出ているが周囲がそれを当然化している印象に問題があるのではないか。この点卑見の言葉を通じてなり何等かの方法を講じて欲しいと希望した。（国家及社会 2）

それにつれて、志津の母の台詞のうちの「変なものをくわえ込んだり」とか「おまけにおつとめは一週に一度」なりは、少し直接的にすぎる印象を与えるので訂正を希望した。（風俗 1）

西沢と云う医師の、女の関係が全体を通じて医師一般の何か当然の行為のように印象ずけては困るので、夫人が由起子に語る台詞のなかでこの人だけの不品行の印象になおしていたゞきたい旨希望した。（国家及社会 1）

千春に迫る北野の行動は過度に煽情的でないよう演出上の配慮を希望した。（風俗 1）

剛造が終りで一時行方をくらますのは会社の経営不振の借財のためか、それにひきつれての刑事事件のためか説明不十分でわからない点もあるので、志津にむかつて「何とかこれだけはかくしおおせた私の最後の残りの金だ」とあるのは、この金が結局最後に志津の申出で返還されるにせよ、その辺の誤解を招かぬため、犯罪或は隠匿の意味をにおわせない台詞に訂正して欲しいと希望した。

（法律 1）

○風雲三条河原 （新東宝）

「人斬り以蔵」の改題

企画 浜田右二郎 脚本 西亀元貞
製作 野坂和馬 監督 並木鏡太郎

幕末の暗殺者岡田以蔵が人間的愛情に飢えて同志を裏切る悲劇。

殺人剣戟場面が可成り多く相当その点演出上の注意が望ましく、さもないとこの映画は暴力讃美、或は徒に残虐をのみ感じさせるものとなる懸念がある。特に殺人、死体の描写、剣戟の場面など残酷醜汚の感じを出来る丈避けるよう十分演出上の注意をして欲しいと希望した。（残酷醜汚 7）

色街及びこれに関する描写は出来る丈簡略にして、風俗上の点で十分演出上の注意を望んだ。又、お峰の身売りに関しては批判をもつと強調するよう希望した。（風俗 1、性 2）

○銀座二十四帖 （日活）

製作 岩井金男 脚本 柳沢類寿
原作 井上友一郎 監督 川島雄三

少女時代の肖像画を頼りに、幼なじみを尋ねる夫人と花売りの青年を中心に銀座の風俗を描く。

ジープと云う男が注射器を腕に差し込んでいるところは、注射器の針が直接腕に刺つている描写を避けるよう、演出上の注意を希望した。（残酷醜汚 6）

警官のセリフ「おいコニイ保釈だ」は、この場合釈放の方が正しく、コニイの台詞「失敗しました。保釈は誰でしょうか」の「保釈」も「身柄引受人」の方が適当と思われるので訂正を希望した。（法律 1）

悪漢克巳が拳銃を自分の頭へ向けて発射する。克巳の身体は銀座の灯の上へ落ちて行く……と云う処、讃美的にならぬよう演出上の注意を希望した。（法律 1）

○力闘空手打ち （東映）

企画 光川仁郎 脚本 旗一兵
原作 牧野吉晴・森田新

監督　伊賀山正徳

兇の無実を立証する為、悪の一味と斗う若い空手武道家を描く。

浴室場面、男の入浴であるが、全裸描写は限度を超えぬよう（風俗　2）　又、磯村が奕代子に挑む件（風俗　1）　殺害描写（残酷醜汚　7）等、何れも演出上留意して欲しいと希望した。

○　力闘空手打ち　（東　映）

第二篇　挑戦児

台詞で「俺がやる、沢田は俺に殺さしてくれ」の「殺さして」は此の場合、殺伐に過ぎるので、適宜善処方を希望した（法律　1）　仕込杖、ドス等の使用は必要の最小限度に止め、濫用にわたることのないよう演出上の注意を希望した。（法律1ロ）

○　力闘空手打ち　（東　映）

第三篇　復讐の対決

磯村が奕代子に迫る愛慾場面（風俗　1）　ジャンクの政のナイフ投げによる殺人計画場面（法律　1、ロ）は共に夫々過度又は刺戟的にすぎることのないよう演出上の注意乃至は工夫を希望した。

○　お父さんは　お人好し　（大　映）

製作　酒井　箴　原作　長沖　一
企画　瀬口勝矣　脚本　伏見　晃
企画　土田正義　監督　斎藤寅次郎

お人好しで子沢山の果物屋一家をめぐる喜劇。

文子が石橋（医師）の持っている注射器を取ってその腕に注射するのは喜劇的表現であることはわかるが、医師法違反であるので適宜訂正して欲しいと希望した。（法律　1）

○　婦系図　湯島の白梅　（大　映）

製作　藤井朝太　脚本　衣笠貞之助
企画　土井逸雄　〃　相良　準

原作　泉　鏡花　監督　衣笠貞之助

明治のなかば、恩師への義理故に仲を割かれた若い学徒と芸妓の悲恋を描く。

傍題として「婦系図」よりの映画化であることを明示してあれば、脚本に関する限り新派の名作の映画化として問題ないと思われるので、明示の件を特に忘れぬよう希望した。

（国家及社会　2）

○　だんまり又平
飛竜無双　（東　映）

企画　玉木潤一郎　脚本　浪江　浩
原作　陣出達朗　〃　深田金之助
監督　佐々木　康

土佐又平の特異な風格とその妻の献身的な愛情を描く。

魚獲禁止の池で腕白小僧が鯰を獲り、又平も是認している件、一考を願いたいと希望した。（教育　1）

又平、徳江の新婚当夜の場面は、演出上十分注意して欲しいと希望した。（風俗　1）

○　三等社員と女秘書　（新　東　宝）

製作　金田良平　脚本　野村浩将
原作　北町一郎　〃　勝俣真三
監督　野村浩将

大阪の会社から東京へ債権取立てに派遣された三人の青年が苦心惨憺の末成功して係長に昇進するユーモラスな物語。

京子が見る新聞の見出しタイトル「ソ連又々黙秘権行使」云々とあるのは外国感情を刺戟すると云うほどのことはないような使い方であるが、それだけにまたこれでなければならぬとも思えないので、「ソ連」は他の心配のない言葉に代えて欲しいと希望した。（国家及社会　3）

○　自分の穴の中で　（日　活）

製作　岩井金男　脚本　八木保太郎
原作　石川達三　監督　内田吐夢

美しい継母とその継子兄妹をめぐる愛憎の葛藤の中に現代人のエゴイズムを描く。

箱根の宿及び伊東の別荘に於ける愛慾描写は共に煽情に傾かぬよう演出上十分の注意を希望した。（風俗 2）

喀血描写は醜汚にわたることのないよう演出上の留意を希望した。（残酷醜汚 7）

◎以下一五本希望事項なし

○夕焼け童子　（東映）

第一篇　出羽の小天狗

○夕焼け童子　（東映）

第二篇　暁の槍騎隊

企画　藤川公成　脚本　小川正
原作　白井喬二　監督　小沢茂弘

戦国の角逐斗争を背景に槍の修業にいそしむ天才少年の活躍を描く。

○新平家物語　（大映）

製作　永田雅一　脚本　依田義賢
企画　川口松太郎　〃　成沢昌茂
〃　松山英夫　〃　辻久一
原作　吉川英治　監督　溝口健二

武家勃興期に於ける平清盛の青年時代を描く。

○花嫁はどこにいる　（松竹）

製作　山口松三郎　脚本　椎名利夫
原作　永来重明　〃　野村芳太郎
監督　野村芳太郎

製薬会社の技師とスチュワーデスをめぐる明るい恋愛葛藤を描く。

○泉　（松竹）

製作　桑田良太郎　脚本　松山善三

原作　岸田国士　監督　小林正樹

孤独な老斜陽族の美しい女秘書を中心に若い学徒とたくましい野性の男の恋愛感情の交錯を描く。

○荒木又右衛門　（松竹）

総指揮　高村潔　校閲　村上元三
製作　白井和夫　脚本　鈴木兵吾
製作補　岸本吟一　監督　堀内真直
原作　長谷川伸

伊賀の仇討事件をめぐつて旗本と大名の抗争に対処する荒木の行動を描く。

○身代り紋三　地獄屋敷　（新東宝）

製作　柴田清一郎　脚本　松浦健郎
原作　野村胡堂　〃　神戸浩
監督　加戸野五郎

同志の身代りとなつて捕えられた勤王の志士に絡む敵味方の女たちの恋と恩愛の葛藤を描く活劇。

○幻術影法師　（東映）

○幻術影法師　（東映）
第二篇　快剣士楚天丸

企画　田口直也　脚本　尾形十三雄
原作　野村胡堂　監督　丸根賛太郎

由井正雪の遺児兄弟をめぐる幻術合戦を描く活劇物。

○我が名はペテン師　（新東宝）

製作　安達英三郎　原作　キノトール
〃　前川洋祐　〃　小野田勇
脚本　須崎勝弥　監督　渡辺邦男

名代のペテン師が世を茶化しながら善意の人々に幸福をもたらしてゆく物語。

○月夜の傘　（日活）

製作　坂上静翁　脚本　井手俊郎
原作　壺井栄　監督　久松静児

郊外の住宅地に住む四家庭をめぐるいくつかの小事件が織りなす庶民生活の哀歓を描く。

○新女性問答　（大映）

製作　藤井朝太　脚本　長谷川公元
企画　塚口一雄　〃　島耕二
監督　島耕二

大阪から東京に進出した繊維会社の社長令嬢が合併を名目に会社乗取を策する商売仇の陰謀を紛砕する物語。

○牢獄の花嫁　（東映）

企画　大森康正　脚本　五都宮雅人
原作　吉川英治　監督　内出好吉

大名のお家騒動にまき込まれて無実の殺人罪に問われた吾が子を事件の真相を暴いて処刑寸前に救つた老与力の活躍を描く。

○朝霧　（東宝）

製作　田中友幸　脚本　猪俣勝人
原作　阿部知二　監督　丸山誠治

高原の大学に学ぶ青年と人の世話を受けながら学資を送るその姉を中心に青春の哀歓を描く。

○美しき母　（東宝）

製作　堀江史朗　脚本　浄明寺花子
原作　林房雄　監督　熊谷久虎

落魄した身をその奉公人の家に寄せて子の為に女工となり苦斗する母の姿を成長したその息子の回想によつて描く。

○希望事項集計

○国家及社会　4
かりそめの居（2）　湯島の白梅（1）　三等社員と女秘書（1）

○法　律　9
愛の歴史（1）　浅草の鬼（1）　かりそめの居（1）
銀座二十四帖（2）　力斗空手打ち第二篇（2）　力斗空手打ち第三篇（1）
お父さんはお人好し（1）

○宗　教　0

○教　育　4
姿なき目撃者（3）　飛龍無双（1）

○風　俗　9
姿なき目撃者（1）　かりそめの居（2）　風雲三条河原（1）
力斗空手打ち第一篇（2）　力斗空手打ち第三篇（1）　飛龍無双（1）
自分の穴の中で（1）

○性　3
姿なき目撃者（2）　風雲三条河原（1）

○残酷醜汚　4
風雲三条河原（1）　銀座二十四帖（1）　力斗空手打ち第一篇（1）
自分の穴の中で（1）

○合　計　33

〇映画審査の部

◎本月の審査映画は次の如くである。

審査番号	題名（会社名）	審査試写時日室	巻数	呎数	製作	企画	原作	脚本	監督	主演
1709	あすなろ物語（東宝）	7.1 AM.10 東宝	11	9,750	田中友幸		井上靖	黒沢明	堀川弘通	久保明 久我美子
1841	源義経（東映）	7.1 AM.10 東映	9	8,684	大川博	マキノ光雄 藤本真澄 大森康正	村上元三	八尋不二	萩原遼	中村錦之助 中原ひとみ
1809	芸者小夏 ひとり寝る夜の小夏（東宝）	7.2 AM.10 東宝	11	9,465	佐藤一郎		舟橋聖一	梅田晴夫 宮内義治	青柳信雄	岡田茉莉子 志村喬
1861	天晴れ腰抜け珍道中（松竹）	7.2 PM.5.30 京都撮	9	7,985	杉山茂樹		福田蘭童	鈴木兵吾 中山隆三	穂積利昌	伴淳三郎 アチャコ
1796	七つボタン（日活）	7.3 PM.5 日活	11	9,680	高木雅行			古川卓巳 五島福江	古川卓巳	三国連太郎 新珠三千代

1865	花の二十八人衆（大映）	7.4 AM.10 大映	10	7,685	酒井 箴	浅井昭三郎		賀集院太郎	斎藤寅次郎	勝 新太郎 矢島ひろ子
1866	御存じ快傑黒頭巾 新選組追撃（京映）	7.4 AM.10 東映	8	7,440		坂巻 辰男	高垣 眸	西条照太郎	内出 好吉	大友柳太郎 喜多川千鶴
1835	地獄の接吻（日活）	7.5 PM.5.30 日活	10	8,218	浅田 健三			高岩 肇 田辺 朝治	野口 博志	河津清三郎 利根はる恵
1824	疾風の晴太郎（宝塚）	7.6 AM.11 東宝	8	6,618				奥沢 二郎 加味 鯨児	佐藤 幸也	沖 諒太郎 佐々木孝丸
1872	銭形平次捕物控 どくろ駕籠（大映）	7.7 PM.1 大映	10	7,985	酒井 箴	高桑 義生	野村 胡堂	比佐 芳武	田坂 勝彦	長谷川一夫 榎本 健一
1798	幻の馬（大映）	7.8 PM.1 大映	12	8,140	永田 雅一	塚口 一雄 （イーストマン・カラー）		長谷川公之 島 耕二	島 耕二	若尾 文子 岩垂 幸彦
1858	怪談牡丹燈籠（東映）	7.9 AM.10 東映	6	5,087		大森 康正		野淵 昶	野淵 昶	東千代之介 田代百合子
1876	まぼろし小僧の冒険 第三篇 仁王坂の追撃（東映）	7.10 AM.11 東映	5	4,686	静川 公成		御荘 金吾	御荘 金吾	小杉 勇	伏見扇太郎 千原しのぶ

1877	まぼろし小僧の冒険 完結篇たつまきの決戦 (東映)	7.10 AM.11 東映	5	4,464	藤川 公成		御荘 金吾	御荘 金吾	小杉 勇	伏見扇太郎 千原しのぶ
1817	リオの情熱 (新東宝)	7.11 AM.10 新東宝	11	8,289	佐野 博			長瀬 喜伴	瑞穂 春海	大木 実 安西 郷子
1878	多羅尾伴内シリーズ 復讐の七仮面 (東映)	7.11 PM.1 東映	10	8,999		玉木潤一郎	比佐 芳武	比佐 芳武	松田 定次	片岡千恵蔵 三浦 光子
1827	娘の人生案内 (大映)	7.11 PM.8 大映	12	8,420	藤井 朝太	中代富士男		八住 利雄	田中 重雄	南田 洋子 根上 淳
1852	由起子 (聖林映画中央映画)	7.12 AM.10 松竹	11	9,416	伊藤 武郎 小林 清		菊田 一夫	井手 俊郎	今井 正	津島 恵子 木村 功
1847	燃ゆる限り (松竹)	7.13 AM.10 松竹	11	9,089	山口松三郎		佐多 稲子	柳井 隆雄	原 研吉	桂木 洋子 石浜 朗
1880	愛の一家 (松竹)	7.13 AM.11.40 松竹	7	5,920	保住一之助			光畑 碩郎	萩原 徳三	留代 敬子 仲原 雅二
1858	「オリーブ地帯」より 第二の恋人 (松竹)	7.16 PM.6 大船撮	11	9,409	小倉 武志		井上 靖	田畠 恒男	田畠 恒男	大木 実 紙 京子

1882	旗本退屈男 謎の伏魔殿 (東 映)	7.18 AM.10 東 映	8	7,502		大森 康正	佐々木 味津三	高岩 肇	佐々木 康	市川 右太衛門 喜多川千鶴
1867	アッカマ氏と オヤカマ氏 (新 東 宝)	7.18 PM. 6.15 新東宝撮	9	8,126	藤本 真澄 金子 正且		岡部 冬彦	笠原 良三	千葉 泰樹	上原 謙 小林 桂樹
1837	青空の仲間 (日 活)	7.19 AM.11 日 活	9	8,261	高木 雅行		獅子 文六	品田 喜一	堀池 清	三橋 達也 伊藤雄之助
1878	おしゆん捕物帖 謎の尼御殿 (日 活)	7.20 AM. 10.30 日 活	10	8,676	芦田 正蔵		久生 十蘭	小国 英雄	滝沢 英輔	月丘 夢路 三国連太郎
1854	振袖剣法 (松 竹)	7.20 AM.10 東劇地下	10	8,267	高木 貢一			八尋 不二	酒井 辰雄	中村賀津雄 山田五十鈴
1862	忍術三四郎 (東 映)	7.20 AM.10 東 映	9	7,658		坪井 与 斉藤 安代	関川 周	小川 正	小沢 茂弘	波島 進 藤里まゆみ
510	頓珍漢スパイ騒動 (米日 映画)	7.21 PM. 1 米 国 大使館	7	6,750	ジョージ・ブレイクストン レイ・スタール	(原題 GEISHA GIRL. 東西映画にて受審)		レイ・スタール	ジョージ・ブレイクストン レイ・スタール	
1900	花嫁はどこにいる (松 竹)	7.22 PM. 6.30 大 映	11	9,295	山口松三郎		永米 重明	椎名 利夫 野村芳太郎	野村芳太郎	佐田 啓二 有馬 稲子

1891	初恋三人息子（東宝）	7.28 AM.10 東宝	9	7,944	本木荘二郎			井上梅次	青柳信雄	伊豆肇 久慈あさみ
1898	夕焼け童子 第一篇出羽の小天狗（東映）	7.26 AM.10 東映	5	4,208		藤川公成	白井[illegible]二	小川正	小沢茂弘	伏見扇太郎 千原しのぶ
1864	三つの顔（日活）	7.27 AM.10 日活	10	8,971	坂上静翁			井上梅次 舛田利雄	井上梅次	三国連太郎 新珠三千代
1685	獣人雪男（東宝）	7.28 AM.10 東宝	10	8,502	田中友幸		香山滋	村田武雄	本多猪四郎	宝田明 根岸明美
1870	母笛子笛（大映）	7.29 AM.9 大映	11	8,340	藤井朝太	中代富士男	（原案）安藤日出男 村野鉄太郎	舟橋和郎	斉村和彦	三益愛子 船越英二
1796—T	七つのボタン（日活）	7.1 AM.10 日活								
1841—T	源義経（東映）	7.1 AM.10 東映								

1809-T	1872-T	1876-T	1852-T	1878-T	1817-T	1858-T	1885-T
ひとり寝る夜の小夏（東宝）	大映ニュース第三九六号（大映）	まぼろし小僧の冒険第三篇・第四篇（東映）	由起子（聖林映画 中央映画）	復讐の七仮面（東映）	リオの情熱（新東宝）	怪談牡丹燈籠（東映）	地獄の接吻（日活）
7. 2 AM.10 東宝	7. 2 AM.10 東宝	7. 4 AM.10 東映	7. 4 PM. 12.45 松竹	7. 4 PM. 4 東映	7. 5 PM. 12.20 新東宝	7. 5 PM. 2 東映	7. 5 PM. 5.30 日活
	どくろ猩籠						

1798-T-2	大映ニュース 第三九七号（大映）	7. 7 PM. 1 大映	幻の馬（イーストマン・カラー）
1860-T	遠い雲（松竹）	7.11 PM. 3 大映	特報
1827-T	大映ニュース 第三九八号（大映）	7.11 PM. 6 大映	娘の人生案内
1828-T	下郎の首（新東宝）	7.13 AM. 11.30 新東宝	
1867-T	アツカマ氏とオヤカマ氏（新東宝）	7.13 AM. 11.30 新東宝	
1866-T	新選組追撃（東映）	7.13 PM. 12.50 東映	
1873-T	おしゅん捕物帖 謎の尼御殿（日活）	7.13 PM. 2.30 日活	
1900-T	花嫁はどこにいる（松竹）	7.16 PM. 6 大船撮	

1882-T	1865-T	1898-T	1862-T	1887-T	1854-T -1	1854-T -2	1891-T
謎の伏魔殿 (東映)	大映ニュース第四〇一号 (大映)	夕焼け童子 (東映)	忍術三四郎 (東映)	青空の仲間 (日活)	振袖剣法 (松竹)	振袖剣法 (松竹)	初恋三人息子 (東宝)
7.22 AM. 10.30 東映	7.20 AM.10 東映	7.20 AM.10 東映	7.20 AM.10 東映	7.19 AM.11 日活	7.19 PM. 12.10 松竹	7.19 PM. 12.10 松竹	7.19 PM. 12.40 東宝
	花の二十八人衆				特報		

1847-T	燃ゆる限り（松竹）	7.22 PM. 6.30 大映			
1685-T	獣人雪男（東宝）	7.23 AM.10 東宝			
1870-T	大映ニュース 第三九九号（大映）	7.25 PM. 12.30 大映			母笛子笛
1851-T	青銅の基督（松竹）	7.26 AM.12 東劇地下			特報
1864-T	三つの顔（日活）	7.29 PM. 12.40 日活			
1868-T	美女決闘（新東宝）	7.30 AM.11 新東宝			
E-1252	神奈川ニュース 第一〇六号（神奈川ニュース映協）	7. 2 PM. 12.30 ムービーセンター	1	600	神奈川県広報

E-1250	相模大橋 一九五五年 (神奈川ニュース映協)	7.2 PM.12.30 ムービーセンター	3	2,850	相模大橋建設記録
E-1216	縮と縮柱 (日本視覚教材)	7.4 PM.1 映教	1	370 (16ミリ)	科学教材
E-1262	太陽 (日本視覚教材)	7.4 PM.1 映教	1	403 (16ミリ)	同
E-1268	月と星 (日本視覚教材)	7.4 PM.1 映教	1	406 (16ミリ)	同
E-1209	市政だより NO.25 (北日本映画)	7.6 PM.1 協映社	1	200	製作札幌市 札幌市市政広報
E-1221	市政だより NO.26 (北日本映画)	7.6 PM.1 協映社	1	200	同
E-1222	市政だより NO.27 (北日本映画)	7.6 PM.1 協映社	1	200	同
E-1261	メンタルホスピタル (神奈川ニュース映協)	7.8 AM.10 新理研	1	900	企画、神奈川県立芹香院 精神病治療を描く。

E-1269	三角ぼうしの子供たち（モダンアート・プロ）	7.9 PM.1 アオイスタジオ	2	1,660	愛知県南設楽郡東郷村にある八楽児童寮の孤児達が自分達の家を建設する物語。
E-1259	牧場の思い出（新理研）	7.11 PM.3 新理研	1	1,007	エルザベス・サンダース・ホームの記録
E-1255	心の晴着（京都映画）	7.16 PM.1 與商会	4	3,300	企画・和歌山県・與商会 結婚改善と家族計画を劇型式をもつて解説するもの。
E-1272	神奈川ニュース第一〇七号（神奈川ニュース映協）	7.19 AM.11 ムービーセンター	1	600	神奈川県広報
E-1271-1	国際プロレス力道山東富士大暴れ（伊勢プロ）	7.21 PM.1 新理研	3	2,700	旧国技館における公演第二日迄をふくむ。
E-1256	発電ランプの出来るまで（電通）	7.27 PM.1 電通	2	1.800	企画・三洋電機株式会社。
E-1273	伊豆の花嫁（国映）	7.27 PM.5 PPC	2	2,000	婚期にある伊豆の娘の悲恋を描く短篇劇。

P-372	ムービー・タイムズ 第三七二号 (プレミア)	7. 6 AM. 10.15 日経ホール			スポーツニュース
P-373	ムービー・タイムズ 第三七三号 (プレミア)	7.13 AM. 10.15 日経ホール			〃
P-374	ムービー・タイムズ 第三七四号 (プレミア)	7.20 PM. 2 日経ホール			〃
P-375	ムービー・タイムズ 第三七五号 (プレミア)	7.27 AM. 10.15 日経ホール			〃
S-201	里見八犬伝 (東映)	7. 2 AM.10 東映	11	9,585	総集版・二十九年製作審査番号一三六〇〜「二三四五」の五部作の改輯。
S-202	悲願千早城 (大同映画)	7.30 PM. 1 東和映画	6	4,530	昭和十七年興亜商事映画部製作「菊水とはに」(八巻)の改輯改題版。

○審査映画数　三四本

内訳　松竹　六、東宝　四、大映　五、新東宝　二、

東映　九、日活　五、その他　三、（宝塚 米日 一、望林 中央 一、）

○それらの予告篇　三二本

内訳　松竹　六、東宝　三、大映　五、新東宝　四、

東映　八、日活　五、その他　一、（望林 中央 一、）

○併映短篇映画等　一六本

○スポーツ・ニュース　四本

○新版　二本

○映画改訂希望数　四

◎以上の内改訂希望のあつたものは次の如くである。

○ 芸者小夏
ひとり寝る夜の小夏　（東宝）
予告篇

旦那の佐久間が夏子を抱擁する場面の一部削除を希望し実行された。

○ 忍術三四郎　（東映）

最後の拳銃戦の一部、削除を希望し、実行された。（六呎）

○ 三つの顔　（日活）

プロの拳斗試合が、脚本では単なるマッチであることになつていたが、映画では東洋選手権挑戦者決定の公的マッチとなつたため、劇の上でボスが選手を買収せんとする件、画では両選手共この八百長に組みするかになつたので、これは相手に関係なく、たゞ一方のみがボスに迫られるように描いてもらうことにし、このため相手方を描く部分二ヶ所を切除希望し、実行された。（四六呎）

○ 悲願千早城　（大同映画）

戦前の作品（旧八巻）を戦后改訂短縮したもので、新たに解説の字幕を入れてあるが、楠正成の妻が村の女子達に教訓するところの「さすかつた子は天子さまの赤子で云々」のくだりは、封建的な美化にすぎるので、その部分のみ台詞削除を希望し実行された。

（訂正）七二号三二頁、映画改訂希望数四とあるのは三の誤りにつき訂正します、又、同号三三頁、ひとり寝る夜の小夏予告篇は抹消します。

○宣伝広告審査の部

1美女決斗（新東宝）のスチール中、女の水浴場面で後景に全裸の女を配したもの二枚は、風俗上挑発的と思われるので使用中止方を希望した。

2芸者小夏
ひとり寝る夜の小夏（東宝）のスチール中、女湯の場面で前景と後景に女の全裸体が見えるもの二枚、小夏と旦那とのベットに於ける抱擁場面一枚、計三枚は、風俗上挑発的と思われるので使用中止方を希望した。

○審査終了した宣材

スチール	七〇七枚	プレス	二二枚
ポスター	四二枚	撮影所通信その他	二枚

◎映画選定記録

○成人向指定

題名	決定日	理由
芸者小夏 ひとり寝る夜の小夏 （東宝）	7．2	温泉芸者上りの姿の生態を描くもので成人向に製作されたものと判定する。

○青少年映画委員会推薦

題名	決定日	理由
幻の馬 （大映）	7.11	馬の育成を中心として織りなされる動物愛、人間愛情の美しさには感動的なものがある。青少年児童のみならず、ひろく一般家族向に快適な娯楽作品として推薦する。
愛の一家 （松竹）	7.28	孤児に対する少女の同情を中心に少女の一家の人間的愛情を描いている点、青少年に薦めたいホームドラマの一つと考えられる。
三つの魔法 （ソ連・モスクワアニメーション線画同盟）	7.28	材料として扱われている中国の童話は人間愛情の物語として美しいし、又その東洋風の画調、色調は漫画映画の一異色たるを失わない。ひろく青少年、家族向の娯楽映画として推薦する。

各　社　封　切　記　録

封切月日	審査番号	題名	製作会社	備考
松竹				
7. 5	1861	天晴れ腰抜け珍道中	松竹	虚無僧道中記「新日本膝栗毛」の改題
7.12	1863	お嬢さんの求婚	松竹	
	1695	修禅寺物語	松竹	
7.19	1853	「オリーヴ地帯」より 第二の恋人	松竹	「オリーヴ地帯」の改題
7.26	1900	花嫁はどこにいる	松竹	
東宝				
7. 6	1834	右門捕物帖 鬼面屋敷	東宝	
7.13	1706	続宮本武蔵 一乗寺の決斗	東宝	
	1824	疾風の晴太郎	宝塚	
7.25	1809	芸者小夏 ひとり寝る夜の小夏	東宝	
7.31	1891	初恋三人息子	東宝	「初恋三銃士」の改題
大映				
7. 3	1845	講道館四天王	大映	
7.12	1872	銭形平次捕物控 どくろ駕籠	大映	
7.20	1798	幻の馬	大映	イーストマンカラー

新　東　宝				
7．5	1849	森繁の やりくり社員	新東宝	
7.12	1817	リオの情熱	新東宝	
7.19	1867	アツカマ氏とオヤカマ氏	新東宝	
7.26	1828	下郎の首	新東宝	
東　映				
7．6	1857	ふり袖侠艶録	東映	
	1775	天兵童子 完結篇 日の丸初陣	東映	
7.12	1878	多羅尾伴内シリーズ 復讐の七仮面	東映	
	1858	怪談 牡丹燈籠	東映	
7.20	1840	母水仙	東映	
	S−201	里見八犬伝大会	東映	
7.30	1841	源義経	東映	
	1898	夕焼け童子 第一篇 出羽の小天狗	東映	
日　活				
7．3	1826	少年死刑囚	日活	
7.12	1796	七つボタン	日活	「失われた大空」の改題
7.19	1835	地獄の接吻	日活	
7.26	1873	おしゆん捕物帖 謎の尼御殿	日活	「おしゆん捕物一番手柄」の改題

（ 34 ）

独立映画				
7. 5	1515	狽	近代映協	

映画倫理規程審査記録第七三号

昭和三十年八月十日発行

発行責任者　池田義信

東京都千代田区大手町一ノ三（産経会館）

映画倫理規程管理部事務局

電話丸ノ内（23）六四一七－九番

映画倫理規程審査記録

第74号

74

映画倫理規程

審査記録

30.8.1〜30.8.31

映画倫理規程管理委員会

目次

○管理部記事

△兵庫県の「有害不良文化財規制に関する条例」案対策について、

青少年保護育成に関する条例は既に和歌山香川神奈川北海道に於て施行されているが、兵庫県に於ては、九月県議会上程を予定して「有害不良文化財規制に関する条例」案が計画された。

この案によれば、他県の如く、児童福祉審議会を主体としたものでなく、公安委員会、県警察本部が主体となるものであり、旧保安警察的危惧が濃厚に感じられる案である。

この情報を得た管理部では、直ちに二十日兵庫県知事、県議会議長、警察本部長、公安委員会、児童福祉審議会、青少年問題協議会、教育委員会、社会教育委員会等県当局者に宛て、去る五月四日以来実施した青少年対策、並びにその成果、また五月行われた総理大臣の命による内閣官房長官の「有害なる出版物、映画等対策について」の勧奨の趣旨とも併せ、この条例案に考慮方を陳請した。

一方、関係各社部面及関西支社長に注視と対策方を連絡すると共に、関西各紙に協力を求めた。

二十六日、映倫委及び青少年映画委員会に於て対策検討が行われ、次の如く見解を声明し、同案に対する態度を明かにした。

兵庫県条例案について

映画倫理規程管理委員会
委員長　渡辺鉄蔵
青少年映画委員会
委員長　高島巌

今回、伝聞する所によれば、兵庫県に於て「有害不良文化財の規制に関する条例」が立案され、近く同県会に提出されるとのことである。

従来施行中の諸地方条例についても、中央に於ては法律解釈上種々問題あるものとされ、これが再検討の要あると共に、『運営には格別慎重を期し、新条例の制定については厳にその必要限界を検討すべきもの』なることは、さきに中央青少年問題協議会の青少年対策として具申され、内閣総理大臣より関係各方面へ勧奨されたる文書中に明らかである。

今次の兵庫県条例案を検討するに、県警察本部が運営の中心となり、県公安委員会自ら所謂「不良文化財」の指定に当る等、旧保安警察的検閲行動復活のおそれあるものと思われる。

国民の文化と福祉とを増進すべき法の精神及びその解釈上より見て、かゝる条例の内容については相当の疑義あることも明瞭であり、一般文化財特に映画については既に業界に於ける自主的青少年対策が、国家の支持と社会各層の協力を得て、全国的に着々その成果を挙げつつある現状に鑑み、映画倫理規程管理委員会及び青少年映画委員会は、文化財の民間自主管理を以て青少年対策の良好なる成果と文化の健全なる発達を期待し得るものとする観点から、この種条例の内容及びその動向につき重大なる関心を以てこれを注視し、厳に研究を進めてこれに対処せんとするものである。

翌二十七日には、この問題につき映連会長に上申し対処方を陳請した。

三十一日、内閣総理大臣宛、さきの命による官房長官の勧奨の精神に逸脱する恐れあるこの条例案に対し、善処方を陳請した。

また、マスコミュニケーション倫理懇談会にも注視対策方を連絡した。

九月七日、兵庫県興行協会連合会では、同条例反対大会を生田公会堂に於て開き、日興連の要請により池田副委員長が列席した。

この間、世論も、例えば九月三日毎日新聞は〃検閲復活の条例案だ〃と報導し、朝日新聞は六日〃警察検閲の恐れ〃とこの問題を取上げ、四日の毎日社説では〃映画の検閲より自主管理を〃と主張するなど、同条例案に反対的態度を示した。

△「暴力教室」青少年映画委員会で話題となる。二十六日開かれた青少年映画委員会に於て、この映画は目下映倫協力方を接渉中の米メージャー京MGMの映画であるが、青少年観覧の可否をめぐつて世論が高まつて居り、これについて意見の交換が

行われた結果、各委員観覧の上九月六日この映画に対する意見交換を行う事にした。

△暴力映画について審査室見解

八月三十一日審査室会議に於て最近一連の暴力映画の傾向について検討を行い、次の如き見解を発表した。

最近上映されている一部外国映画などに暴力の刺戟的な表現がかなり多いことについては、種々批判の声もある。ことにこの批判が日本映画にも向けられ、進んでその社会的信用を云々されることは警戒されねばならないので今後かゝる傾向についての審査は、青少年への好ましくない影響も充分に考慮し、成人向指定のあるなしに拘らず一層慎重に処理したいと考える。

△殺伐な感じのする題名について、

八月十日協力員会議に於て「血しぶき」「血斗」等殺伐な感じのする題名の使用について研究を行い、「血煙」をも含めて、その使用に当つては内容ともからみ合せて考え、今後共慎重を期することとした。

△映画選定結果の周知徹底について関係各社部面に要望、

映画選定結果の周知徹底については事務局に於ても一段の努力を続けているが、八月一日関係各社に対し、同委員長より配慮方を要望した。

成人向指定映画の新聞広告に表示のことは、すでに実施されているが、地婦連よりもこの件につき二十二日要望があつた。

また三十一日栃木県興行組合より映画選定結果の通報について当該会社よりも上映館に直接連絡して欲しい旨要望があり、各社関係部面に連絡した。

△映画倫理規程管理委員会、八月二十六日。

審査状況、映画選定状況の検討確認を行い、前回以後の諸報告が行われ、兵庫県条例案対策について前記の見解を各方面に表明し善処方を要望することを決議した。

青少年映画委員会委員を二名増員することを決定し(計二十七名)外国映画輸入協会推薦による坂梨健雄、四十物隆吉両氏委嘱を決定。

△青少年映画委員会、八月二十六日。

今回二名増員された委員のうち坂梨健雄氏を常任委員に委嘱することを決定。

諸報告についてゝいて、兵庫県条例案問題について映倫委同様見解のもとに前記見解を表明し善処方を要望することを決議。

最近ニュース映画劇場等に所謂性映画が上映される場合があり、これが問題となつたがこれについては興連側委員に調査を依頼した。

△協力員会議。

三、十、十七、二十四、三十一日に開かれ、週間審査状況について意見の交換を行い、週間の諸報告がなされた。

△第三回全国青少年代表者会議に列席、八月四、五日。

首相官邸に於て開催され、映画に関連する文化財問題は第二分科会に於て「われわれ青少年はどういう文化財を択ぶべきか」との課題の下に討論されたが、映倫の青少年対策については、一般によく認識されて居り、青少年映画委員会の活動が高く評価され、今後の一層慎重適切なる運営を期待する旨、全員の意見が一致していた。

△第十一回マスコミュニケーション倫理懇談会に列席、八月十二日。

全国青少年代表者会議の結果について意見交換の上、その運営改善方に関して中央青少協へ申入れを行うことに決定。

○審査記録

○脚本審査の部

◎本月の審査脚本は次の如くである。

社名	題名	受付日	審査終了日	備考
新東宝	青空街道放れ鴉	六、二一		
新東宝	同　改訂版	七、一一		
新東宝	赤城の血祭	七、二〇	八、三	「青空街道放れ鴉」の改題 改訂第三稿
松竹	こころ	七、二六	八、三	
新東宝	森繁のデマカセ紳士	七、二七	八、三	「お洒落ペテン師」の改題
東映	続サラリーマン目白三平	七、二七	八、三	
大映	悪太郎売出す	七、二八	八、三	「鬼っ子売出す」の改題
大映	珠はくだけず	八、六	八、九	
東宝	ジャンケン娘	八、七	八、九	

日活	江戸一寸の虫	八、九	八、一〇
東映	弓張月	八、九	八、一〇
東映	弓張月 第二篇 運命の白縫姫	八、九	八、一〇
東映	弓張月 完結篇 南海の覇者	八、九	八、一〇
新東宝	名月佐太郎笠	八、一〇	八、一六
松竹	柔道開眼	八、三	八、一七
松竹	おんな大学	八、六	八、一七
松竹	早春	八、九	八、一七
大映	長崎の夜	八、九	八、一七
大映	ブルーバ	八、一〇	八、一七
東京映画	やがて青空	八、一〇	八、一七

大映	誘拐魔	八、一五	八、一七	
大映	いろは囃子	八、一五	八、一七	「冬木心中」の改題
日活	夏目漱石 こころ	八、一五	八、一七	
日活	愛慾と銃弾	八、一五	八、一七	
東映	東京摩天街	八、一五	八、一七	
日活	わが町	八、一七	八、一九	
東宝	乱菊物語	八、一七	八、二〇	
松竹	若き日の千葉周作	八、一六	八、二四	
松竹	太陽は日々に新たなり	八、一七	八、二四	
宝塚	右門捕物帖 恐怖の十三夜	八、二二	八、二四	「右門捕物帖 鮮血の手型」の改題
松竹	あこがれ	八、二三	八、二四	

東映教育映画部	山に生きる子	八、一〇	八、二六	
東映	獅子丸一平	八、二四	八、二七	
東映	続獅子丸一平	八、二四	八、二七	
にんじんくらぶ シネマ・プロデユース・サークル	胸より胸に	八、二五	八、二七	
日活	幼きものは訴える	八、一九	八、二九	
東映	薩摩飛脚 前篇	八、二五	八、二九	
日活	月がとつても青いから	八、二七	八、二九	
松竹	素晴らしき招待	八、二三	八、三一	
新東宝	次郎物語	八、二四	八、三一	
新東宝	柔道流転	八、二四	八、三一	「天才永岡十段」より恋慕横捨身の改題
新東宝	黒帯無双	八、二四	八、三一	「天才永岡十段」より黒帯無双の改題

松竹	野菊の如き君なりき	八、三〇	八、三一
東宝	帰つて来た若旦那	八、三〇	八、三一

◎新作品　四二本

シナリオ数　四四本

内訳

松竹　九、　東宝　三、　大映　六、

新東宝　六、(内改訂二)　東映　八、　日活　六、

東京映画　一、　宝塚　一、　東映教育映画部　一、

にんじんくらぶシネマ・プロデユース・サークル　一、

◎以上の内、希望事項のあつたものは次の如くである。

○赤城の血祭　（新東宝）

「青空街道
　放れ鴉」の改題

製作　マキノ雅弘　脚本　八木保太郎
〃　松本常保　〃　加藤泰
原作　横倉辰次　〃　関沢新一
監督　マキノ雅弘

国定忠治の作つた溜池を忠治の没落後独占する悪名主の手から貧しい農民達の為に取もどす旅鳥の仁侠を描く。

全体にやくざの生態（特に賭博並びに賭博に類すること）が描かれている上、かなり詳細な女郎屋の描写があり、男女の愛慾描写もやゝ程度を越えているように思われるので、全般にわたる改訂を希望し、提出された改訂稿に於ても、尚以下の希望をした。

名主の奥庭にある土蔵における賭博場面は出来るだけ簡略に描写されるよう演出上の注意を希望した。（教育　2）

お徳の家で、お徳が忠治の愛情に圧倒されるとゆう場面、風俗上の点を十分に注意されるよう希望した。（風俗　1）

お徳の家、布団が敷つぱなしにしてあるのがチラリと見えるとあるのは、忠治が泊つていつたことを暗示しているので風俗上の点から演出上の注意を希望した。（風俗　1）

女郎屋街の描写は出来るだけ簡略に描写されるよう、従つて女郎屋と判つていて「安くしときますから、ねえ、ちよいと……」等とゆう台詞の使用は止めて欲しいと希望した。（風俗　1）

女郎屋の中の描写も風俗上の点を十分注意して演出されるよう、従つて又「腹のへつた女ア色消しだ。おかしくて抱けねえからな」等という台詞は止めて欲しいと希望した。（風俗　1）

桔梗の部屋、桔梗を抱えた赤鬼がそのまゝ桔梗を床にねじ伏せると云うところ、風俗上挑発的な感じを避けるよう十分演出上の注意をして欲しいと希望した。（風俗　1）

○こころ　（松竹）

製作　桑田良太郎　脚本　久板栄二郎
原作　夏目漱石　監督　小林正樹

一人の女性を親友と争い勝利者となつた為自殺した恋仇に対する自責を生涯負わねばならなかつた男の悲劇を描く。

Kが自殺するところ、血のりの表現は過度に残酷にならぬよう希望した。（残酷醜汚 7）

○ ジャンケン娘 （東宝）

製作 杉原貞雄 脚本 八田尚之
〃 福島通人 監督 杉江敏男
原作 中野実

明朗な二人の女学生と祇園の舞妓をめぐる友情行状記。

アトリエ内、全裸の男性モデルの描写は限度を超えぬよう演出上注意を希望した。（風俗 2）
劇中、使用されている学校名、港高校は実在のものと紛らわしいので、適宜善処されるよう希望した。（国家及社会 1）
劇中、高校教官鵜沢女史が相当戯画的に扱われているが、演出上十分の注意を以て教職冒瀆の効果をもたらすことのないように善処されたいと希望した。（教育 2）

○ 江戸一寸の虫 （日活）

製作 水ノ江滝子 脚本 菊島隆三
原作 中野実 脚本 大塚道夫
監督 滝沢英輔

幕末、新撰組の結成を背景として時世を憤慨する一人の江戸ッ子侍の皮肉な行動を描く。

吉原の描写は売春に関係のないような表現をとるよう演出上の注意を希望した。（性 2）
鉄火場に於ける丁半勝負の場面は具体的に描かず背景の方に退けるような演出上の配慮が欲しいと希望した。（教育 2）
拷問の場面は残酷にわたらぬよう演出上の注意を希望した。（残酷醜汚 2）

○ 名月佐太郎笠 （新東宝）

製作 杉原貞雄 脚本 松浦健郎
原作 陣出達朗 監督 冬島泰三

旅の行きずりに角兵衛獅子に姿をやつした大名の御落胤の守護を托された旅鴉の冒険と恋を描く。

全体に立廻りが、三、四ヶ所あるが、あまり刺戟的に長い印象を与えないよう、又暴力美化にならぬよう演出上の配慮を希望

した。（国家及社会　4）
滝にとびこむ裸女は演出上注意を希望した。（風俗　2）
弥ッ八の台詞にある「金と女は抱いてみなくてはありがたみがわからぬ……」は、性的連想をさそわぬような台詞に改訂を希望した。（風俗　1）

○長崎の夜（大映）

製作　酒井　箴　脚本　八木隆一郎
企画　辻　久一　〃　高岩　肇
監督　森　一生

幼時父を殺された日華の混血児が成長の後犯人を追求する活躍を描く。
短剣が屡々投げられて刺さることになっているが、血の表現などにも注意して過度に残酷感の印象のないようにして欲しいと希望した。（残酷醜汚　7）
明治中期の清国人が大勢出て来るが、その点外国感情もよく考慮の上、演出上注意して欲しいと希望した。（国家及社会　3）

○いろは囃子（大映）
「冬木心中」の改題

製作　酒井　箴　脚本　衣笠貞之助
企画　浅井昭三郎　〃　犬塚　稔
原作　額田六福　監督　加戸　敏

心中まではかつた相愛の男女が宿命の流れにはかなく別れてゆく物語。

矢場辰の描写であまり露骨に売春を想わせるもの、例えば「泊まる」「泊まらぬ」の応酬などは避け、全体としても演出上注意して欲しいと希望した。（性　2）

○こころ（日活）
夏目漱石

製作　高木雅行　脚本　猪俣勝人
監督　市川　崑　〃　長谷部慶治

一人の女性を親友と争い勝利者となつた為、自殺した恋仇に対する自責を生涯負わねばならなかつた男の悲劇を描く。

自殺する場面の血の出し方は、残酷陰惨の感がひどくならぬよう演出上の配慮を希望した。（残酷醜汚 7）

○ 愛慾と銃弾 （日活）

製作 浅田健三 監督 野口博志

脚本 水無月結策

密輸団を操る女首領を追撃する私立探偵の活躍を描く。

以下の諸点につき演出上の注意を希望した。

水中及び室内の殺人現場での胸に刺つた短剣と血の扱い。（残酷醜汚 7）杉本の持つジャックナイフの扱い。（教育 2）

歌子の寝室、歌子悩ましげな姿で寝ているという件。（風俗1）

歌子はぐいと胸をはだけ、ベッドの上に仰向けに倒れるというところから、殺意を失つた杉本が歌子にすがりついてゆく描写（風俗 2）杉本と一緒に逃げ支度しているシュミーズ一枚の歌子の件。（風俗 2）拳銃戦の描写（国家及社会 4）

○ 東京摩天街 （東映）

企画 光川仁郎 脚本 浅野辰雄

原作 島田一男 監督 津田不二夫

麻薬団の女首領を追撃する一海員の活躍を描く。

ピストルの乱射シーンと特殊な工夫をした投げナイフが数度出るが、これが過度な印象を与えて暴力肯定讃美とならぬよう演出上の配慮を希望した。（国家及社会4）

麻薬の取扱い方演出上の注意を希望した。（法 1ニ）

一味に加担し事実上その背後にかくれてあやつる一人、奈美江は女医として開業しているが、医者と云う職業尊重の意味から、これを批判的に扱つて欲しいと希望した。（国家及社会 1）

○ わが町 （日活）

製作 高木雅行 脚本 八住利雄

原作 織田作之助 監督 マキノ雅弘

移民時代の想い出に生きながら妻と娘と孫の為に余生を捧げた車夫の純情を描く。

遊客引の車夫のセリフ「素人でつせ、みんなデパートの子ばかり……」の「デパートの子ばかり」は、デパート店員が現実にかかる種の餘業を持つているかの如き誤解を招くおそれがあるので、改訂又は省略して欲しいと希望した。（国家及社会 1）

○ 若き日の千葉周作　（松竹）

製作 高木貢一　脚本 成沢昌茂

原作 山岡荘八　監督 酒井辰雄

剣客千葉周作の修業時代を描く。

お玉婆さんが於蔦に云う台詞であまり上品でない男女関係の説明をおもわすものがあり、訂正を希望した。（風俗 1）

賭場は、賭場そのものを如実に描かぬよう希望した。（教育 2）

浪人が暗討する描写、及び新之介が野貞を一刀のもとに斬る描写は残酷度の過度でないよう演出上の注意を希望した。

（残酷醜汚 7）

○ 胸より胸に　（にんじんくらぶ シネマ・プロデュース・サークル）

製作 若槻繁　脚本 椎名利夫

〃 灰田勝彦　〃 家城己代治

原作 高見順　監督 家城己代治

浅草を舞台にストリッパーの不幸な恋と死を描く。

ストリップの踊り子が主役の物語りであるから、舞台その他がしばしば出てくるが、これらは演出上注意して欲しいと希望した。（風俗 1）

アパートのおかみが吉植に云う台詞の中「もう立派に役に立つ年頃ですよ」は具体的に過ぎると思われるので訂正を希望した。（風俗 1）

タクシーの運転手と志津子との会話の中、運転手その手を眺め――以下「毛唐の手を握った手だからな」の件は、国際感情と云う点から再考を希望した。（国家社会 3）

○ 幼きものは訴える　（日活）

製作 柳川武夫　脚本 八木保太郎

原作 八木保太郎　〃 佐治乾

監督 春原政久

戦犯で刑死した将軍の幼い遺児兄妹の放浪と死をめぐる悲劇。

教室での生徒達の会話中、少年自衛隊募集のポスターに関し、応募勧奨の背後にあるものという意味にとれるBの台詞「アメリカだよ」とあるのは、外国感情を考慮して善処して欲しいと希望した。（国家社会 3）

浮浪児を描く部分にこの種の少年達特有の隠語が出るが、程度が軽いので改訂を希望しないが、たゞトン公という浮浪児の台詞で「ヤキを入れられる」は止めてほしいと希望した。

（教育　2）

恩給受取人の「後見人」がはじめ問題となつているが、法的にはこのシナリオの上のような決定順序ではない由であり、この点誤解のないようにして、例えば、信助と云う祖父の台詞「その届の書類」などは家庭裁判所へ出す申請書であるべきであるから届と云う言葉はすでに決定した如く思わせかねないので単に書類としてもらつた方がよいと思われ、この点の考慮を希望した。（法律　1）

◎ 以下二八本希望事項なし

○ 森繁の
デマカセ紳士　（新東宝）

「お洒落ペテン師」の改題

製作　安達英三郎　原作　キノトール
〃　前川洋祐　〃　小野田勇
監督　渡辺邦男　脚本　須崎勝弥

ストリッパー上りの娘を利用して儲けようとしたペテン師がその娘の純情に負けて改心する物語。

○ 続目白三平　（東映）

製作　大川博　原作　中村武志
企画　藤本真澄　脚本　沢村勉
〃　金子正且　監督　千葉泰樹
〃　斉藤安代

中年の国鉄職員とその一家を中心に庶民生活の哀歓を描く。

○ 悪太郎売出す　（大映）

「鬼っ子売出す」の改題

製作　大川博　脚本　八尋不二
企画　浅井昭三郎　監督　荒井良平
原作　伊丹万作

役人と悪親分の不正横暴に挑戦する若い馬子の活動を描く。

○珠はくだけず　（大　映）

製作　永田雅一　脚本　松山善三
企画　川崎治雄　〃　松田昌一
監督　田中重雄

五人の兄妹と実業家の令嬢をめぐる恋愛メロドラマ。

○弓張月

○弓張月　第二篇　運命の白縫姫

○弓張月　完結篇　南海の覇者

企画　田口直也　脚本　村松道平
原作　滝沢馬琴　監督　丸根賛太郎

「椿説弓張月」に取材した源為朝の英雄伝説物語。

○柔道開眼　（松　竹）

製作　長島豊次郎　脚本　中山隆三
原作　秋本芳郎　〃　岩間鶴夫
監督　岩間鶴夫

東北から上京して、柔道、柔術対立の渦中に飛込んだ青年が修業の道と義理恩愛の相剋に悩みながら柔道の真髄を会得する物語。

○おんな大学　（松　竹）

製作　保住一之助　脚本　富田義朗
原作　鹿島孝二　監督　穂積利昌

生家を飛出して貿易商のセールスマンになつた勝気な近代女性がその敏腕で生家の危機を救い相愛の青年と結ばれる物語。

○早春　（松　竹）

脚本　野田高梧　監督　小津安二郎
・　小津安二郎

都会のサラリーマン生活の哀歓を描く。

○ブルーバ　（大映）

製作　永田雅一　脚本　小国英雄
企画　久保寺生郎　監督　鈴木重吉
原作　南洋一郎

アフリカの猛獣境で消息を絶った学者の行方探索を名目に財宝のありかを尋ねる探険隊一行と猛獣の中で成長した学者の遺児をめぐる冒険畝。

○やがて青空　（東京映画）

製作　三輪礼二　脚本　笠原良三
原作　北条誠　監督　小田基義

意地っぱりの婦人記者と競争誌のスポーツ記者が意地を張り合いながら結ばれて行く物語。

○誘拐魔　（大映）

製作　藤井朝太　脚本　長谷川公之
企画　塚口一雄　監督　水野洽
原案　食満利彦

幼児誘拐犯人を捜査する警察当局の苦心を描く。

○乱菊物語　（東宝）

製作　田中友幸　脚本　八住利雄
原作　谷崎潤一郎　監督　谷口千吉

室町末期室の津に全盛を誇る遊君とその恋人の海賊が港を乗取ろうとする豪族を亡ぼす幻想的な物語。

○太陽は日々に新たなり　（松竹）

製作　高村　潔　脚本　柳井隆雄
製作補　山口松三郎　監督　野村芳太郎

悪条件を克服して輸出契約を果たす玩具製作業者の一家とこれを援ける貿易会社の青年社員をめぐるメロドラマ。

○ 右門捕物帖
恐怖の十三夜　（宝塚）
「鮮血の手型」改題

原作　佐々木味津三　脚本　竹井諒
監督　志村敏夫　〃　森川太郎

大名の継嗣問題をめぐる陰謀によつて自殺とみせかけ誘拐された浪人とその娘を救出し事件を解決するむつつり右門の活躍を描く。

○ あこがれ

製作　山口松三郎　監督　中村登
脚本　松山善三

或る商店街に働く若い男女の中に起つた一つの悲劇を中心に青年達の夢と恋と友情を描く。

○ 山に生きる子　（東映教育映画部）

企画　芹川一郎　監督　関川秀雄
脚本　片岡薫

青森県の山間に明るく逞しく生きる子供達の生活を描く。

○ 獅子丸一平　（東映）

○ 続獅子丸一平　（東映）

企画　マキノ光雄　原作　川口松太郎
〃　田口直也　脚本　松山善三
〃　小川三喜雄　監督　萩原遼

身分違いの母から生れた為、権門の迫害を受けて流浪する時の帝の子の生い立ちと波乱の人生を描く。

○ 薩摩飛脚前篇 （東　映）

企画 坂巻辰男 脚本 比佐芳武
原作 大仏次郎 監督 河野寿一

薩藩に潜入し同行した友人が消息を絶つた為疑惑を受けた隠密の苦衷と冒険を描く。

○ 月がとつても青いから （日　活）

製作 茂木了次 監督 森永健次郎
脚本 雑賀繁明

薄倖な娘の恋愛流転を描く歌謡曲メロドラマ。

○ 素晴らしき招待 （松　竹）

製作 桑田良太郎 脚本 野村芳太郎
原案 木下忠司 監督 杉岡次郎

山火事を発見したお礼に山の持主から海辺に招待された山村の分教場の子供達の喜びとその中におこつた小事件を通じて人々の善意と愛情を描く。

○ 次郎物語 （新東宝）

原作 下村湖人 監督 清水宏
脚本 清水宏

乳母の家に里子に出されていた為に生家に帰つても肉親になじめぬ少年が母の死、生家の没落等の出来事を経て愛と理性に目ざめつつ成長して行く過程を描く。

○ 柔道流転 （新東宝）

「天才永岡十段より恋慕横槍身」の改題

製作 広川聰 脚本 青木義久
企画 松崎啓次 〃 結田鶴人
原作 古賀残星 監督 内川清一郎

明治時代、柔道に志して上京した青年が遭遇する種々の危難と恋の傷手に屈せず苦斗し精進する姿を描く。

（24）

○黒帯無双（新東宝）

「天才永岡十段より
黒帯無双」の改題

（柔道流転参照）

○野菊の如き君なりき（松竹）

製作　久保光三　脚本　木下恵介
原作　伊藤左千夫　監督　木下恵介

地方の旧家を舞台に従姉弟同志の少年少女の悲しい恋を描く

○帰つて来た若旦那（東宝）

製作　本木荘二郎　脚本　若尾徳平
企画　桜沢一　監督　青柳信雄
原案　楓　誠二

アメリカ留学から帰つて来た老舗の若旦那と商売仇の娘をめぐるユーモラスな恋愛葛藤を描く。

○希望事項集計

○国家及社会 9
ジャンケン娘（1）　名月佐太郎笠（1）　長崎の夜（1）
愛慾と銃弾（1）　東京摩天街（2）　わが町（1）
胸より胸に（1）　幼きものは訴える（1）
○法律 2
東京摩天街（1）　幼きものは訴える（1）
○宗教 0
○教育 6
赤城の血祭（1）　ジャンケン娘（1）　江戸一寸の虫（1）
愛慾と銃弾（1）　若き日の千葉周作（1）　幼きものは訴える（1）
○風俗 14
赤城の血祭（5）　ジャンケン娘（1）　名月佐太郎笠（2）
愛慾と銃弾（3）　若き日の千葉周作（1）　胸より胸に（2）
○性 2
江戸一寸の虫（1）　いろは囃子（1）
○残酷醜汚 6
こころ（1）　江戸一寸の虫（1）　長崎の夜（1）
夏目漱石こころ（1）　愛慾と銃弾（1）　若き日の千葉周作（1）
○合計 39

○映画審査の部

◎本月の審査映画は次の如くである。

審査番号	題名（会社名）	審査日時 試写室	巻	呎	製作	企画	原作	脚本	監督	主演
1899	夕焼け童子 第二篇 暁の槍騎隊（東映）	8.1 AM.10 東映	5	4,320		藤川公成	白井喬二	小川正		伏見扇太郎 月丘千秋
1860	「初恋」より 遠い雲（松竹）	8.2 AM.10 東劇地下	10	8,924	久保光三			木下恵介 松山善三	木下恵介	高峰秀子 高橋貞二
1859	たけくらべ（新芸術プロ）	8.2 PM.1 新東宝	11	8,541	福島通人 杉原貞雄		樋口一葉	八住利雄	五所平之助	美空ひばり 北原隆
1881	お役者小僧 江戸千両幟（松竹）	8.3 AM.10 東劇地下	12	9,259	市川哲夫 小倉浩一郎		子母沢寛	犬塚稔 安田重夫	福田晴一	高田浩吉 宮城野由美子
1892	大岡政談 人肌蝙蝠（日活）	8.4 PM.3 日活	10	7,508	柳川武夫		陣出達朗	八尋不二	野口博志	坂東好太郎 高友子

1868	美女決闘（新東宝）	8. 4 PM. 8 新東宝撮	13	9,031	伊藤基彦		南条三郎	村山俊郎	冬島泰三	宇津井健 筑紫あけみ
1470	夫婦善哉（東宝）	8. 5 AM.10 東宝	13	10,825	佐藤一郎		織田作之助	八住利雄	豊田四郎	森繁久弥 淡島千景
1908	幻術影法師（東映）	8. 5 AM.10 東映	5	4,393		田口直也	野村胡堂	尾形十三雄	丸根賛太郎	東宮秀樹 千原しのぶ
1909	幻術影法師 第二篇快傑梵天丸（東映）	8. 5 AM.10 東映	5	4,744		同	同	同	同	同
1689	夏目漱石の三四郎（東宝）	8. 8 AM.10 東宝	8	7,281	滝村和男		夏目漱石	八田尚之	中川信夫	山田真二 八千草薫
1888	魚河岸の石松シリーズ マンボ石松踊り（東映）	8. 8 PM. 5 東映	6	5,510		依田一郎	（原案）宮本幹也	笠原良三	小石栄一	堀雄二 三条美紀
1895	かんかん虫は唄う（大映）	8. 9 AM. 9.30 大映	9	6,850	酒井箴	浅井昭三郎	吉川英治	犬塚稔 吉田哲郎	三隅研次	勝新太郎 峰幸子
1893	紅顔の若武者 織田信長（東映）	8.10 AM.10 東映	9	8,236		マキノ光雄 小川三喜雄	山岡荘八	結束信二	河野寿一	中村錦之助 高千穂ひづる

1903	浅草の鬼（大映）	8.10 PM. 1.30 大映	10	8,330	藤井朝太	塚口一雄	浜本浩	井手俊郎 瀬川昌治	松林宗恵	根上淳 藤田佳子
1910	わが名はペテン師（新東宝）	8.12 AM.10 新東宝	10	8,258	安達英三郎 前川洋佑		キノトール 小野田勇	須崎勝弥	渡辺邦男	森繁久弥 角梨枝子
1887	忘れじの人（東京映画）	8.12 AM.10 東宝	12	9,424	若槻繁 三輪礼二		織田作之助	若尾徳平	杉江敏男	岸恵子 安西郷子
1710	女の学校（宝塚）	8.13 AM.10 東宝	12	9,459	高井重徳		大林清	中川順夫	佐伯幸三	鶴田浩二 寿美花代
1886	暴力街（東映）	8.15 PM. 1 東映	10	8,265		根津昇 本田延三郎		井手雅人 瀬川昌治	小林恒夫	木村功 津島恵子
1912	月夜の傘（日活）	8.17 PM.11 日活	14	11,450	坂上静翁		壺井栄	井手俊郎	久松静児	田中絹代 宇野重吉
1896	かりそめの暦 第一部たそがれの過失 第二部幸福の岸（松竹）	8.18 PM. 8 人本院 ビル	12	9,922	長島豊次郎		北条誠	馬場当	番匠義彰	川喜多雄二 藤乃高子
1907	風雲三条河原（新東宝）	8.19 AM.10 新東宝	10	8,514	野坂和馬	浜田右二郎		西亀元貞	並木鏡太郎	島田正吾 山根寿子

1890	白浪若衆 江戸怪盗伝（日活）	8.19 AM.10 日活	10	7,928	西原孝		並木行夫	浅野辰雄	小林桂三郎	坂東鶴之助 利根はる恵
1916	新女性問答（大映）	8.19 PM.3 大映	10	8,200	藤井朝太	塚口一雄		長谷川公之 島耕二	島耕二	京マチ子 菅原謙二
1879	花真珠（新東宝）	8.20 AM.10 新東宝	9	7,471	竹中美弘		川口松太郎	大木弘二	阿部豊	宇津井健 日比野恵子
1894	魚河岸の石松シリーズ 石松故郷へ帰る（東映）	8.20 PM.2.30 五反田 東洋	6	4,807		依田一郎	（原案）宮本幹也	笠原良三	小石栄一	堀雄二 三条美紀
1918	牢獄の花嫁（東映）	8,24 AM.10 東映	10	8,458		大森康正	吉川英治	五都宮章人	内出好吉	市川右太衛門 伏見扇太郎
1919	お父さんはお人好し（大映）	8.26 AM.10 大映	10	7,704	酒井箴	澤口勝美 土田正美	長沖一	伏見晁	斎藤寅次郎	アチャコ 浪花千栄子
1913	力醐空手打ち（東映）	8.27 AM.10 東映	5	4,946		光川仁郎	牧野吉晴	旗一兵 伊賀山正徳	伊賀山正徳	波島進 藤里まゆみ
1846	お勝手の花嫁（松竹）	8.27 PM.3 松竹	7	6,062	小梶正治			木下恵介	川頭義郎	久我美子 田村高広

1897	愛の歴史（東京映画）	8.29 PM. 5.40 東宝	11	9,005	滝村和男 山崎喜暉		田村泰次郎	須崎勝弥 山本嘉次郎	山本嘉次郎	鶴田浩二 司葉子
1945	夏目漱石 こころ（日活）	8.29 PM.11 日活	13	10,927	高木雅行		夏目漱石	猪俣勝人 長谷部慶治	市川崑	森雅之 新珠三千代
1875	旅路（東宝）	8.30 PM. 7 五反田東洋	11	9,824	佐藤一郎		（原案）長谷川伸	稲垣浩	稲垣浩	池部良 岡田茉莉子
1914	力闘空手打ち 第二部 挑戦鬼（東映）	8.31 AM.10 東映	5	4,719		光川仁郎	牧野吉晴	旗一兵 伊賀山正徳	伊賀山正徳	波島進 藤里まゆみ
1888–T	マンボ石松踊り（東映）	8.1 AM.10 東映								
1860–T–2	遠い雲（松竹）	8.2 AM.10 東劇地下								
1881–T	江戸千両幟（松竹）	8.2 AM.10 東劇地下								

1470-T	夫婦善哉（東宝）	8.4 PM.12.30 東宝	
1892-T	人肌蝙蝠（日活）	8.4 PM.8 日活	
1912-T	月夜の傘（日活）	8.4 PM.8 日活	特報
1903-T	大映ニュース第四〇三号（大映）	8.5 PM.1.30 大映	浅草の鬼
1910-T	我が名はペテン師（新東宝）	8.6 AM.11.30 新東宝	
1859-T	たけくらべ（新芸術プロ）	8.6 AM.11.30 新東宝	
1895-T	大映ニュース第四〇六号（大映）	8.9 AM.9.30 大映	かんかん虫は唄う
1902-T	大映ニュース第四〇二号（大映）	8.9 AM.9.30 大映	新平家物語・特報

1887-T	1908-T	1898-T	1916-T	1879-T	1912-T	1710-T	1709-T
忘れじの人（東宝）	幻術影法師（東映）	織田信長（東映）	大映ニュース第四〇四号（大映）	花真珠（新東宝）	月夜の傘（日活）	女の学校（宝塚）	あすなろ物語（東宝）
8.17 PM. 12.40 東宝	8.15 PM. 1 東映	8.15 PM. 1 東映	8.13 PM. 12.30 大映	8.13 AM. 11.50 新東宝	8.12 PM. 1.30 日活	8.12 AM.10 東宝	8. 9 PM. 12.40 東宝
			新女性問答				

1851-T-2	青銅の基督（松竹）	8.18 PM.3 人事院ビル	フランス語版
1907-T	風雲三条河原（新東宝）	8.19 AM.10 新東宝	
1890-T	江戸怪盗伝（日活）	8.19 AM.10 日活	
1945-T	こころ（日活）	8.20 PM.5.20 日活	
1875-T	旅路（東宝）	8.22 AM.9.30 東宝	
1918-T	力鬪空手打ち（東映）	8.22 AM.10 東映	
1918-T	牢獄の花嫁（東映）	8.22 AM.10 東映	
1886-T	暴力街（東映）	8.27 AM.10 東映	

(31)

1897-T	愛の歴史（東京映画）	8.27 AM.10 東宝	
1470-T-2	夫婦善哉（東宝）	8.29 AM.11 東宝	
1874-T 1911-T	沙羅の花の峠 銀座二十四帖（日活）	8.29 AM.11.30 日活	
1919-T	大映ニュース第四〇五号（大映）	8.29 PM.12.30 大映	お父さんはお人好し
1920-T	大映ニュース第四〇八号（大映）	8.29 PM.12.30 大映	湯島の白梅
1902-T-2	大映ニュース第四〇七号（大映）	8.30 PM.12.40 大映	新・平家物語、特報2（カラー）
1902-T-4	新・平家物語（大映）	8.30 PM.12.40 大映	特報3
1926-T	森繁のデマカセ紳士（新東宝）	8.30 PM.1 新東宝	

E-1271-2	続・力道山・東富士大暴れ（伊勢プロ）	8.1 PM.1 新理研	8	2,700	プロレス大阪戦及ハワイ太平洋選手権争奪。
E-1275	神奈川ニュース第一〇八号（神奈川ニュース映協）	8.2 AM.11 ムービーセンター	1	600	神奈川県広報。
E-1247	国際港都門司（ムービーセンター）	8.2 AM.11 ムービーセンター	2	1,700	製作、門司市（パート・カラー）
E-1241	おかあさんありがとう（東宝プロ）	8.3 PM.12.30 映教	3	1,051（16ミリ）	森永「母の日」の記録。
E-1200	体育教室1. 低鉄棒（モーション・タイムズ）	8.3 PM.1 教配	1	700	体育指導シリーズ物。
E-1264	体育教室2. スタンツ（モーション・タイムズ）	8.3 PM.1 教配	1	700	体育指導シリーズ物。
E-1268	川のはたらき（江古田プロ）	8.3 PM.1 教配	1	950	人間生活に及ぼす川の効用を平易に解説したもの。

番号	題名	日時・場所	巻数	呎数	内容
E-1276	赤ちゃん体操（電通）	8.10 AM. 11.45 PPC	2	1,800	企画・明治乳業（株）群馬県某村の育児指導を中心とする「赤ちゃん体操」の実際。
E-1278	プロレス肉弾戦（伊勢プロ）	8.11 AM.11 新理研	2	1,680	プロレス、力道山対オルテガ戦他。（英語版）
E-1249	一九五五年オール早慶戦（プレミア）	8.15 AM.11	3	2,540	一九五五年中の早慶戦記録。
E-1277	雪の下に光を（電通）	8.15 PM. 5	2	1,800	東北地方の暗渠排水による土地改良を説く。
E-1281	神奈川ニュース第一〇九号（神奈川ニュース映協）	8.16 AM.11 ムービーセンター	1	600	神奈川県広報
E-1282	さわやかな歩み（電通）	8.23 PM. 1 電通	1	200	企画、日本製靴（株）アド・ニュース
E-1279	夢をみる人形（東映教育映画部）	8.25 PM. 5 東映	4	2,500	富裕な家庭で幸福な生活を送る夢を抱いていた人形が真実の幸せは貧富を問わず深い愛情の中にあることを悟る物語。
E-1257	二十七時間（電通）	8.29 AM. 11.30 五反田東洋	2	1,970	日本機械輸出組合委託作品、家庭用品紹介。（イーストマン・カラー）原題、TWENTY SEVEN HOURS,

P-376	ムービー・タイムズ 第三七六号 (プレミア)	8.3 PM.3 日経ホール	スポーツ・ニュース
P-377	ムービー・タイムズ 第三七七号 (プレミア)	8.10 AM.10.15 日経ホール	〃
P-378	ムービー・タイムズ 第三七八号 (プレミア)	8.18 PM.5 交詢社	〃
P-379	ムービー・タイムズ 第三七九号 (プレミア)	8.24 AM.10.15 日経ホール	〃

○審査映画数　　三三本

内訳　松竹　四、　東宝　三、　大映　四、　新東宝　四、

東映一〇、　日活　四、　その他　四、（宝塚　一、新芸術プロ　一、東京映画　二、）

○それらの予告篇　　三五本

内訳　松竹　三、　東宝　五、　大映　八、　新東宝　四、

東映　六、　日活　六、　その他　三、（宝塚　一、新芸術プロ　一、東京映画　一、）

○併映短篇映画等　　一五本

○スポーツ・ニュース　　四本

○新　版　　ナシ

○映画改訂希望数　　三

◎ 以上の内改訂希望のあつたものは次の如くである。

○ マンボ石松踊り　（東　映）

予告篇

「公然猥褻物陳列罪云々……」等の科白の削除を希望し実行された。

○ 幻術影法師　（東　映）

嘉平老人を悪役人二人があいついで斬るカットは残酷にすぎる印象があるので一太刀だけにとゞめるよう希望し実行された。（二呎）

○ 暴力街　（東　映）

賭場で多額の紙幣がかけられる現場の直接的な描写を一ヶ所をのぞき、あとを適当に処理してもらうよう希望し実行された。（四・五呎）

附記

○ 美女決闘　（新東宝）

裸女が出るが非常にロングであり猥褻感のない場面であるので削除は希望しなかつた。又、ラッシュ試写におけるカメラ近くのカットやあやしげな水中への飛び込みは、相談の結果本篇には使用されなかつた。

○ 宣伝広告審査の部

あすなろ物語（東宝）のスチール中、番号四四及び四五、少年が女を背後から羽がいじめにして畳の上に転つている場面二枚は風俗上挑発的なので使用中止方を希望した。

○ 審査終了した宣材

スチール　一・三八五枚　プレス　五〇枚
ポスター　七九枚　撮影所通信その他　五枚

◎映画選定記録

○成人向指定

題名	決定日	理由
魚河岸の石松シリーズ マンボ石松踊り （東映）	8.8	艶笑趣味を物語りの中心としているもので成人向映画として製作されたものと判定する。
暴力街 （東映）	8.15	悪の生態が批判的に描かれてはいるが青少年への影響を考慮してこの映画を成人向映画と判定する。
魚河岸の石松シリーズ 石松故郷へ帰る （東映）	8.20	艶笑趣味を物語りの中心としているもので成人向映画として製作されたものと判定する。

○青少年映画委員会推薦

題名	決定日	理由
森の物語 （中央映貿提供、ソ連モスフイルム作品）	8.13	川の働きもの「ビーヴァー」の生態を中心に森の動物たちの生活を興味豊かに描くもので、健全な娯楽性と適度の科学性を有する点、広く一般青少年に好適の作品として推薦する。
プラコ （新外映配給、仏、グロスピエール作品）	8.16	さゝやかなる人間世界への疑惑と目覚めゆく動物愛を謳ったこの一少年の物語は、全篇、豊かな詩情にあふれて美しい。特に中学校上級以上の青少年に美に対する感覚を洗練して、情操を高めるものとして推薦する。

〝註〟選定事情

○暴力街（東映）

全体に批判の目は貫いて描かれ、悪をその対象として描写しており、この程度を最低の線として認められるが、悪の生態そのものは青少年に関してはむしろ見せたくないものと考えられるので成人向映画と指定することに同意を得た。

各　社　封　切　記　録

封切月日	審査番号	題　　名	製作社名	備　　考
松　竹				
8. 8	1852	由　起　子	聖林映画 中央映画	
8.10	1881	江戸千両幟	松　竹	
8.17	1815	愛情会議	松　竹	
8.24	1896	かりそめの唇	松　竹	第一部 第二部 同時封切
8.31	1860	遠い雲	松　竹	
	1846	お勝手の花嫁	松　竹	
東　宝				
8. 7	1791	赤いカンナの花咲けば	東京映画	
8.14	1685	獣人雪男	東　宝	
8.22	1710	女の学校	宝　塚	
8.29	1689	夏目漱石の 三　四　郎	東　宝	
	1875	旅　路	東　宝	
大　映				
8. 3	1870	母笛子笛	大　映	
8.10	1865	花の二十八人衆	大　映	

8.14	1903	浅草の鬼	大映
8.23	1916	新女性問答	大映
8.31	1895	かんかん虫は唄う	大映
新東宝			
8. 1	1838	次郎長外伝 清水の三ン下奴	新東宝
8. 8	1868	美女決闘	新東宝
8.15	1910	我が名はペテン師	新東宝
8.22	1879	花真珠	新東宝
8.29	1859	たけくらべ	新芸術プロ
東映			
8. 7	1866	御存じ快傑黒頭巾 新選組追撃	東映
	1899	夕焼け童子 2	東映
8.14	1882	謎の伏魔殿	東映
	1888	魚河岸の石松シリーズ マンボ石松踊り	東映
8.22	1862	忍術三四郎	東映
	1876 1877	まぼろし小僧の冒険 3 4	東映
8.29	1918	牢獄の花嫁	東映
	1913	力闘空手打ち 1	東映
日活			

8. 2	1837	青空の仲間	日活	
8. 9	1864	三つの顔	日活	
	1776 1777	天下の若君漫遊記 前后篇	富士映画	前后篇 同時封切
8.16	1892	白浪若衆 人肌蝙蝠	日活	
8.21	1912	月夜の傘	日活	
8.31	1945	夏目漱石 こころ	日活	

映画倫理規程審査記録第七四号
昭和三十年九月十日発行
発行責任者　池田義信
東京都千代田区大手町一ノ三（産経会館）
映画倫理規程管理部事務局
電話丸ノ内(23)六四一七ー九番

映画倫理規程審査記録

第75号

75

映画倫理規程

審査記録

30.9.1～30.9.30

映画倫理規程管理委員会

―目次―

○管理部記事

△「暴力教室」問題

映画「暴力教室」は、八月二十六日から日比谷映画劇場他で封切られたが、この映画の青少年観覧の可否をめぐつて世論が昂り、青少年映画委員会八月二十六日の定例会議でも話題となつた。しかしこの映画は現在未だ映倫に協力されていない米十大会社中のMGM作品であるので、各委員自由に観覧の上、九月六日意見の交換を行うこととなつた。

会議に先立ち、高島委員長の案内によつて、この問題の対象年令となる高校生ら七名の意見も参考として聞き、主として業界外の委員が中心となつて意見の交換を行い、次の如く見解が発表された。

昭和三十年九月六日

青少年映画委員会

委員長　高島　巖

映画〝暴力教室〟について

映画「暴力教室」は、種々の観点からこれに検討を加えた結果、心身ともに成熟に達しない青少年に対しては、製作者の意図と伝えられる人道的教育効果を充分に与えるものとは思われない。むしろ、ここに取上げられた多くの刺戟的描写は、これらの青少年に反教育的効果を齎らすものが多いと考える。

青少年映画委員会は、この映画については否定的な見解をとらざるを得ない。かかる作品が、審査過程を経ずして一般に公開させる現状については洵に遺憾であり、一日も早くこの現状が打破され、外国映画の全面的映倫協力を実現することを深く期待し、関係各方面の善処方要望するものである。

○九月九日、映画倫理規程管理委員会は、青少年映画委員会の見解と之の要望を審議し、一段の努力を以って米画十社の協力を促進することを決議し、これに関する委員長談話を次の如く発表した。

「渡辺委員長談話」

現在、世論が一斉に映画審査の問題に着目し、その関心が昂まりつつあることは映画倫理規程管理委員会が常に社会の支持と協力を背景として活動していることが認識された現われで、ますますその責任を感ずる次第であります。

最近社会の絶大な関心を呼びつつある映画と青少年の問題についても、学識有識者の参加を得て青少年映画委員会を設置し、青少年に観賞をすすめたい映画の推薦、また観覧を望みたくない映画の指定などを実施し着々その効果をあげつゝあります。

一方また過般内閣総理大臣の「青少年に有害な出版物・映画等対策について」の勧奨にも、

「映画倫理規程管理委員会に対し「青少年映画委員会」を十分活用して趣旨の貫徹をはかるよう勧奨すると共に審査をうけていない外国映画については審査をうけることを関係方面の協力を得て実現するよう勧奨する」

とある線に添つて、従来も絶えず交渉を重ねて来た米メージャー系の映倫審査参加に関しては現在鋭意接渉を行つて居る次第でありますが、米メージャー系が一日もはやく協力を実現され、映倫マークのない映画の上映がなくなることを切望するものであります。

同時に映倫の活動の全面にわたつて、ますます世論の支持に応えるよう全力をあげる所存であります。

△「暴力教室」の内容の問題とからんで、ジャーナリズムの上で、米画十大会社の作品が映倫に未協力の状態にあることが大きく取上られ、広く世論の関心を呼ぶに及んで、関係団体、機関から外画審査を促進するよう要望が高まつた。九月中に於けるこの件についての主なものは次の通りであつた。

○松村文部大臣より渡辺委員長に対し、この問題の事情経過につき説明を求められた（九月十日）

○外務省情報文化局長より池田副委員長に対し、同様説明を求められた（九月十四日）

○文部次官通達によつて、各都道府県教育委員会他に対し青少年観覧について適切

な措置を講ずるよう希望する指示が発せられた（九月十三日）

○要望書は次の如くである。

主婦連合会本部（十日） 東京母の会（十二日） 岐阜県児童福祉審議会、青少年問題協議会、民生部長（十三日） 広島県児童福祉審議会（二十二日） 中央児童福祉審議会（二十三日） 茨城県青少年問題協議会（二十六日） 宮城県青少年問題協議会（二十六日） 福島県児童福祉審議会、青少年映画委員会（二十七日） 日本興行組合連合会（二十八日） 関西主婦連合会（三十日）

△映画倫理規程管理委員会、九月九日。

前回以後の審査状況、映画選定状況を検討確認。兵庫県興行組合連合会の県条例反対大会（九月七日）の状況、第十二回マスコミュニケーション倫理懇談会の状況、等諸報告があり、「暴力教室」問題に関する事項は前記の如くである。

△映画倫理規程管理委員会、九月二十三日。

審査状況、選定状況を検討確認。米画十社協力の問題は前記各方面からの要望をも併せ、大沢氏の帰国報告をまつて進捗を図ることとし、なお、興連のマース氏との接渉経過等報告が行われた。

△青少年映画委員会、九月二十三日。

前回以後の映画選定結果を確認。米画十社の協力促進について映倫委同様報告あり、志鎌委員より地婦連のマース氏との会見報告があつた。

大宮市青少年補導協議会より、青少年に与える影響について一段の留意と選定結果の周知に努力方要望（二十二日）があつたことを報告。

成人向指定映画の周知徹底について意見交換を行い、この問題は、配給興行宣伝の話合と連絡によつて一層の効果を期待し得る面もあるので、三者の連絡会を持つことを事務局で研究することとなつた。

△協力員会議

七、十四、二十一、二十八日に行われ、週間審査状況を中心に意見の交換があつたがその他の主な事項は次の如くであつた。

○「暴力教室」を見て殺傷事件を起したという新聞記事は誤報であつたが、この例の如く青少年の犯罪や非行の誘因が直接映画の影響であると言うようなジャーナリズムの安易な扱い方や世論に対しては、管理部は特に関心を持つて調査を行い、啓蒙に努力しなければならないとの意見があつた。（十四日）

○ギャング物、犯罪物等は時代劇のやくざ物等と同様、特に審査に慎重を期するが、これらは成人向映画の範囲に入るものも少くないと、審査室の見解を中心に意見を交換し、この点の限界については管理委員会の検討にまつこととした。（二十八日）

○審査記録

○脚本審査の部

◎本月の審査脚本は次の如くである。

社名	題名	受付日	審査終了日	備考
新東宝	関の弥太ッペ	八、二四	九、一	
日活	未成年	八、二九	九、六	
東映	不良少年の母	九、六	九、七	
東宝	彼奴(キャツ)を逃(ニガ)すな	九、九	九、一〇	「誰かゞ狙つている」の改題
富士映画	石合戦	九、九	九、一二	
大映	花の渡り鳥	九、一〇	九、一二	
松竹	二等兵物語	九、七	九、一三	
新東宝	息子一人に嫁八人	九、六	九、一四	

東映	紅梅行燈 ふり袖小天狗	九、七	九、一四
東映	まぼろし怪盗団	九、一二	九、一四
東映	まぼろし怪盗団 第二篇 魔王の密使	九、一二	九、一四
東映	まぼろし怪盗団 完結篇 悪魔の王冠	九、一二	九、一四
宝塚	白井権八	九、一二	九、一五
新東宝	風流交番日記	九、一四	九、一五
東映	赤穂浪士	九、一二	九、一六
芸研	柿の木のある家	九、一〇	九、一九
大映	俺は藤吉郎	九、一六	九、一九
新東宝	北海の叛乱	九、一四	九、二〇
松竹	応仁絵巻 吉野の盗賊	九、一六	九、二二

松竹	顔のない男（モーリス・ルブラン原作「真紅の肩掛」より）	九、一六	九、二二	
東宝	青い果実	九、二〇	九、二三	
大映	見合い旅行	九、二一	九、二三	
日活	顔役（ボス）	九、二一	九、二六	
日活	顔のない男	九、二一	九、二六	
大映	宇宙人現わる	九、二六	九、二七	
新東宝	お嬢さん女中	九、二一	九、二七	
大映	七人の兄いもうと	九、二三	九、二七	
東宝	若い樹	九、二三	九、二八	
日活	人生とんぼ返り	九、二七	九、二九	
日活	乳房よ永遠なれ	九、二七	九、二九	

◎新作品　三〇本

シナリオ数　三〇本

内訳

松竹	三、	東宝	三、	大映	五、
新東宝	五、	東映	六、	日活	五、
宝塚	一、	富士映画	一、	芸研	一、

◎以上の内、希望事項のあつたものは次の如くである。

○関の彌太ッペ　（新東宝）

製作　佐野博　脚本　三村伸太郎
原作　長谷川伸　監督　渡辺邦男

旅烏とその手に救われた娘をめぐる人情物語。

お小夜と云うみなし児をめぐる二人の股旅者の話ではあるが、全体を貫くやくざ者のやや無鉄砲な気質と行動とが中心となつていることと、（国家及社会　2）

この二人がすぐ斬り合いをはじめ、又、人を斬る描写があちこちにみえ、人命軽視の印象を強めており、殊に弥太郎が磯五郎を斬る描写は、怨恨もないものをただ頼まれた丈で斬つており無批判に扱われている点一考を要するものと思われ、弥太郎の和吉殺しの場合も同様残酷にならぬよう演出上の注意を希望し、（残酷醜汚　7）

同時にまた、これらの諸点、特に殺人描写に関しては、完成映画にだても十分検討の余地を残しておいて欲しい旨希望した。

○未成年　（日活）

製作　坂上静翁　監督　井上梅次
脚本　井上梅次

貧しい生活から抜け出そうとして悪の世界にとらえられた一少年の悲劇を描く。

未成年者の飲酒に関して、焼鳥屋に於ける亭主の台詞、ブー公の少年に対する台詞、飲み屋での男がビールをすすめる描写などは、違法にならぬよう訂正、演出上の注意を希望した。

（法律　1　(3)）

未成年の啓一をめぐつての女の描写については、ミッチイと五郎の抱擁の傍に啓一がいることを考慮して「こんなところをみせつけられてはたまらないわね」の台詞をとつて、次の描写に過度な煽動とならぬよう演出上注意を希望した。（風俗　1）

又、マッチンが啓一を自室に連れて来ての描写は、性的連想をおもわせないようにして欲しいと希望した。（風俗　1）

啓一にドレスを脱がすミッチイの件も、ミッチイが灯を消す前にとどめて、すぐあとにノックの音が続くよう、途中の性的なからみはやめて欲しいと希望した。（風俗　1）

啓一をめぐつて煽情的にすぎないよう考慮が欲しいのであり、

先のシーンの終りでのミッチイの台詞「うぶな子、ああつまんない」云々も考慮して欲しいと希望した。（風俗　1）

隣室の女と半裸の男の姿とあるのは、性的なものを連想させないように、又マッチンと男の室内からの嬌声なども演出上の注意を希望した。（風俗　1、2）

ブー公に打つポンの描写、スマートボール屋の前での景品換金、屢々出る「パチリと音がしてジャックナイフが」とあるのは飛び出しナイフでないように、これら法律的な諸点は批判的に正しく取り扱つて欲しいと希望した。（法律　1（3））

芳子の台詞のなかの「中国人」は、わざわざ外国人を出さないでいいもの故他の言葉に（国家及社会　3）

戸塚の台詞のなかの「巡査部長」と云う言葉は、この場合誤解して使われているので他の適当なものに改めて欲しいと希望した。（法律　2）

○　不良少年の母　（東　映）

企画　依田一郎　監督　小石栄一
脚本　八田尚之

善良な性質をもつながら家庭に対するひがみから悪の道へ入つた少年にそそぐ母の愛情を描く。

単に不出来の生徒を教室内で叱る教師の台詞として「低脳児！」は穏当を欠くので、適宜改訂方を希望した。（教育　2）

主役の少年が愚連隊入りし、浮浪児上りの女給と一夜を明かし、又その二人のことを「童貞か……」云々等、岡焼きまじりに雑談のタネとして興じる件りは、単に演出上のみならず、十分の改訂をもつて性愛的煽情に陥入ることのないよう注意し、又上記少年少女の絡みが過つて情痴的効果をもたらさぬよう演出上十分の注意を希望した。（風俗　1、2）

情婦妊娠についての母と息子の会話は、例え息子に与太者としての虚勢はあつても聊さか醜悪にすぎると思われるので、殊更の低俗を避けるよう善処されたいと希望した。（教育　2）

○　花の渡り鳥　（大　映）

製作　酒井　箴　脚本　犬塚　稔
企画　浅井昭三郎　監督　田坂勝彦
原作　川口松太郎

仲間の女房になつた昔の恋人の為に悪親分を懲す旅烏の物語。

客引きの男の台詞中「……上玉がおりますよ」「すごい上玉だ……」等は具体的にすぎるので改訂を希望した。（性　2）

○二等兵物語　（松竹）

製作　杉山茂樹　脚本　舟橋和郎
原作　梁取三義　〃　安田重夫
監督　福田晴一

旧軍隊の生活に苦しんだユーモラスな二等兵の体験を描く。

隊長と妾との絡みは喜劇的な扱いではあるが、男女共半裸の姿や、慌わててズボンをはくなどは低俗にすぎる虞れがあると考えられるので、演出上、十分の注意を希望した。（風俗　2）

兵隊達の雑戯台詞中「……恥かしいわ……夫婦じゃないか……だって……あッ……かんにん……」との物真似は煽情に過ぎるので、適宜善処を希望した。（風俗　1）

○息子一人に嫁八人　（新東宝）

製作　伊藤基彦　監督
脚本　法勝寺三郎

日本舞踊の家元の一人息子で女ばかりにとりまかれている青年が学校のラグビー選手になつたため起る喜劇。

「据膳喰わせれば……」は、やや猥せつを思わす題名であるので訂正を希望した。（風俗　1）

○白井権八　（宝塚）

原作　舟橋聖一　脚本　舟橋和郎
監督　安田公義　〃　安田公義

父を憤死させ母に横恋慕する非道な上役を斬つて江戸に逃れた白井権八が刑死する迄の悲劇を描く。

吉原を画面の上で特に直接的な性的な場所とわからぬよう描くため小紫の室に寝床を出さないようにし、尚、台詞のなかの「初会」「間夫」といった廓言葉を他の言葉に代えて欲しいと希望した。（性　2）

殺人の描写は過度に刺激的にならぬよう演出上の注意を希望した。（残酷醜汚　7）

「親の仇」といつて夢中でとどめを刺す描写は、この行動が封建的慣習の美化になる虞れもあり、特に残酷にならぬよう演出上の注意を希望した。（残酷醜汚　7）

助五郎が糸江に迫る描写及び助太夫がお澄に挑む同様の描写はともに風俗上の点で、演出上の注意を希望した。（風俗 1、2）

○赤穂浪士（東映）

製作 大川博 原作 大仏次郎
企画 マキノ光雄 脚本 新藤兼人
〃 山崎真市郎 監督 松田定次
〃 坪井与
〃 大森康正
〃 玉木潤一郎

赤穂浪士の討入り事件を赤穂方、上杉方両面の苦心と其処に活躍する様々の人間像を通して描く。

小山田庄佐衛門に対する私刑の件りは極度に残酷にならぬよう演出上の注意を希望した。（残酷醜汚 3）
仇討本懐をとげた大石に対し、朴庵が赤ン坊を差し上げて「お前も大石様のような立派な人に……」というのは、単に表面的な復讐肯定の台詞と思い誤まれるおそれがあるので、適宜善処を希望した。（法律 3）

○顔のない男（松竹）

モーリス・ルブラン原作「殷紅の肩掛」より

製作 石田清一 脚本 森田龍男
構成 鈴木兵吾 監督 芦原正

ダイヤの秘密をめぐる犯罪を暴くアルセーヌ・ルパンの活躍物語。

拳銃の取扱いの点などを考慮して、ルブラン原作であることを字幕、宣伝等に於て明示し、これがフイクションであることを強調して欲しいと希望した。（国家及社会 4）
旭広告社、東京ホテルという名前が悪に関連して出るが、実在名があるので、他のものに変えて欲しいと希望した。（国家及社会 4）
拳銃の射合いは過度にならぬよう演出上の注意を希望した。（国家及社会 4）
ナイフが出るが、飛出しナイフでないよう希望した。（法律 1）
自殺した終戦事務局長というのが出るが、これは戦後しばらくの間で、なくなつた役名で、実際でも少数しかなかつた人名故、局長でなく課長にでも代えて欲しいと希望した。（国家及社会 1）

救急車に関しては、公物を勝手に私人が自由にするかの如き印象を与える虞れがあるので、病院用の寝台車として欲しいと希望した。（法律 1）

リンチの場面はかなり残酷感があるかに思えるので、演出上の配慮を希望した。（残酷醜汚 7）

○顔役（ボス）（日活）

製作 柳川武夫 脚本 白石五郎
原作 白石五郎 〃 古川卓巳
監督 古川卓巳

麻薬密輸団の顔役の跳梁と末路、これを追う捜査陣の苦心を描く。

ホールに於ける妖しい踊りは風俗上の点で演出上十分の注意を希望した。（風俗1、2）

洪が龍子に挑みかゝる描写は風俗上の点を考慮して出来るだけ簡略にするよう、「洪、ふと乱れた龍子の肢体にひかれ」云々などは特に演出上の注意が欲しいと希望した。（風俗 1）

ベッドルームに於ては挑発的な雰囲気を避けて欲しいと希望した。（風俗 2）

シュミッツが部屋で殺されるところは簡略な描写で過度な残酷醜汚感を避けるよう演出上の注意を希望した。（残酷醜汚 7）

洪の最後はヒロイックであり悲壮感が強過ぎるようになる危険があると思われる。このような男を英雄的に描くことは一考を要するので、演出上十分注意して欲しいと希望した。（法律 1、教育 2）

○顔のない男（日活）

製作 茂木了次 監督
脚本 舛田利雄
〃 星 雅二

善人の仮面にかくれた贋金作りの首魁を追う警察陣の活動を描く。

鉄次がピストルを擬する件は、ポケットのなかにして、どぎつくなく表現して欲しいと希望した。（国家及社会 4）

女の屍体の傷口写真は過度な残酷感のないよう希望した。（残酷醜汚 7）

キャバレー贋金馬車のフロアショウで「全裸に近いストリップショウ」とあるのは、演出上の注意を希望した。（風俗 2）

鉄次、健らが脅迫する場面は、過度な暴力行使感のないよう演出上の注意を希望した。（国家及社会　4）

自動車の衝突シーンは、過度な血の描写を避けるよう演出上の配慮を希望した。（残酷醜汚　7）

卓上の麻薬は接写を避けて如実な描写でないようにして欲しいと希望した。（法律　1）

健の手に「チカッと光るナイフ」とあるのは、飛出しナイフでないよう、魅力的に描かれないことを希望した。（教育　2）

栗橋が健をピストルで撃つ描写は過度な残酷感でなく、言い代えれば又、栗橋を過度な悪の英雄的美化にせぬよう配慮して欲しいと希望した。（残酷醜汚　7、法律　1、教育　2）

船と警官隊との射撃は適度にとどめて欲しいと希望した。（国家及社会　4）

栗橋の最後には、少しく悪に対する無批判、ひいて自己を英雄化する印象がありすぎるので、いま少し批判的な態度をとらすことによつて、ギャング美化に終るのを防ぐような演出上の配慮を希望した。（法律　1、教育　2）

○　乳房よ永遠なれ　（日　活）

製作　児井英生　原作　若月彰

製作　坂上静翁　原作　中城ふみ子

監督　田中絹代　脚本　田中澄江

乳癌で早逝した女流歌人の薄倖な半生のうちのうちに母としての理性と夫を始めとする三人の男性に対する女としての感性の相剋を描く。

一室、手術室、浴室等に於て、それぞれ乳房に関する描写があるが何れも演出上十分の注意をして欲しいと希望した。（風俗　2）

◎　以下一八本希望事項なし

○　彼奴（キャツ）を逃（ニガ）すな　（東　宝）

「誰かが狙つている」の改題

製作　宇佐美仁　監督　鈴木英夫

脚本　村田武雄

〃　鈴木英夫

小さな商店街におこつた麻薬密売に関する殺人事件の犯行を目撃した若い夫婦の警察協力と冒険を描く。

○　石合戦　（富士映画）

企画　山梨　稔　脚本　松丸青史
製作　大塚　和　〃　吉田隆一
〃　松丸青史　〃　村山亜土
原作　上司小剣　監督　若杉光夫

神官の家に生れた性格弱い少年が母と師の愛によつて強く正しく生長して行く姿を中心に少年の世界を描く。

○　紅梅行燈
ふり袖小天狗　（東　映）

企画　福島通人　脚本　高岩　肇
原作　山手樹一郎　監督　内出好吉

大名の姫君と瓜二つのため、その身代りとなつて悪人を仆す勇敢な町娘の物語。

○　まぼろし怪盗団　（東　映）

○　まぼろし怪盗団　（東　映）
第二篇　魔王の密使

○　まぼろし怪盗団　（東　映）
完結篇　悪魔の王冠

企画　坪井　与　脚本　旗　一兵
〃　原　伸光　〃　森田　新
監督　小沢茂弘

国際怪盗団覆滅に協力する青年探偵と少年たちの冒険物語。

○　風流交番日記　（新　東　宝）

原作　中村　獏　潤色　井手俊郎
脚本　須崎勝弥　監督　松林宗恵

都会のある交番を舞台に、ここに交錯する庶民生活の種々相を描く。

○　柿の木のある家　（芸　研）

製作　熊谷久虎　監修　内田吐夢
〃　中田博二　原作　壺井　栄

企画　倉田文人　脚本　浄明寺花子
〃　北川辰幸　監督　古賀聖人

子沢山の一家から東京の親戚に養子として貰われた少女と養父母の間に真の愛情が生れる迄の過程を描く。

○俺は藤吉郎　（大映）

製作　酒井箴　脚本　八住利雄
企画　浅井昭三郎　監督　大曾根辰保
原作　久保栄

豊臣秀吉の日吉丸時代、藤吉郎時代における流転と恋を描く。

○北海の叛乱　（新東宝）

製作　尾野和平　監督　渡辺邦男
〃　三上訓利　〃　毛利正樹
脚本　木村千依男

捕鯨事業の経営をめぐって対立する労資の勢力が描く活劇。

応仁絵巻
○吉野の盗賊　（松竹）

製作　高村潔　脚本　八住利雄
製作補　杉山茂樹　監督　大曾根辰保
原作　久保栄

応仁の乱世に悪政をたださんとして起つた若き守護代の子の悲劇。

○青い果実　（東宝）

製作　藤本真澄　脚本　笠原良三
原作　源氏鶏太　監督　青柳信雄

地方の小都市の明るい青年男女の生活群像を描く。

○見合い旅行　（大映）

製作　藤井朝太　脚本　相良準
企画　土井逸雄　〃　棚田吾郎
原作　吉屋信子　監督　枝川弘
義理づくで見合いをした男女の結婚に至る過程に恋愛の種々相を描く。

○宇宙人現わる　（大映）
企画　中代富士男　脚本　小国英雄
原作　中島源太郎　監督　島耕二
原水爆戦による地球壊滅の危機を知らせる為人間の女に姿を変えて東京に現われた宇宙人と新元素を発見した科学者が協力して新天体と地球の衝突を防止する空想科学物語。

○お嬢さん女中　（新東宝）
製作　土屋達一郎　脚本　南一穂
監督　小森白　〃　キノトール
捨て子を拾った安サラリーマンの青年と社会見学の為女中になって住みこんだ社長の娘をめぐるユーモラスな葛藤を描く。

○七人の兄いもうと　（大映）
製作　藤井朝太　脚本　八住利雄
原作　源氏鶏太　監督　佐伯幸三
七人の孫を中心として、若い男女の直面する種々の問題を祖父の温かい心が解決してゆく物語。

○若い樹　（東宝）
製作　宇佐美仁　脚本　池田一朗
原作　小糸のぶ　監督　本多猪四郎
九州から上京した一少女の善意を中心に女子高校生と大学生の友情を描く。

○人生とんぼ返り　（日活）
製作　高木雅行　脚本　マキノ雅弘
原作　長谷川幸延　監督　マキノ雅弘
新国劇の殺陣師市川段平の半生を描く。

○希望事項集計

○国家及社会 9

関の弥太ッペ（1） 未成年（1） 顔のない男（松竹）（4）

顔のない男（日活）（3）

○法律 10

未成年（3） 赤穂浪士（1） 顔のない男（松竹）（2）

顔のない男（日活）（3） 顔役（1）

○宗教 0

○教育 6

不良少年の母（2） 顔のない男（日活）（3） 顔役（1）

○風俗 19

未成年（6） 不良少年の母（2） 二等兵物語（2）

息子一人に嫁八人（1） 白井権八（2） 顔役（4）

顔のない男（日活）（1） 乳房よ永遠なれ（1）

○性 2

花の渡り鳥（1） 白井権八（1）

○残酷醜汚 9

関の弥太ッペ（1） 白井権八（2） 赤穂浪士（1）

顔のない男（松竹）（1） 顔のない男（日活）（3） 顔役（1）

○合計 55

○映画審査の部

◎本月の審査映画は次の如くである。

審査番号	題名（会社名）	審査日時 試写室	巻	呎	製作	企画	原作	脚本	監督	主演
1923	飛龍無双（東映）	9.1 AM.10 東映	10	9,185		玉木潤一郎	陣出達朗	浪江浩 深田金之助	佐々木康	片岡千恵蔵 三浦光子
1906	身代り紋三 地獄屋敷（新東宝）	9.1 PM.8 新東宝	10	7,744	栄田清一郎		野村胡堂	松浦健郎 神戸浩	加戸野五郎	若山富三郎 黒川弥太郎
1871	花ひらく（まどかグループ 新世紀映画）	9.4 PM.6 東劇地下	10	9,102	若山一夫 木村正男		伊藤整	瓜生忠夫 柳沢類寿 魚住大二	藤原杉雄	佐野周二 山田五十鈴
1926	森繁のデマカセ紳士（新東宝）	9.5 AM.10 新東宝	11	8,110	安達英三郎 前川洋佑		キノトール 小野田勇	須崎勝弥	渡辺邦男	森繁久弥 江畑絢子
1939	山に生きる子（東映教育映画部）	9.5 AM.9.30 東映	5	4,267		赤川孝一 芹川一郎		片岡薫	関川秀雄	北峯有二 春日とも子

1905	荒木又右衛門 (松竹)	9.8 AM.10 東劇地下	12	10,682	白井和夫 (補)岩本吟一	(総指揮 高村潔)	長谷川伸 (校閲)村上元三	鈴木兵吾	堀内真直	松本幸四郎 山田五十鈴
1930	おんな大学 (松竹)	9.9 AM.9.30 東劇地下	10	8,600	保住一之助		鹿島孝二	富田義朗	穂積利昌	川喜多雄二 藤乃高子
1885	くちづけ (東宝)	9.9 AM.10 東宝	12	10,332	藤本真澄 成瀬巳喜男		石坂洋次郎	松山善三	筧正典 鈴木英夫 成瀬巳喜男	青山京子 太刀川洋一
1911	銀座二十四帖 (日活)	9.9 PM.11.15 日活	13	10,481	岩井金男		井上友一郎	柳沢類寿	川島雄三	河津清三郎 月丘夢路
1915	力斗・空手打ち 完結篇 復讐の対決 (東映)	9.10 PM.8 五反田洋 東	5	4,660		光川仁郎	牧野吉晴	旗一兵 森田新	伊賀山正徳	波島進 園ゆき子
1937	長崎の夜 (大映)	9.11 AM.11 大映	9	7,920	酒井箴	辻久一		八木隆一郎 高岩肇	森一生	長谷川一夫 若尾文子
1902	新・平家物語 (大映)	9.11 PM.1.30 大映	13	9,678	永田雅一	川口松太郎 松山英夫	吉川英治	辻久一 依田義賢 成沢昌茂	溝口健二 (大映カラー)	市川雷蔵 久我美子
1959	関の弥太ッペ (新東宝)	9.12 AM.10.15 新東宝	9	7,585	佐野博		長谷川伸	三村伸太郎	渡辺邦男	島田正吾 辰巳柳太郎

1934	弓張月（東映）	9.16 AM.10 東映	5	4,789		田口直也	滝沢馬琴	村松道平	丸根賛太郎	東千代之介 長谷川裕見子
1920	婦系図 湯島の白梅（大映）	9.16 PM. 1 大映	12	10,435	藤井朝太	土井逸雄	泉鏡花	衣笠貞之助 相良準	衣笠貞之助	鶴田浩二 山本富士子
1925	三等社員と女秘書（新東宝）	9.17 AM.10 新東宝	9	7,662	金田良平		北町一郎	野村浩将 勝俣真二	野村浩将	高島忠夫 久保菜穂子
1946	愛慾と銃弾（日活）	9.17 PM. 10.30 日活	10	8,750	浅田健三			水無月結策	野口博志	河津清三郎 宮城千賀子
1976	柿の木のある家（芸研）	9.20 AM.10 東宝	10	8,976	熊谷久虎 中田博二	倉田文人 北川辰幸	壺井栄	浄明寺花子 （監修 内田吐夢）	古賀聖人	上原謙 高峰三枝子
1889	赤城の血祭（新東宝）	9.20 PM. 8.15 新東宝撮	10	8,462	松本常保		横倉辰次	八木保太郎 関沢新一	マキノ雅弘	北上弥太郎 島崎雪子
1884	歌舞伎十八番鳴神より 美女と怪龍（東映）	9.21 AM.10 東映	10	8,939		絲屋寿雄 大森康正 山田典吾		新藤兼人	吉村公三郎	河原崎長十郎 乙羽信子
1928	悪太郎売出す（大映）	9.22 AM. 10.20 大映	9	7,475	酒井箴	浅井昭三郎	伊丹万作	八尋不二	荒井良平	勝新太郎 三田登喜子

1929	楽追開眼（松竹）	9.22 PM.1 松竹	11	9,193	長島豊次郎		秋永芳郎	中山隆三 岩間鶴夫	岩間鶴夫	佐原英一 紙京子
1940	名月佐太郎笠（新東宝）	9.22 PM.1 新東宝	10	7,484	杉原貞雄		陣出達朗	松浦健郎	冬島泰三	高田浩吉 津島恵子
1901	姿なき目撃者（東宝）	9.28 AM.10 東宝	10	8,018	田中友幸		渡辺啓助	日高繁明	日高繁明	小泉博 越路吹雪
1924	自分の穴の中で（日活）	9.25 AM.10 日活	13	11,213	岩井金男		石川達三	八木保太郎	内田吐夢	三国連太郎 北原三枝
1927	続サラリーマン目白三平（東映）	9.25 PM.1.30 五反田東洋	10	8,621	大川博	藤本真澄 金子正且 斎藤安代	中村武志	沢村勉	千葉泰樹	笠智衆 望月優子
1728	王将一代（新東宝）	9.26 AM.10 新東宝	13	10,484	津田勝二（総指揮 星野和平）		北条秀司	菊島隆三 伊藤大輔	伊藤大輔	辰巳柳太郎 田中絹代
1948	誘拐魔（大映）	9.29 PM.1 大映	11	7,625	藤井朝太	塚口一雄	食満利彦（原案）	長谷川公之	水野洽	北原義郎 品川隆二

1905-T	荒木又右衛門（松竹）	9・1 AM・10 東劇地下	
1911-T	銀座二十四帖（日活）	9・3 PM・12・30 日活	
1871-T	花ひらく（まどかグループ新世紀映画）	9・4 PM・6 東劇地下	
1906-T	身代り紋三 地獄屋敷（新東宝）	9・5 AM・10 新東宝	
1923-T	飛龍無双（東映）	9・5 AM・9・30 東映	
1937-T	大映ニュース 第四〇九号（大映）	9・5 PM・3 大映	長崎の夜
1902-T-3	大映ニュース 第四一〇号（大映）	9・7 PM・12・30 大映	新・平家物語（カラー）
1924-T	自分の穴の中で（日活）	9・9 PM・11・15 日活	特報

1885-T	くちづけ（東宝）	9.10 PM. 12.50 東宝	
1959-T	関の弥太ッペ（新東宝）	9.12 AM. 10.15 新東宝	
1925-T	三等社員と女秘書（新東宝）	9.12 AM. 10.15 新東宝	
1934-T	弓張月（東映）	9.12 AM. 10.45 東映	
1946-T	愛慾と銃弾（日活）	9.13 AM.10 日活	
1927-T	続サラリーマン目白三平（東映）	9.13 AM. 10.30 東映	
1889-T	赤城の血祭（新東宝）	9.17 AM.10 新東宝	
1920-T-2	大映ニュース第四一一号（大映）	9.17 PM. 1 大映	湯島の白梅

1924-T-2	自分の穴の中で（日活）	9.19 AM. 9.30 日活	
1927-T-2	続サラリーマン目白三平（東映）	9.19 AM. 11.30 東映	
1901-T	姿なき目撃者（東宝）	9.19 PM. 12.40 東宝	
1976-T	柿の木のある家（芸研）	9.20 AM.10 東宝	
1929-T	柔道開眼（松竹）	9.20 PM. 4.30 松竹	
1728-T	王将一代（新東宝）	9.20 PM. 8.15 新東宝撮	
1928-T	大映ニュース第四一五号（大映）	9.22 AM. 10.20 大映	悪太郎売出す。
1884-T	美女と怪龍（東映）	9.22 PM. 2.50 東映	

1728-T-2	王将一代（新東宝）	9.26 AM.10 新東宝			
1940-T	名月佐太郎笠（新東宝）	9.26 AM.10 新東宝			
1950-T	若き日の千葉周作（松竹）	9.26 PM.12.40 松竹			
1808-T	歌くらべ三羽烏（日活）	9.27 AM.9.30 日活			
1941-T	大映ニュース第四一二号（大映）	9.27 PM.12.30 大映			ブルーバ（特報）
1851-T-3	青銅の基督（松竹）	9.27 PM.12.30 大映			
E-1290	味（岩波）	9.1 AM.11 新理研	2	1,850	企画、味の素株式会社。「味の素」宣伝。（コニカラー）

E-1280	せまい耕地（東映教育映画）	9.1 AM.10 東映	1	850	長野県朝日村の農地多角利用を描く。
E-1293	浮気はいかが（極東プロ）	9.2 AM.10.30 新理研	2	1,850	ミュージカル・プレイ（コニカラー）
E-1285	プラスティック（モーションタイムズ）	9.2 PM.1.30 教配	1	898	プラスティックの特性と製作工程、製品を描く。
E-1283	私はインキです（電通）	9.2 PM.1.30 NCC	2	1,700	アテナ・ブルーブラックインクの出来るまで、（パートカラー）
E-1294	横浜市大震災記録（神奈川ニュース映協）	9.3 AM.10 ムービーセンター	2	1,790	大正十三年大震災の実写記録（当時、相原隆昌氏撮影のもの）
E-1292	神奈川ニュース第一一〇号（神奈川ニュース映協）	9.6 AM.11 ムービーセンター	1	600	神奈川県広報
E-1295	力道山・オルテガ最後の決戦（伊勢プロ）	9.10 PM.12 新理研	2	1,500	プロレス記録
E-1299	シンフォニイオブ・ゼ・エア（中井プロ）	9.12 PM.1.30 米大使館	4	3,800	本年五月来朝、各地に於て演奏を行ったシンフォニー、オブ・ゼ・エアの音楽記録映画。USIS映画として中井プロ委託製作。

E-1286	佐久間ダム 第二部 変貌する大天龍 (岩波)	9.18 PM. 1 東和	6	5,868	(イーストマン・カラー)
E-1288	新潟鉄工訪問記 (電通)	9.14 PM. 1.30 電通	2	800 (16ミリ)	英語版輸出用として製作。"Nigata Engeneering Co.
E-1287	芽生える農村の新生活運動 (日東映画)	9.14 PM. 1 教配	2	1,450	協力、山梨県庁広報渉外課 山梨県山峡の一農村に於ける新生活運動を描く。
E-1291	宝塚だより キスメット (宝塚)	9.15 PM. 12.40 東宝	1	888	宝塚歌劇紹介篇 (コニカラー)
E-1297	パール (電通)	9.22 PM. 2.30 電通	1	225	企画、日本専売公社東京地方局。新発売プレンデッド・シガレット「パール」宣伝。
E-1308	昭和三十年秋場所 大相撲速報 前篇 (伊勢プロ)	9.26 PM. 1 新理研	2	1,880	相撲記録
E-1305	神奈川ニュース 第一一一号 (神奈川ニュース映協)	9.27 AM.10 ムービーセンター	4	600	神奈川県広報。

p-381	ムービー・タイムズ 第三八一号（プレミア）	9.7 AM.10.15 日経ホール	スポーツニュース
p-382	ムービー・タイムズ 第三八二号（プレミア）	9.14 PM.2 日経ホール	〃
p-383	ムービー・タイムズ 第三八三号（プレミア）	9.21 AM.10.15 日経ホール	〃
p-384	ムービー・タイムズ 第三八四号（プレミア）	9.28 AM.10.15 日経ホール	〃

○審査映画数　　二八本

内訳　松竹　三、　東宝　二、　大映　五、　新東宝　七、

東映　五、　日活　三、　その他　三、（まどか　新世紀　一、芸研　一、東映教育　一、）

○それらの予告篇　三〇本

内訳　松竹　四、　東宝　二、　大映　五、　新東宝　七、

東映　五、　日活　五、　その他　二、（まどか　新世紀　一、芸研　一、）

○併映短篇映画等　一六本

○スポーツ・ニュース　四本

○新　版　ナシ

○映画改訂希望数　六

◎以上の内改訂希望のあつたものは次の如くである。

○関の彌太ッペ　（新東宝）

殴り込みの際の過度な立廻り描写、又やくざの生態描写として、笹川繁蔵の台詞と仲直りの一同手をしめる描写、以上三ケ所二八呎を切除希望、又宿の女中に対する台詞で卑猥な意味を連想させる個所の改訂を希望し、実行された。

○姿なき目撃者　（東宝）

抱擁場面の一部削除を希望し実行された。（九呎）

○横浜市大震災記録　（神奈川ニュース映協）

惨死体描写は惨害の大を偲ばせるに足る程度に止め、この範囲を超えると考えられる部分の切除を希望し実行された。

（六三呎）

（附記）

○名月佐太郎笠　（新東宝）

破れ寺の内部の立廻りに一カットだけ仏像が背景にうつるところがある。従来、教会内、寺の本堂内の立廻りは宗教の尊厳を汚さないよう考慮してもらつた例も少くないのであるが、この場合無人寺であるし短いカットであるので改訂等の希望はしなかつた。今后の関心をのぞんだ。

○宣伝広告審査の部

本月の審査に於て希望事項はなかつた。

○審査終了した宣材

スチール　一、三九七枚　　プレス　二一枚

ポスター　四三枚　　撮影所通信その他　七枚

◎映画選定記録

○成人向指定

題名	決定日	理由
赤城の血祭（新東宝）	9・20	全篇主としてやくざの生態（特に賭博の）が描かれ且つその末路が悲壮に謳われている点、又、艶笑的雰囲気はないにせよ、かなり詳細な遊廓の描写がある点からみて成人向映画と認められる。
悪太郎売出す（大映）	9・22	やくざの生態と男女関係の描写がかなり如実に描かれており、青少年の観覧には不向きのものと考えられるので成人向映画と判定します。
悪の塔（仏・レ・フィルム・フエルナン・リジエ・伊フィルム・コステラツツイオネ北欧映画NCC共同配給）	9・29	中世フランスに於ける宮廷風俗絵巻であるが、素材表現共に成人向映画と考えられる。

○青少年映画委員会推薦

題名	決定日	理由
夢をみる人形（東映教育映画部）	9・3	未就学児童より小学校低学年の子供達に美しい愛情を教えるものとして推めたい。

山に生きる子（東映教育映画部）	9・10	開拓地農民の子供達が分教場の教師と共に健気に生きる姿を明るく描いているもので人間的愛情を豊かに育てるものとして推めたい。
緑の魔境（伊・伯・アストラ・チネマトグラフイカ＝レオナルド・ボンツイ作品、NCC提供）	9・13	未知の南米大陸の内部にある人文地理に対してゆたかな知識と教養を与えるものとして一般青少年にひろくすゝめたい横断紀行の記録映画である。
青春の休日（ソ連、中央記録映画製作所、中央映貿提供）	9・19	スポーツのたのしさを美しく表現して居り、青少年の教養を深める作品として推薦する。
吼えるアフリカ（米、ブレイクストン映配配給）	9・19	アフリカの動物や土民の生態を描いたもので、その知識を広めるものとして特に小学生五、六年以上の青少年に推薦する。
柿の木のある家（芸研）	9・20	養女にもらわれた一人の少女をめぐる人々の善意の姿を描き、そのほのぼのとした人間的愛情は胸うつものがある。小学校上級以上広く家庭向に推薦する。

各社封切記録

封切月日	審査番号	題名	製作社名
松竹			
9.7	1847	燃ゆる限り	松竹
9.13	1871	花ひらく	まどかグループ 新世紀
	1930	おんな大学	松竹
9.21	1905	荒木又右衛門	松竹
9.28	1929	柔道開眼	松竹
東宝			
9.7	1897	愛の歴史	東京映画
9.13	1470	夫婦善哉	東宝
	1793	若夫婦なやまし日記	東京映画
9.21	1885	くちづけ	東宝
9.28	1901	姿なき目撃者	東宝
大映			
9.6	1919	お父さんはお人好し	大映
	1794	綱渡り見世物侍	大映
9.13	1937	長崎の夜	大映

9.21	1902	新・平家物語	大映	
新東宝				
9.13	1907	風雲三条河原	新東宝	
9.18	1925	三等社員と女秘書	新東宝	
9.25	1889	赤城の血祭	新東宝	
東映				
9.6	1886	暴力街	東映	
	1914	力闘空手打(2)	東映	
9.18	1923	飛龍無双	東映	
	1915	力闘空手打(3)	東映	
9.20	1893	紅顔の若武者 織田信長	東映	
	1934	弓張月(1)	東映	
9.27	1927	サラリーマン 続目白三平	東映	
	1908	幻術影法師(1)	東映	
日活				
9.7	1890	白浪若衆 江戸怪盗伝	日活	
9.14	1911	銀座二十四帖	日活	
9.21	1946	愛慾と銃弾	日活	
9.28	1924	自分の穴の中で	日活	

映画倫理規程審査記録第七五号

昭和三十年十月十日発行

発行責任者　池田義信

東京都千代田区大手町一ノ三（産経会館）

映画倫理規程管理部事務局

電話丸ノ内(23)六四一七－九番

戦後映倫関係資料集　第2回

第6巻　映画倫理規程審査記録（5）

2019年12月25日　発行

監修・解説　中　村　秀　之

発行者　椛　沢　英　二

発行所　株式会社 クレス出版
東京都中央区日本橋小伝馬町14-5-704
☎03-3808-1821　FAX03-3808-1822

印　刷　富士リプロ 株式会社

製　本　東和製本 株式会社

乱丁・落丁本はお取り替えいたします。
ISBN 978-4-86670-061-8（セット）C3374　￥60000E